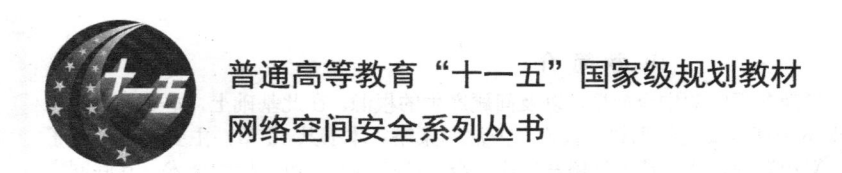

普通高等教育"十一五"国家级规划教材
网络空间安全系列丛书

电子商务安全（第2版）

主　编　王丽芳
副主编　刘志强
编　委　戚明平　陈进朝　蒋泽军
　　　　邓　磊　胡　伟

电子工业出版社
Publishing House of Electronics Industry
北京·BEIJING

内 容 简 介

本书全面、系统地分析了电子商务面临的安全问题，以及问题产生的根源。在此基础上，本书从技术和管理两个方面，深入阐述了实现电子商务安全的思想、技术、方法和策略。本书共 13 章，主要内容有电子商务及安全体系、密码学基础、密钥管理、公钥基础设施与应用、身份认证技术、访问控制技术、互联网安全技术、电子商务安全协议、移动电子商务安全、数据高可用技术、区块链技术、电子商务安全评估与管理和电子商务安全解决方案。

通过本书的学习，读者可具备确保电子商务安全的能力。本书既可作为电子商务及 IT 等相关专业本科生、研究生的参考书，又可供专业科研人员、管理人员参考使用。

未经许可，不得以任何方式复制或抄袭本书之部分或全部内容。
版权所有，侵权必究。

图书在版编目（CIP）数据

电子商务安全 / 王丽芳主编. —2 版. —北京：电子工业出版社，2021.9
ISBN 978-7-121-41921-8

Ⅰ. ①电… Ⅱ. ①王… Ⅲ. ①电子商务－安全技术－高等学校－教材 Ⅳ. ①F713.363

中国版本图书馆 CIP 数据核字（2021）第 179365 号

责任编辑：戴晨辰　　　　　　特约编辑：田学清
印　　刷：北京七彩京通数码快印有限公司
装　　订：北京七彩京通数码快印有限公司
出版发行：电子工业出版社
　　　　　北京市海淀区万寿路 173 信箱　　　邮编：100036
开　　本：787×1092　1/16　　印张：15.75　　字数：383 千字
版　　次：2010 年 3 月第 1 版
　　　　　2021 年 9 月第 2 版
印　　次：2022 年 9 月第 2 次印刷
定　　价：52.00 元

凡所购买电子工业出版社图书有缺损问题，请向购买书店调换。若书店售缺，请与本社发行部联系，联系及邮购电话：（010）88254888，88258888。

质量投诉请发邮件至 zlts@phei.com.cn，盗版侵权举报请发邮件到 dbqq@phei.com.cn。
本书咨询联系方式：dcc@phei.com.cn。

第 2 版前言

作为国家的战略性新兴产业，电子商务在引领商业模式变革、优化产业转型升级、提升信息消费需求、促进现代服务业和信息经济发展等方面发挥了重要的作用，成为经济发展新的原动力，并为"大众创业、万众创新"提供了新空间。

如今，电子商务已经成为一个学科，正不断发展、不断丰富。目前，电子商务学科下设三个专业，分别为电子商务、电子商务与法律、跨境电子商务。

虽然专业不同，但是安全问题是电子商务必须解决的关键问题。因此，电子商务安全课程被列为电子商务类专业教学质量国家标准核心课程之一。本书第 1 版出版于 2010 年，作为一部专业性较强的教材，其在各高等院校得到了广泛应用。但是，随着电子商务的发展、应用的普及，以及信息和通信技术的飞速发展，与电子商务相关的安全技术不断推陈出新，为了进一步满足广大读者的需求，本书对第 1 版的内容予以修订和补充，并重新组织了教材结构，使读者阅读和理解更方便，同时补充了一些广泛应用的安全技术。例如：补充了对国产密码算法 SM2、SM3、SM4 的介绍，以及 ELGamal 加密算法、RSA 数字签名算法和消息认证码原理的详细介绍；将身份认证与访问控制分成两章进行讲解，使其内容更清晰；在电子商务安全协议中增加了广泛应用的 HTTPS 协议的内容，以及移动电子商务安全和区块链技术；在电子商务安全解决方案中增加了阿里云和 Windows Azure 安全解决方案；对"电子商务安全评估与管理"一章进行了重新组织，使内容更系统。

本书从技术和管理的视角组织相关内容，同时纳入我国自主创新的技术，以增强学生的自信。

参加本书编写的有西北工业大学的王丽芳、刘志强、咸明平、陈进朝、蒋泽军、邓磊和胡伟。本书由王丽芳任主编，刘志强任副主编，具体分工如下。王丽芳负责第 1、7、8、12、13 章的编写及全书统稿工作；刘志强负责第 8、10 章的编写工作；咸明平负责第 2、3、4 章的编写工作。陈进朝负责第 11 章的编写工作；蒋泽军负责第 4、5、6、9 章的编写工作；邓磊负责第 12、13 章的编写工作；胡伟负责第 2 章的编写工作。在编写过程中，西北工业大学计算机学院博士研究生王思奥、李宽同学给予了很大的帮助，在此表示衷心的感谢！

本书在编写过程中，参阅了大量的著作和教材、著名 IT 企业的理念和解决方案、互联网上相关的文献资料，在此向参考文献的作者表示最诚挚的感谢！

本书包含配套教学资源，读者可登录华信教育资源网（www.hxedu.com.cn）注册后免费下载。

电子商务安全涉及众多学科，各种理念、技术和方案在实践中不断推陈出新。由于作者水平有限，书中不足之处在所难免，恳请读者批评指正。

编 者
2021 年 1 月

目　　录

第 1 章　电子商务及安全体系 1
1.1　电子商务的产生和发展 1
1.1.1　电子商务的产生 1
1.1.2　电子商务的概念 2
1.1.3　电子商务的蓬勃发展 2
1.2　电子商务的类型、环境和基础设施 4
1.2.1　电子商务的类型 4
1.2.2　电子商务的环境 4
1.2.3　电子商务基础设施 5
1.3　电子商务安全 6
1.3.1　电子商务的风险和威胁 7
1.3.2　电子商务安全的要素 8
1.3.3　电子商务安全体系 11
1.4　电子交易中的常见问题及解决方法 11
本章小结 12
思考题 13

第 2 章　密码学基础 14
2.1　密码学基础 14
2.1.1　密码学的基本概念 14
2.1.2　传统加密技术 15
2.2　对称密码技术 16
2.2.1　对称密码技术概论 16
2.2.2　数据加密标准 17
2.2.3　高级加密标准 19
2.2.4　SM4 算法 20
2.2.5　流密码与 RC4 20
2.3　单向散列函数 23
2.3.1　MD5 算法 24
2.3.2　SHA 家族 25
2.3.3　SM3 密码 Hash 算法 26
2.3.4　MAC 算法 29
2.4　非对称密码技术 31

	2.4.1 公钥密码体制的原理	31
	2.4.2 RSA 密码	32
	2.4.3 ELGamal 密码	33
	2.4.4 椭圆曲线密码体制	34
	2.4.5 数字签名	38
本章小结		42
思考题		42

第3章 密钥管理 ... 43

- 3.1 密钥管理的目标和内容 ... 43
- 3.2 密钥的组织 ... 43
- 3.3 密钥的产生 ... 44
  - 3.3.1 密钥的随机性要求 ... 44
  - 3.3.2 噪声源产生密钥 ... 44
- 3.4 密钥分配 ... 45
- 3.5 密钥保护 ... 46
- 本章小结 ... 48
- 思考题 ... 48

第4章 公钥基础设施与应用 ... 49

- 4.1 公钥基础设施基础 ... 49
  - 4.1.1 安全基础设施的概念 ... 49
  - 4.1.2 公钥基础设施的概念 ... 50
  - 4.1.3 PKI 的意义 ... 51
- 4.2 数字证书 ... 52
  - 4.2.1 数字证书的概念 ... 52
  - 4.2.2 数字证书的格式 ... 53
  - 4.2.3 证书撤销列表 ... 54
  - 4.2.4 数字证书的存放 ... 55
- 4.3 PKI 的内容 ... 55
  - 4.3.1 CA ... 55
  - 4.3.2 证书库 ... 58
  - 4.3.3 密钥备份及恢复 ... 58
  - 4.3.4 证书撤销 ... 59
  - 4.3.5 密钥更新 ... 60
  - 4.3.6 应用接口系统 ... 60
- 4.4 PKI 信任模型 ... 61
  - 4.4.1 什么是信任模型 ... 61
  - 4.4.2 交叉认证 ... 63

		4.4.3 常用的信任模型	63
	4.5	PKI 的服务和实现	66
	4.6	PKI 应用	70
		4.6.1 PKI 相关标准	70
		4.6.2 基于 PKI 的应用领域	73
		4.6.3 PKI 技术的发展	75
	本章小结		77
	思考题		78

第 5 章 身份认证技术 ... 79

- 5.1 身份认证技术概述 ... 79
  - 5.1.1 身份认证的含义及其重要性 ... 79
  - 5.1.2 身份认证的原理 ... 80
  - 5.1.3 身份认证的方法 ... 80
- 5.2 认证口令 ... 81
  - 5.2.1 关键问题 ... 81
  - 5.2.2 挑战/响应认证机制 ... 82
- 5.3 认证令牌 ... 83
  - 5.3.1 术语 ... 83
  - 5.3.2 时间令牌 ... 83
- 5.4 生物特征认证 ... 84
- 本章小结 ... 87
- 思考题 ... 87

第 6 章 访问控制技术 ... 88

- 6.1 访问控制的概念与原理 ... 88
  - 6.1.1 访问控制的概念 ... 88
  - 6.1.2 访问控制的原理 ... 89
- 6.2 访问控制的结构 ... 89
  - 6.2.1 访问控制矩阵 ... 89
  - 6.2.2 访问能力表 ... 90
  - 6.2.3 访问控制表 ... 91
  - 6.2.4 授权关系表 ... 91
- 6.3 访问控制策略 ... 92
  - 6.3.1 基于身份的策略 ... 92
  - 6.3.2 基于规则的策略 ... 93
- 6.4 访问控制模型 ... 94
  - 6.4.1 自主访问控制模型 ... 94

6.4.2　强制访问控制模型 95
　　6.4.3　基于角色的访问控制模型 96
本章小结 98
思考题 98

第7章　互联网安全技术 99

7.1　网络安全概述 99
　　7.1.1　网络安全的概念 99
　　7.1.2　网络系统面临的威胁 100
　　7.1.3　网络安全的基本原则 101
　　7.1.4　网络安全关键技术 101
7.2　防火墙 102
　　7.2.1　防火墙概述 102
　　7.2.2　防火墙实现技术 103
　　7.2.3　防火墙结构 108
7.3　入侵检测系统 110
　　7.3.1　入侵检测系统概述 110
　　7.3.2　入侵检测系统的数据源 112
　　7.3.3　入侵检测技术 113
　　7.3.4　入侵检测系统结构 116
7.4　虚拟专用网络 118
　　7.4.1　虚拟专用网络概述 118
　　7.4.2　VPN的分类 120
　　7.4.3　隧道技术 121
　　7.4.4　常用的隧道协议 123
7.5　计算机病毒及其防护 126
　　7.5.1　计算机病毒的产生和发展 126
　　7.5.2　计算机病毒及其类型 127
　　7.5.3　计算机病毒防护 130
本章小结 131
思考题 132

第8章　电子商务安全协议 133

8.1　电子商务安全协议概述 133
8.2　SET协议 134
　　8.2.1　SET协议概述 134
　　8.2.2　SET协议交易的参与者 135
　　8.2.3　SET协议的相关技术 135
　　8.2.4　SET协议的交易流程 138

8.3 SSL 协议 139
　8.3.1 SSL 协议概述 139
　8.3.2 SSL 握手协议 140
　8.3.3 SSL 记录协议 141
　8.3.4 SSL 协议与 SET 协议的比较 142
8.4 HTTPS 协议 143
　8.4.1 HTTPS 协议概述 143
　8.4.2 HTTPS 协议结构 144
　8.4.3 HTTPS 协议的工作原理 144
　8.4.4 HTTPS 协议的安全性分析 145
本章小结 147
思考题 147

第 9 章　移动电子商务安全 148
9.1 移动电子商务 148
9.2 移动电子商务的安全威胁 149
　9.2.1 移动通信系统威胁 149
　9.2.2 移动设备自身隐患 149
　9.2.3 外部因素的威胁 150
9.3 IEEE 802.11 协议及其安全机制 151
　9.3.1 IEEE 802.11 协议 151
　9.3.2 无线局域网的组网方式 152
　9.3.3 IEEE 802.11 协议的安全机制 153
本章小结 155
思考题 155

第 10 章　数据高可用技术 156
10.1 数据备份和恢复技术 156
　10.1.1 数据备份 156
　10.1.2 数据恢复 157
10.2 网络备份系统 158
　10.2.1 单机备份和网络备份 158
　10.2.2 网络备份系统的组成 159
　10.2.3 网络备份系统方案 160
10.3 数据容灾 162
　10.3.1 数据容灾概述 162
　10.3.2 数据容灾技术 162
本章小结 164

思考题 164

第 11 章　区块链技术 165

11.1　区块链的产生与发展 165
11.1.1　区块链的产生 165
11.1.2　比特币的关键要素 166
11.1.3　区块链与比特币交易 168

11.2　区块与区块链 170
11.2.1　区块的数据结构 170
11.2.2　区块链的特点 171
11.2.3　区块链的应用 172
11.2.4　区块链的类型 173
11.2.5　区块链平台 173

11.3　区块链的核心技术 174
11.3.1　公钥密码学 174
11.3.2　分布式交互 175
11.3.3　共识机制 176
11.3.4　加密 Hash 函数 176
11.3.5　计算机体系结构 177

11.4　区块链安全问题与防御技术 177
11.4.1　区块链现存安全隐患 177
11.4.2　区块链安全攻击的主要方式 180
11.4.3　区块链安全目标 182
11.4.4　传统的区块链防御技术 185
11.4.5　新型区块链防御技术 186

11.5　新兴区块链技术 186
11.5.1　公链解决方案 186
11.5.2　联盟链解决方案 189
11.5.3　跨链技术 190

11.6　典型区块链解决方案 191
11.6.1　腾讯区块链方案 191
11.6.2　京东区块链方案 193

本章小结 196
思考题 196

第 12 章　电子商务安全评估与管理 197

12.1　电子商务安全评估与管理的基本概念 197
12.2　电子商务安全风险评估 197
12.2.1　安全风险分析 197

12.2.2 安全风险评估 ... 203
12.3 电子商务安全风险评估方法 ... 204
 12.3.1 层次分析法 ... 205
 12.3.2 模糊综合评价法 ... 206
 12.3.3 贝叶斯网络方法 ... 208
 12.3.4 故障树分析法 ... 209
12.4 电子商务安全管理 ... 210
 12.4.1 安全管理的目标 ... 211
 12.4.2 安全意识和培训 ... 212
 12.4.3 创建安全域 ... 213
 12.4.4 应急预案 ... 213
本章小结 ... 214
思考题 ... 214

第13章 电子商务安全解决方案 ... 215

13.1 IBM 电子商务安全解决方案 ... 215
 13.1.1 身份管理 ... 215
 13.1.2 单点登录 ... 217
 13.1.3 IBM 预防性安全方案 ISS ... 217
13.2 阿里云安全解决方案 ... 220
 13.2.1 数据安全 ... 220
 13.2.2 访问控制 ... 221
 13.2.3 云安全服务 ... 222
 13.2.4 系统安全及开发维护 ... 223
 13.2.5 其他安全措施 ... 223
13.3 Microsoft Azure 安全解决方案 ... 224
 13.3.1 计算、存储和服务管理 ... 224
 13.3.2 Microsoft Azure 的视角：Fabric ... 226
 13.3.3 云安全设计 ... 226
 13.3.4 安全开发生命周期 ... 231
本章小结 ... 231
思考题 ... 232

附录 A ... 233

参考文献 ... 238

第1章 电子商务及安全体系

> **内容提要**
>
> 电子商务作为一种新的经济形式正改变着社会生活的各个方面。随着电子商务应用的普及,其安全问题成为电子商务发展的瓶颈。本章阐述了电子商务的产生和发展,从技术视角论述了电子商务的概念、类型、环境和基础设施;分析了电子商务面临的安全问题,并给出了电子商务安全的要素;构建了电子商务安全体系;概述了电子交易中常见的问题及相应的解决方案。

1.1 电子商务的产生和发展

1.1.1 电子商务的产生

从古至今,商务活动一直伴随着人类社会的发展,从远古的以物易物到今天的电子商务,商贸交易是社会活动的重要组成部分。

商务指商业和与其相关的事务,是以商品交换为核心的经济事务的总和。人类社会随着商品生产、流通、交换与消费的发展,供求关系不断地发生变化,商务活动的主动权从生产者转移到流通环节,最终由消费者决定。商务活动使得人类社会产品极大丰富,这不仅满足了人们的生活要求,而且繁荣了社会经济,推动了社会进步。

传统商务活动的劳动工具通常是低效和昂贵的,因此人们总是及时地利用新技术和新工具,从而使商务活动更方便、更快捷、更灵活,并使成本更低。

电子指以计算机信息处理和互联网通信技术为主的信息和通信技术(Information and Communication Technologies,ICT)。ICT 的进步,产生了更快捷的信息通信工具,如电话、电报、传真、计算机、互联网等。据统计,信息通信工具从 0 部发展到 5000 万部,电话用了 38 年,电视用了 13 年,而 Internet 仅用了 4 年(从 1993 年到 1997 年)。通信方式的变革对商务的发展产生了巨大的影响。

商务的发展和基于 ICT 的电子技术推动了电子商务的产生和发展,如图 1-1 所示。

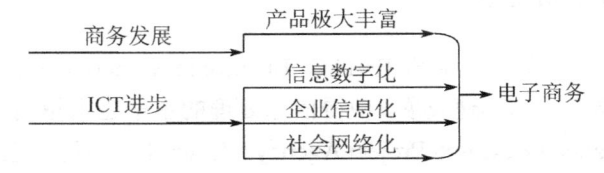

图 1-1 电子商务的产生与发展

1.1.2　电子商务的概念

电子商务中的"电子"是定语,"商务"是中心词。"电子"修饰"商务",表明做"商务"的手段是用"电子"的方式。电子商务的实质是"商务",是采用先进的"电子"技术高效、便捷、廉价地开展各种业务活动,从而实现利润的最大化。

本书从技术的视角对电子商务进行了定义:电子商务是以互联网(Internet)为基础的商务活动。客户机、通信网络、服务器构成了电子商务活动的基本元素,如图 1-2 所示。电子商务是端到端的商务活动,每一个商务活动都是通过由客户机、通信网络、服务器组成的电子商务链来实现的。

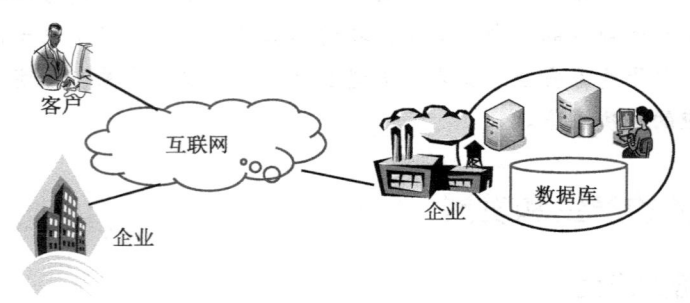

图 1-2　电子商务的基本概念

电子商务的基本元素如表 1-1 所示。简而言之,电子商务是卖方(客户机)和买方(服务器)通过互联网进行信息交换的过程。客户机、服务器和互联网构成的电子商务链是电子商务得以实施的物理基础。运行在这些物理实体中的各种应用系统,完成了电子商务链中的信息处理和信息交换。由于商务活动的信息交互及各个环节都是通过互联网完成的,因此买卖双方不需要面对面就能够进行商务活动。

表 1-1　电子商务的基本元素

元　素	说　明
客户机	买方
互联网	买方和卖方之间的电子连接,用于传输各种贸易信息
服务器	卖方(应用服务器、数据库服务器)
信息	各种商业信息,包括产品信息、订单信息、支付信息、物流信息……
人	客户、用户、员工
商务交易	交易过程

1.1.3　电子商务的蓬勃发展

自 1946 年第一台电子数字计算机 ENIAC(Electronic Numerical Integrator And Calculator)问世以来,计算机科学与技术迅速发展,使得信息处理的水平越来越高、速度越来越快。1969 年,ARPANET(Advanced Research Project Agency NETwork)问世,它是真正可行的组织间的互连网络,是互联网的雏形。开放的互联网是一个覆盖全球的网络,其以信息共享为目的,加速了信息获取的速度和信息传播的速度。1992 年,万维网(World Wide Web,WWW)技术成熟，它的两项重要创新——超文本和图形用户界面，使互联网图形化、更易于使用、支持信息发布和传播。WWW 技术简化了互联网的使用，使人们不需要专业技术就可以方便地使用互联网。

计算机、Internet 和 WWW 等信息技术的成熟和广泛应用，使得信息数字化、企业信息化、社会网络化。信息技术产生的巨大推动力比以往的任何新技术和新工具都更强地作用于社会经济活动，更深刻、更大范围、更迅速地改变了企业经营活动的方式、方法和理念，并使企业的供应链发生了革命性的改变。信息成了企业最重要的知识资产，信息技术成了企业最先进的生产力。

如今，以信息技术为手段的电子商务已成为一种新的经济形式，也成为主要发达国家增强经济竞争实力、赢得全球资源配置优势的有效手段。各国政府和组织都在积极地推进电子商务，以促进经济的繁荣和发展。国内外采用电子商务的企业逐年增加，电子商务交易额每年都有较大幅度的增长。

国家统计局电子商务交易平台调查显示，2019 年全国电子商务交易额达 34.81 万亿元，比上一年增长了 6.7%，如图 1-3 所示（来源于《中国电子商务报告 2019》第 2 页）。

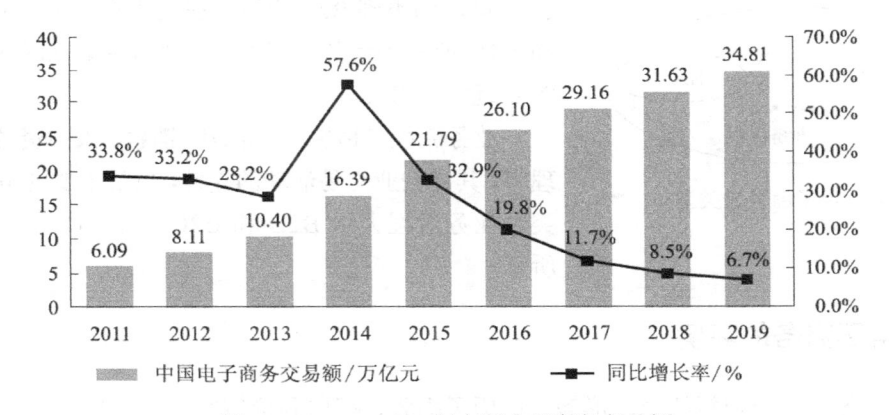

图 1-3　2011—2019 年中国电子商务交易额

2018—2019 年网络零售市场排名前十的国家如表 1-2 所示（来源于《中国电子商务报告 2019》第 139 页）。

表 1-2　2018—2019 年网络零售市场排名前十的国家

排　序	国　家	2018 年网络零售总额/亿美元	2019 年网络零售总额/亿美元	2019 年增长率
1	中国	15 201.0	19 347.8	27.3%
2	美国	5148.4	5869.2	14.0%
3	英国	1279.8	1419.3	10.9%
4	日本	1109.6	1154.0	4.0%
5	韩国	876.0	1034.8	18.1%
6	德国	759.3	818.5	7.8%
7	法国	622.7	694.3	11.5%
8	加拿大	411.2	498.0	21.1%
9	印度	349.1	460.5	31.9%
10	俄罗斯	226.8	269.2	18.7%

1.2 电子商务的类型、环境和基础设施

1.2.1 电子商务的类型

电子商务可以形象地表示为电子商务（EB）=Web+ICT+Business，即在网络（Web）平台上，利用信息和通信技术（ICT），变革并电子化企业核心业务流程（Business）。电子商务包括交易活动和业务流程，全民都是交易活动的主体，包括企业、政府和个人。按参与交易的主体划分，电子商务分为以下 5 种类型。

（1）企业之间（B2B）。
（2）企业与个人之间（B2C）。
（3）企业与政府之间（B2G）。
（4）个人与个人之间（C2C）。
（5）个人与政府之间（C2G）。

从技术实现上讲，B2G 可以归类到 B2B，C2C 和 C2G 可以归类到 B2C。因此，在技术实现上，主要有 B2B 和 B2C 两种类型的电子商务。在交易额和交易量方面，B2B 远大于 B2C。

业务流程包括生产、采购、销售、人力资源、财务管理等，其是企业交易活动的支撑，也是主要的电子商务种类。业务流程大于 B2B 和 B2C 二者的总和，如图 1-4 所示。

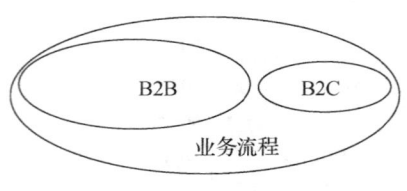

图 1-4 电子商务的类型

1.2.2 电子商务的环境

电子商务作为一种新的经济形势，经历了膨胀、扭曲到价值回归的过程。电子商务已成为社会经济活动的重要组成部分，企业的经营者和政府部门都已经认识到，电子商务发展的潮流不可阻挡，不进行电子商务将会被历史淘汰。

电子商务系统不是一个孤立的系统，它是一个社会化的系统工程，需要社会中各个领域广泛地配合与合作。电子商务的环境如图 1-5 所示。

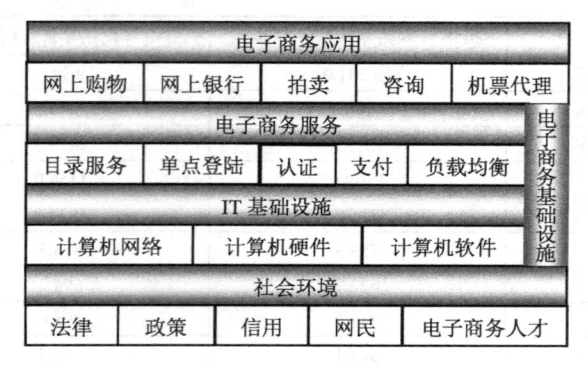

图 1-5 电子商务的环境

1）社会环境

电子商务的社会环境包括各种法律、政策、信用等，人的因素有电子商务人才和网民。电子商务的发展需要法律和政策的指导和规范。

电子商务已成为一种新的经济形势。一切的发展都是人的发展，一切的改变都是人的改变，电子商务尤其如此。因此，加快培养大量掌握现代信息技术、将现代商贸理论与商贸活动相结合的复合型电子商务人才是促进电子商务发展的关键。

2019 年，中国电子商务从业人员达 5125.65 万人，同比增长 8.29%，如图 1-6 所示（来源于《中国电子商务报告 2019》第 9 页）。

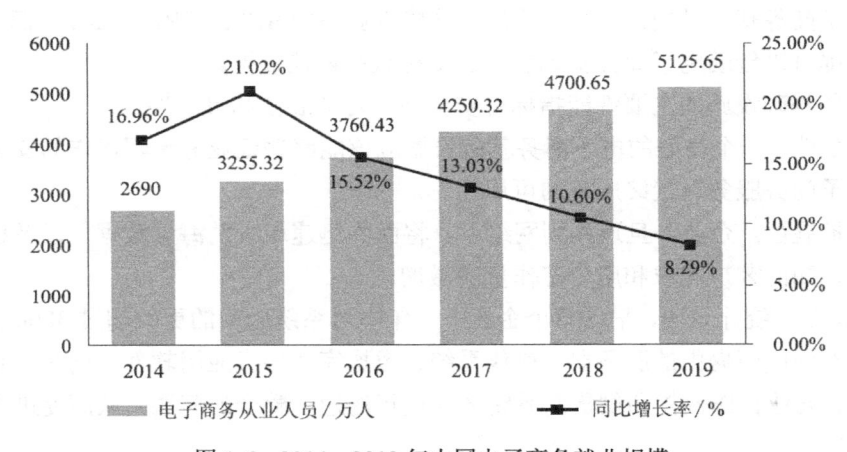

图 1-6　2014—2019 年中国电子商务就业规模

2）IT 基础设施

IT 基础设施的核心是计算机网络、计算机硬件、计算机软件。电子商务建立在公共数据通信网络基础上，并以廉价的、广泛连接的 Internet 为基础。计算机网络包括网络硬件设备和各种网络通信协议等。计算机硬件主要指计算机主机、服务器和外围设备，它们构成了电子商务应用系统的硬件平台。计算机软件指操作系统、数据库平台、程序设计语言、中间件技术、Web 服务技术等，它们是实现电子商务应用的软件平台和工具。

3）电子商务服务

为保证电子商务的正常开展，电子商务服务应该提供公共的商务服务功能，如支付、目录服务、认证、负载均衡等，以支持电子商务活动。

4）电子商务应用

电子商务应用是企业开展的各种商务活动，是电子商务系统的主要组成部分，其通过应用程序来实现。常见的电子商务应用包括网上银行、网上购物、拍卖等。

1.2.3　电子商务基础设施

IT 基础设施和电子商务服务构成了电子商务基础设施。类比人类社会的基础设施，我们可以更深刻地理解电子商务基础设施的重要性。

所谓基础设施，是指为社会生产和居民生活提供公共服务的物质工程设施，是用于保证国家或地区社会经济活动正常进行的公共服务系统，是社会赖以生存发展的一般物质条件，是国民经济各项事业发展的基础。基础设施包括基础建设和社会性基础设施，基础建设包括公路、铁路、机场、通信、水电煤气等公共设施；社会性基础设施包括教育、科技、医疗卫生、体育、文化等社会事业。在现代社会中，经济越发展，其对基础设施的要求越高。完善的基础设施对加速社会经济活动，促进其空间分布形态演变起着巨大的推动作用，但建立完善的基础设施往往需要较长时间和巨额投资。

电子商务基础设施是企业用于向电子商务转型的完整 IT 基础设施和完善的电子商务服务。它为企业提供了信息集成、应用整合、流程再造、业务创新的基础和能力。建设成熟、可管理的电子商务基础设施，使企业的每一项核心业务如 SCM、ERP、CRM、商业智能、电子交易等，都可以借助电子商务基础设施的支持获得最佳效果。

电子商务基础设施的主要性能指标有安全性、可扩展性和灵活性。

（1）安全性。一个良好的电子商务基础设施应该能够保证业务流程运作的安全性和连续性，以及电子商务服务对最终用户的可用性。

（2）可扩展性。企业一旦连接到网络上，将面临迅速增长的海量数据，以及极有可能因此产生不可预知的客户需求和用户工作量的激增。

（3）灵活性。统计表明，平均每个企业在一年中对系统应用的更改超过 3000 次，许多企业内部存在不同厂商提供的服务器、操作系统、数据库和各类应用软件。同时，企业还需要解决与客户、商业合作伙伴和供货商系统之间进行沟通和整合的问题，从而促进电子商务模式的迅速扩展。

电子商务基础设施贯穿企业运营的每一环节。规划和建设电子商务基础设施不仅是技术问题，而且应当同时考虑业务流程、管理方式、与合作伙伴的协作关系等，需要谨慎的远见、充足的时间、强大的资金实力和良好的资源为保证。

以下几点可作为实施电子商务基础设施的参考。

（1）领域专家和专业技术专家强强合作，进行专业规划，从而避免浪费时间，影响企业正常运作。

（2）规划电子商务基础设施建设蓝图和里程碑，以制约企业发展的关键点为突破口，分阶段实施，带动并推进电子商务基础设施的建设。

（3）采用行业和国际开放标准，使电子商务基础设施具有良好的可扩展性，以应对无限发展的未来。

（4）采用成熟的、先进的技术，不仅可以降低风险，而且可以在可以预见的未来保持先进，支持企业业务流程再造和业务模式创新，使企业具有可持续发展能力。

1.3 电子商务安全

任何事物都具有两面性，互联网也不例外。一方面，互联网推动人类社会进入网络经济时代，使电子商务成为一种新的经济形式，繁荣了社会经济；另一方面，互联网的开放性、共享性和无序性使电子商务面临多种风险和威胁。

1.3.1 电子商务的风险和威胁

电子商务潜在的风险和威胁有多种形式，众所周知的威胁包括自然灾害、人为的物理破坏、硬件缺陷和故障、软件错误和漏洞，以及病毒、盗窃等。

电子商务是卖方（客户机）和买方（服务器）通过互联网进行信息交换的过程。在客户机-互联网-服务器构成的电子商务链中，每个环节都存在风险和威胁。

1. 客户机的安全威胁

客户机必须加以保护，使之不受载入的软件和数据的安全威胁。客户机在网络上浏览网页时，会受到病毒或客户端应用程序的安全威胁。例如，Cookie、JavaApple、JavaScript、ActiveX 控件与插件等都是在客户机上运行的程序或脚本，如果不进行妥善控制，那么会威胁客户机的安全。

利用 PKI 技术，安全套接字协议（SSL）允许在浏览器和服务器之间进行加密通信，从而透明地解决 Web 的安全问题。

2. 互联网的安全威胁

无数个网络互连在一起，构成了互联网，所以互联网是网络的网络，其目的是资源共享，因此互联网的设计并未考虑安全性。在互联网不断发展演变的过程中，安全问题日益突出，尽管问世了多种安全机制和技术，但是所有这些都只是补救措施，没有从根本上改变互联网的安全性。如今，互联网的安全性与最初相比没有太大的改变。

巨大的互联网不属于任何组织或部门，无人能控制信息在互联网上的传输。只要在互联网上输出信息，就会受到机密性、完整性和即时性的威胁，具体表现如下。

1）窃取信息

如果没有对数据加密或加密强度不够，那么攻击者能通过搭线窃听、在电磁波辐射范围内安装接收装置、在数据包通过的网关或路由器上截获数据；再通过分析找出信息的规律和格式，最后推出有用信息，如消费者的银行账号、密码及企业的商业机密等。

2）篡改信息

当攻击者熟悉了网络信息格式后，其可以通过各种技术方法和手段对网络中传输的信息进行中途修改，并发往目的地，从而破坏信息的完整性。破坏方式通常有以下 3 种。

（1）修改：改变信息流的次序，更改信息的内容，如修改购买商品的送货地址。

（2）删除：删除某个消息或消息的某些部分。

（3）插入：在消息中插入一些信息，让接收方收到错误的信息。

3）假冒信息

当攻击者掌握了网络信息数据规律或解密了商务信息后，其可以通过假冒合法用户或发送假冒信息来欺骗其他用户。

4）拒绝服务

软/硬件缺陷和漏洞，如缓冲区溢出、操作系统的安全漏洞、网络协议的缺陷等，为攻击者提供了入侵系统的手段。攻击者通过病毒、网络僵尸等攻击系统，使合法接入的信息、业务等受阻。

3. 服务器的安全威胁

WWW 服务器通常位于非军事区（DMZ）中，其最容易成为攻击目标。常见的服务器攻击如下。

1）拒绝服务攻击

拒绝服务（DoS）是一种最常见的服务器攻击。DoS 攻击通过一个系统攻击另一个系统，其目的是消耗被攻击服务器的资源，如带宽、处理器时间等，从而使被攻击的服务器无法响应合法的用户请求。

2）分布式拒绝服务攻击

分布式拒绝服务（DDoS）攻击的目的和 DoS 一样，但它的规模更大，也更加复杂。在 DDoS 攻击中，攻击者不是通过一个系统攻击另一个系统，而是使用多个系统攻击一个系统，有时发出攻击的系统多达几十万个。DDoS 攻击是致命的，因为它能迅速使服务器瘫痪。

常用的 DDoS 攻击技术有 FTP 跳转攻击、端口扫描攻击、ping 洪水攻击、SYN 洪水攻击、IP 分片攻击、SNMP 攻击等。

3）更改 Web 页面

在 Internet 上经常可以看到 Web 页面被更改。攻击者利用 Web 服务器的不良配置修改 Web 页面。这种攻击的原因有很多，如为了捉弄别人，以显示自己的"本事"等。

4. 数据库安全

数据库中存储了大量的商业信息，这些信息一旦被篡改或泄露，将会带来严重的损失。

数据库安全是通过权限控制来实现的。如果没有以安全的方式存储用户名和口令，或者数据库安全仅依靠 WWW 服务器的安全措施，那么攻击者一旦得到某个用户的认证信息，就能够伪装成合法用户访问并下载机密信息。隐藏在数据库中的木马程序通过改变或降低数据访问的权限来泄露信息。结构化查询语言（SQL）注入是专门攻击数据库的。在这种攻击中，攻击者利用数据库或 Web 页面的设计缺陷从数据库提取信息，甚至修改、删除数据库中的信息。

5. 交易安全

防止交易抵赖是保证交易安全的主要方法。交易抵赖包括多个方面，如发信者事后否认曾经发送过某条信息或内容；收信者事后否认曾经收到过某条消息或内容；购买者下了订货单但事后不承认；商家卖出商品后因价格差而不承认原有的交易等。

1.3.2 电子商务安全的要素

一个安全的电子商务系统，首先要有一个安全、可靠的通信网络，以保证各种交易信息安全、迅速地传递；其次要保证各种服务器安全，如 WWW 服务器、应用服务器和数据库服务器，防止非授权者入侵并破坏、盗取信息；最后要保证商务交易安全，使交易的参与者为自己的行为负责，从而建立良好的电子商务秩序。

为达到这样的目标，电子商务安全的要素如表 1-3 所示。

表 1-3　电子商务安全的要素

要　素	含　义
可用性	需要的时候，资源是可供使用的
机密性	谁有权利查看特定的信息
完整性	允许谁修改数据，不允许谁修改数据
即时性	在规定的时间完成服务
不可抵赖性	为信息的收、发者提供无法否认的端到端的证据
身份认证	解决是谁的问题
访问控制	访问者能做什么操作、不能做什么操作
审计追踪	何时何地由何人导致了何事发生

1．可用性

电子商务系统中的资源主要有硬件、软件和数据，如表 1-4 所示。资源的可用性是当需要使用这些资源时，这些资源是可供使用的。

表 1-4　电子商务系统中的资源

类　型	说　明
硬件	计算机、服务器、工作站、交换机、路由器、网桥、防火墙、入侵检测设备、VPN 设备等
软件	操作系统、应用程序、病毒防护软件、分析测试软件、工具软件、源代码等
数据	数据库、软/硬件运行中的中间数据、系统状态、审计日志、备份资料等
人员	员工、客户、用户、合作伙伴

为确保资源的可用性，必须清楚资源不可用的原因。可控资源不可用的原因是能够分析清楚的，如 IT 基础设施需要维护，在软件升级、预防性检测和软件安装过程中，资源是不可用的。因此，工作人员可以控制这些运行中断事件，并且最大限度地减小其对运营的影响。最重要的是能够了解不可控资源不可用的原因。因为，当不可控资源不可用时，就产生了不可控的运行中断事件。这些运行中断事件通常由硬件故障、软件缺陷，以及病毒和 DoS 攻击等恶意行为引起。

2．机密性

信息的机密性指信息不被泄露给非授权的用户、实体或过程并供其利用的特性。机密性是在可用性的基础上保障信息安全的重要手段。信息机密性的级别不同。例如，政府机密、商业机密等信息机密性较高，而随意共享的信息，如新闻稿、网站内容等不具有机密性。电子商务以开放的互联网为基础，在开展商务活动时，用户和企业的许多信息将跨越一系列网络、数据库、协作和集成应用系统。因此，要预防非法的信息存取和信息在传输过程中被非法窃取。机密性一般通过密码技术来实现，通常将数据加密成密文，然后进行传输。这样数据即使被窃取，也无法被识别。

3．完整性

信息的完整性指信息未经授权不能进行改变的特性，即信息在存储或传输过程中保持不被偶然或蓄意地删除、修改、伪造、乱序、重放、插入等破坏的特性。

电子商务简化了贸易过程，减少了人为的干预。但是由于上述诸多原因，电子商务可能导致贸易各方信息的差异,这将影响贸易各方的决策,因此贸易信息的完整性是电子商务应用的基础。完整性一般通过消息摘要、数字签名等技术来实现。

4. 即时性

即时性也称为即需性,指信息可被授权实体访问并在规定时间完成服务的特性。即时性需求是为了防止延迟服务或 DoS 的,对即时性的安全威胁也称为延迟服务或 DoS 攻击,其目的是破坏正常的计算机处理或完全拒绝服务。在电子商务中,降低互联网服务的速度,会把客户推给竞争者。即时性通常采用主动防御技术和安全管理来实现。

5. 不可抵赖性

不可抵赖性也称为不可否认性,指在信息交互过程中,确信参与者的真实同一性,即所有参与者都不可能否认或抵赖曾经完成的操作和承诺。抵赖行为有很多种,具体如下。

(1) 发信者事后否认曾经发送过某条信息或内容。

(2) 收信者事后否认曾经收到过某条消息或内容。

(3) 购买者下了订货单但事后不承认。

(4) 商家卖出商品后却不承认原有的交易。

在传统商务中,贸易双方通过在交易合同、契约或单据等书面文件上手写签名或加盖印章来确定这些商务文件的可靠性,并预防抵赖行为的发生。这就是人们常说的"白纸黑字"。

在电子商务方式下,手写签名和加盖印章已是不可能的。因此,需要在电子商务活动中为每一个参与者建立唯一的标识——数字身份,并将其绑定到对应的操作和信息中。这使得用户必须对他们的行为负责,也为法律提供了一种可信的证据。利用数字签名与数字时间戳实现不可抵赖性。

6. 身份认证

在互联网中,知道与谁进行贸易是开展电子商务的第一步。通过身份认证,使得交易双方能够在相互不见面的情况下确认对方的身份。

身份认证是证实一个声称的身份(如用户、机器或进程等)是否真实的过程。身份认证包含两个要素:识别和认证。识别是向系统声明身份的过程,一般通过用户名、账号或其他独一无二的代码来完成该过程。认证比识别更进一步,认证提供一种方法,进而验证其声明的正确性。一般通过认证中心(Certificate Authority,CA)和数字证书来实现身份认证。

7. 访问控制

访问控制是对信息资源的访问范围及方式进行限制的策略。简单地说,访问控制就是防止合法用户的非法操作。访问控制建立在身份认证的基础上,然后对合法用户进行授权。

身份认证解决了访问者是否合法的问题,但并非身份合法就什么都可以做,还要根据不同的访问者,分别规定他们可以访问哪些资源,以及以何种方式访问这些资源。访问资源的方式称为权限,如读、写、修改、删除等。设定用户的权限称为授权。

访问控制是基于权限管理的一种非常重要的安全策略。在用户身份认证和授权之后,访问控制机制根据预先设定的规则对用户访问某项资源进行控制,只有规则允许时才能访问,否则被拒绝。资源可以是信息资源、处理资源、通信资源或物理资源。

1.3.3 电子商务安全体系

没有绝对的安全，安全实际上是一种平衡。尽管攻击者实施攻击的手段和方法越来越多，但其总是有限的。因此设计电子商务安全体系的思考是：让攻击者为破坏系统付出的代价远大于破坏之后所能得到的。

电子商务系统是建立在计算机网络之上的应用系统，因此与计算机网络一样，电子商务系统是一个多层应用系统，每一层都应该有其自身的安全，并且与其他层协调一致。如果电子商务系统的每一个环节都是安全的，那么电子商务安全会成为可能。电子商务安全体系结构如图 1-7 所示。

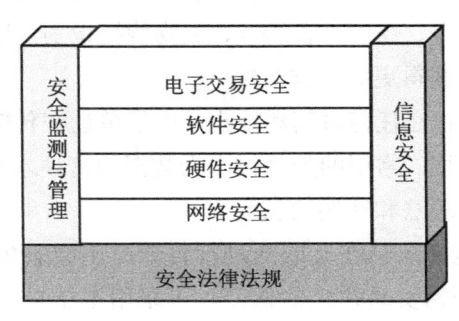

图 1-7 电子商务安全体系结构

电子商务安全是一项复杂的系统工程，是技术和管理的有机结合，因此仅依靠安全产品的堆积来应对迅速发展变化的各种攻击是不能持续有效的。电子商务作为一种新的经济形式，其发展需要一系列相关的法律、法规、规范的约束。

在电子商务活动中，人是主体，因此，人是电子商务安全中最关键的因素，同时应该清醒地认识到人也是其中最薄弱的环节。所以，电子商务安全监测与管理十分必要。

电子商务安全的技术保障来自计算机网络安全、计算机软/硬件安全、信息安全和电子交易安全。计算机网络安全包括计算机主机安全、网络设备安全、传输信道安全、身份认证与访问控制安全。信息安全主要包括信息的机密性、完整性、即时性和可追溯性。

为实现电子交易安全，必须建立一条"证书链"。"证书链"上的每一个环节、用户、企业、合作伙伴，都想要保护各自的商业机密，保护各自的数据不被未授权用户破坏和误用。这就需要安全的电子交易协议。

在复杂、多层面的电子商务生态系统中，仅靠技术是无法实现真正的安全的。随着应用系统越来越复杂，必然会产生这样或那样的不足或漏洞。病毒和黑客的轮番攻击让人们心有余悸，因此，主动的安全检测和防御是企业成功开展电子商务的重要环节。

1.4 电子交易中的常见问题及解决方法

电子交易中的常见问题及解决方法如表 1-5 所示。这些常见问题直接关系到电子商务交易的安全性，通过上一节介绍的安全技术，可以很好地解决这些问题。

表 1-5 电子交易中的常见问题及解决方法

问　　题	含　　义	实 现 技 术
贸易伙伴的真实性	真实身份与其声称的一致	身份认证
电子单证的机密性	保证存储和管理的信息不被篡改	数据加密、密钥管理
电子单证丢失	经网络传输的单证丢失	数字时间戳
电子单证的完整性	单证的内容未被篡改	消息摘要
电子单证的真实性	单证来源于期望的发送方	数字签名
交易的否认或抵赖	双方对单证产生争议	CA 认证、数字时间戳

（1）贸易伙伴的真实性：贸易伙伴的真实身份与其声称的身份应一致。常用的处理技术为身份认证，处理方法有口令、令牌、智能卡、生物特征识别。这些方法与 PKI 技术结合使用，可以实现强身份认证，获得更好的安全性。

（2）电子单证的机密性：在任何时间和地点，电子单证在传输和存储过程中都能保证其内容不被非授权的第三方获取。常用的处理技术为数据加密技术和密钥管理技术。电子单证的安全性依赖于使用的加密算法和密钥的长度。

（3）电子单证丢失：电子单证在互联网进行传输时不会丢失，或者一旦丢失发送方可以发现。对于固定且具有频繁贸易往来的伙伴，可采用电子单证传输的序列性检验，即为电子单证分配序列号或增加数字时间戳；也可采用双方约定的方法，即在规定的时间内，通过某种方式进行确认，包括采用特定的确认报文，如订单确认报文、电子邮件确认或电话确认等。

（4）电子单证的完整性：电子单证的内容未被篡改。电子单证的完整性主要采用散列（Hash）算法来实现。对传输的电子单证通过 Hash 算法进行处理，产生一个依赖于该电子单证的 Hash 值（通常为 100～200 比特），并将该 Hash 值附加在电子单证之后并传输给接收方。接收方采用相同的 Hash 算法对接收的电子单证进行检验。Hash 算法对不同的电子单证产生相同的 Hash 值的概率极小。常用的 Hash 算法有 MD4、MD5、SHA-1。

（5）电子单证的真实性：电子单证真的来源于期望的发送方。鉴别电子单证真实性的主要技术是数字签名。数字签名的基础是数据加密中的公钥加密技术，在实际应用中常结合电子单证完整性一起处理。利用发送方的私钥对 Hash 值进行加密，就生成了数字签名。目前可用的数字签名算法很多，如 RSA 数字签名、ELGamal 数字签名等。

（6）交易的否认或抵赖：买卖双方对交换的电子单证产生的争议，主要包括发送方或接收方的交易否认或交易抵赖。仲裁双方的争议需要 CA 参与，并由 CA 发放密钥、传输的电子单证及其签名的备份，最后至 CA 保存，而且需要数字时间戳机制。这样就为法律裁决保留了可信的电子证据。

本章小结

电子商务是采用先进的电子技术高效、便捷、廉价地开展各种业务活动，从而实现利润的最大化。电子商务有着丰富的内涵，企业业务流程电子化是电子商务最重要的部分。电子商务是端到端的商务活动,每一个商务活动都是通过由客户机、通信网络、服务器组成的电子商务链来实现的。

电子商务系统不是一个孤立的系统,它是一个社会化的系统工程。电子商务的环境由社会环境、IT 基础设施、电子商务服务和电子商务应用构成。其中,IT 基础设施和电子商务服务构成了重要的电子商务基础设施。

互联网的开放性、共享性和无序性使电子商务面临多种风险和威胁。在客户机-互联网-服务器构成的电子商务链中,每个环节都存在风险和威胁。

电子商务系统通常具有 7 个安全要素,分别是可用性、机密性、完整性、即时性、不可抵赖性、身份认证、访问控制和审计追踪。电子商务系统是一个多层应用系统,每一层都应该有其自身的安全,并且与其他层协调一致。

思考题

1. 谈谈你对电子商务的理解。
2. 电子商务的主要类型有哪些?
3. 电子商务基础设施包括哪些内容?
4. 电子商务的安全要素有哪些?作用是什么?
5. 用哪些技术解决不可抵赖性?
6. 安全管理的目标是什么?
7. 什么是威胁?什么是漏洞?电子商务系统中有哪些漏洞?它们带来的后果是什么?

第 2 章　密码学基础

> **内容提要**
>
> 采用密码技术对信息进行加密,这是保护交易安全最常用的手段。本章的目的是学习和掌握密码学的基础知识,其内容包括密码学的基本概念、对称密码技术、非对称密码技术和使用密码通信。首先介绍有关密码学的基本概念,然后分别对两类密码技术,即对称密码技术和非对称密码技术进行详细的讨论。通过本章的学习,读者应掌握目前流行的几种加密体制,如流密码、分组密码、公钥密码等,并了解当前密码学领域中较新的几种加密算法,如 AES 密码算法、SM4 密码算法、椭圆曲线密码算法等。

2.1　密码学基础

2.1.1　密码学的基本概念

明文:发送方将要发送的原始未加密消息。
密文:由明文变换得到的看似无意义的随机消息。
加密:明文变换为密文的过程。
解密:加密的逆过程,即由密文恢复为明文的过程。
密码员:对明文和密文进行加、解密操作的人员。
加密算法:密码员在对明文进行加密时采用的一组规则。
接收者:消息的预定接收对象。
解密算法:接收者在对密文进行解密时采用的一组规则。
密钥:控制加密和解密算法运行流程的密码算法参数。

加密和解密操作通常是在一组密钥的控制下进行的,它们分别称为加密密钥和解密密钥。传统的密码体制所用的加密密钥和解密密钥相同,或者本质上相同,即从一个易于推出另一个,称为单钥或对称密码体制。若加密密钥和解密密钥不相同,则难于从一个推出另一个,此类密码体制称为双钥或非对称密码体制,也称为公钥密码体制。

保密通信系统模型如图 2-1 所示。在信息传输和处理系统中,除预定的接收者之外,还有非授权者,他们通过各种办法(如搭线窃听、电磁窃听、声音窃听、时间分析、流量分析等)窃取机密信息,称其为截收者。截收者虽然不知道系统所用的密钥,但其可以通过分析截获的密文来推断出明文或密钥,这一过程称为密码分析。从事这一工作的人员称为密码分析员。研究如何从密文或与加解密过程相关的信息(如加密时间和能量消耗等)推演出明文或密钥的学问称为密码分析学。对一个保密通信系统采取截获密文进行分析的攻击称为被动攻击。现代信息系统可能遭受的另一类攻击是主动攻击，即攻击者主动干扰系统，采用删除、附加、重放、伪造等篡改手段向系统注入假消息，以达到损人利己的目的。

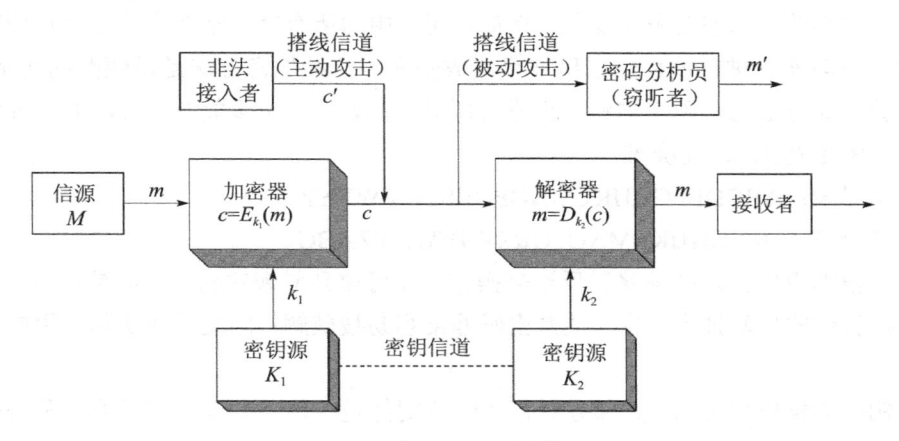

图 2-1　保密通信系统模型

密码体制从原理上可分为两大类，即对称密码体制和公钥密码体制。

对称密码体制所用的加密密钥和解密密钥相同，或者本质上相同。因此，在通信双方可以进行保密通信之前，必须先通过某种途径获得相同的（或者本质上相同的）共享密钥。密钥可由发送方产生，然后经一个安全可靠的途径（如信使递送）送至接收方，或者由第三方产生，然后安全可靠地分配给通信双方。如何产生满足保密要求的密钥，以及如何将密钥安全可靠地分配给通信双方，这是对称密码体制设计和实现的主要课题。密钥产生、分配、存储、销毁等问题，统称为密钥管理。这是影响系统安全的关键因素，即使密码算法再好，如果密钥管理问题处理不好，那么也很难保证系统的安全保密。

公钥密码体制是由 Diffie 和 Hellman 于 1976 年引入的。采用公钥密码体制的每个用户都有一对选定的密钥：一个是可以公开的，可以像电话号码一样进行注册公布；另一个是保密的。公钥密码体制的主要特点是，其将加密和解密能力分开，因此可以实现多个用户加密的消息只能由一个用户解读，或者一个用户加密的消息可以由多个用户解读。前者可以用于在公共网络中实现保密通信，后者可以用于实现对用户的认证。

2.1.2　传统加密技术

数据加密是通过某种函数进行变换的，其把原始数据报文——明文转换为密文。下面介绍两种传统的变换方法。

1. 置换法

置换法是将明文中字符的位置进行重新排列。置换密码加密前后明文字符的形态不会发生变化，只是位置发生了变化，因此又称为换位密码。最简单的换位是逆序法，即将明文中的字母倒过来输出。举例如下。

明文：help me。

密文：em pleh。

2. 替代法

替代法是将明文中的每个字符都用其他字符代替，属于一种简单的加密技术。替代密码加密前后明文字符的形态会发生变化。例如，明文中的所有字符都在字符表上按照一个固定数目向后（或向前）进行偏移，之后被替代成密文。这种加密方法是以恺撒的名字命名的，当年恺撒曾用此方法与其手下的将军们进行联系。例如，当偏移量为3时，所有的字母A被替换成D，B变成E，以此类推。

明文字母表：ABCDEFGHIJKLMNOPQRSTUVWXYZ。

密文字母表：DEFGHIJKLMNOPQRSTUVWXYZABC。

解密者根据事先已知的偏移量反过来操作，便可得到原来的明文。但是，与所有的利用字符表进行替代的加密技术一样，恺撒密码非常容易被破解，因此其在实际应用中无法保证通信安全。

在公钥密码学出现之前，大部分对称密码体制都是依靠巧妙地运用置换法和替代法这两种基本加密变换来实现的。

3. 对加密算法的攻击

一般来说，对于加密算法，攻击者有以下几种典型的攻击方式。

（1）唯密文攻击。攻击者手里只有密文，对于明文的有关信息一概不知，这是典型的攻击场景。如果密钥长度足够长，那么对攻击者来说，很难破解密文。有些方法（如统计分析）可能会有帮助。

（2）已知明文攻击。攻击者知道部分明文与密文之间的对应关系，如攻击者知道明文"A"会加密成密文"B"。

（3）选择明文攻击。攻击者可以选择一定数量的明文，并得到对应的密文，即攻击者知道明文与密文之间的对应关系，并且可以选择对攻击有利的明文。

（4）选择密文攻击。攻击者可以先选择一段密文，并得到解密的明文。这种攻击主要针对公钥密码系统。

现代密码算法的安全性原则是，即使攻击者知道算法，并且用选择明文攻击的方式来进行攻击，也很难破解，即从传统加密技术对加密算法的保密过渡到开放算法，而把安全性全部放在对密钥的保密上。之所以有这个目标，是因为在实际应用中，公开加密算法有助于密码应用的标准化，这样可以使不同厂商的产品之间可以相互通信，从而让互联网中互不相识的用户能够使用密码通信。但是，公开了算法，攻击者就可以选择明文进行试探。另外，在很多安全应用场景下，攻击者能够输入一段明文，然后观察相应的密文。

2.2 对称密码技术

2.2.1 对称密码技术概论

对称密码技术也称为密钥密码技术，其已被人们使用了数千年，具有各种形式：从简单的替换密码到较复杂的迭代结构，其中同一个密钥既用于加密又用于解密。也就是说，加密和解密数据使用同一个密钥，即加密和解密的密钥是对称的，这种密码系统称为单密钥密码系统。原始数据（明文）在经对称加密算法处理后，变成了不可读的密文（乱码）。在解密原文时，必须使用同样的密码算法和密钥，即信息的加密和解密使用同样的算法和密钥。

对称密码算法在数学上没有公钥密钥算法复杂，算法中常运用的有加法、减法、乘法、位运算（XOR、AND、OR、NOT、移位）、替换等。其中，为了提高安全性，可以采用非线性替换，即 S-盒。S-盒可以看成是一个查找表，其将 n 位映射为 m 位。在许多加密算法中，S-盒的设计是对称密码算法的关键。

对称密码算法的特点是计算量小、加密速度快；缺点是由于加密和解密使用同一个密钥，因此容易产生发送者或接收者单方面泄露密钥的问题；在网络环境下应用时必须使用额外的安全信道来传输密钥，否则容易引起密钥泄露和信息失密问题。此外，对称密码算法难以解决数据的真实性和不可抵赖性认证问题。

2.2.2　数据加密标准

数据加密标准（Data Encryption Standard，DES）出自 IBM 公司的研究，其曾在数据加密通信中广泛应用。DES 代表了一类典型的密码结构，即 Feistal 结构。因此，详细地研究这一算法的基本原理、设计思想、安全性分析及其在实际应用中的有关问题，对掌握分组密码理论和应用很有意义。

DES 算法基本结构如下。

（1）对 64 位的明文分组进行加、解密操作。

（2）首先通过一个初始置换（IP）将 64 位明文进行分组，分成左半部分和右半部分，各为 32 位，并按照一定的顺序重排。

（3）然后进行 16 轮的迭代运算，在这些运算中，最关键的部分为函数 f。在运算过程中，数据和密钥结合。

（4）经过 16 轮的迭代运算后，再通过一个初始置换的逆置换（IP^{-1}）将左半部分和右半部分重排后组合在一起，最终得到一个 64 位的密文。

每一轮迭代运算的步骤如下。

（1）首先进行密钥选择置换和移位操作，生成 16 个 48 位的轮密钥。

（2）然后进行 f 函数运算，具体如下。

① 通过一个扩展置换（也称为 E 置换）将数据的右半部分（32 位）扩展为 48 位。

② 通过一个异或操作与 48 位轮密钥结合，得到一个 48 位数据。

③ 通过 8 个 S-盒将 48 位数据压缩为 32 位数据。

④ 对 32 位数据进行一次直接置换（也称为 P-置换）。

（3）通过一个异或操作将函数 f 的输出与左半部分（32 位）结合，其结果为新的右半部分；原来的右半部分成为新的左半部分。

每一轮迭代运算的数学表达式为

$$L_i = R_{i-1}$$
$$R_i = L_{i-1} \oplus f(R_{i-1}, K_i)$$

式中，L_i 和 R_i 分别为第 i 轮迭代的左半部分和右半部分。

1. DES 算法的关键操作

（1）初始置换和逆初始置换规则表。在加密前，DES 算法首先执行一个初始置换操作，按规定的初始置换规则表将 64 位明文的位置进行变换，得到一个重排后的 64 位明文。

经过 16 轮运算后，通过一个逆初始置换操作，按规定的逆初始置换规则表将左半部分（32 位）和右半部分（32 位）组合在一起，得到一个 64 位密文。

初始置换和逆初始置换并不影响 DES 算法的安全性，其主要目的是把数据打乱并重排，以消除原始明文的原有数据模式。

（2）密钥置换及其规则表。在 64 位密钥中，每个字节的第 8 位为奇偶校验位，经过密钥置换规则表变换后去掉奇偶校验位，则实际的密钥长度为 56 位。在每一轮运算中，将从 56 位初始密钥依次产生一个 48 位子密钥 K_i，这些子密钥按以下方式生成。

① 将 56 位密钥分成两部分，每部分 28 位。
② 根据运算的轮数，按照每轮的移位规则表将这两部分分别循环左移 1 位或 2 位。
③ 按照压缩置换规则表从 56 位移位结果中选出 48 位子密钥，该过程称为压缩置换或压缩选择。

（3）扩展置换及其规则表。按照扩展置换规则表将数据的右半部分 R_i 从 32 位扩展成 48 位，以便与 48 位密钥进行异或运算。

（4）S-盒代换及其规则表。按照 8 个 S-盒代换规则表，将异或运算得到的 48 位结果变换成 32 位数据。每个 S-盒为一个非线性代换网络，有 6 位输入、4 位输出，并且每个 S-盒都不相同。48 位输入被分成 8 个 6 位组，每个组对应一个 S-盒代换操作。

S-盒代换是 DES 算法的关键步骤，因为所有其他运算都是线性的、易于被分析的，而 S-盒代换是非线性的，有助于提高 DES 算法的抗线性和差分攻击的能力。

（5）P-盒置换及其规则表。S-盒输出的 32 位结果还要按照 P-盒置换规则表将结果进行一次 P-盒置换。P-盒置换用来提供扩散，以把 S-盒提供的混淆作用充分扩散开来。

最后，P-盒置换的结果与 64 位数据的左半部分 L_i 进行异或操作，然后左半部分和右半部分进行交换，再开始下一轮运算。最后一轮不进行左右交换。

（6）DES 算法解密。DES 算法使用相同的函数来加密或解密每个分组，但两者的轮密钥的使用次序是相反的。例如，如果每轮加密的轮密钥次序为 $K_1, K_2, K_3, \cdots, K_{16}$，那么对应的解密轮密钥次序为 $K_{16}, K_{15}, K_{14}, \cdots, K_1$。

2. DES 算法的实现

自 DES 正式成为美国标准以来，已有许多公司设计并推出了支持 DES 算法的产品。有的公司设计专用 LSI 器件或芯片，有的公司用现成的微处理器实现；有的公司只限于实现 DES 算法，有的公司则可运行各种工作模式。

3. 三重 DES 算法

DES 算法存在密钥长度过短的问题。为了提高 DES 算法的安全性，研究者们提出了一些 DES 变形算法，其中三重 DES 算法（简称 3DES）是经常使用的一种 DES 变形算法。

在 3DES 中，使用两个或三个密钥对一个分组进行三次加解密。在使用两个密钥的情况下，第一次使用密钥 K_1 加密，第二次使用密钥 K_2 解密，第三次使用密钥 K_1 加密；在使用三个密钥的情况下，第一次使用密钥 K_1 加密，第二次使用密钥 K_2 解密，第三次使用密钥 K_3 加密。经过 3DES 加密的密文需要 2^{112} 或 2^{168} 次穷举搜索才能破译，而不是 2^{56} 次。3DES 算法进一步加强了 DES 算法的安全性。

4. DES 算法安全性评价

对一个密码系统的评价，目前尚无严格的理论和统一的标准，只能根据抵抗现有密码分析手段的能力评价一个密码系统的好坏。

目前，破译 DES 算法的主要方法是密钥穷举搜索法。例如，有人利用一台高速计算机使用穷举搜索法在 56 小时内破译了 DES 算法。此外，DES 算法的安全性还受到能量分析和故障注入等侧信道分析方法的威胁。

在 DES 数据加密系统中，可以通过增加 DES 算法的密钥长度（如 3DES）等方法来增强 DES 算法的安全强度。

2.2.3 高级加密标准

高级加密标准（Advanced Encryption Standard，AES）是由比利时研究员 Daemen 和 Rijmen 创建的，也称为 Rijndael 算法。该算法是一种可用来保护电子数据的新型对称加密算法，其已经被网络硬件和软件供应商广泛采用。因此，对 AES 算法进行研究并利用该算法对重要数据进行加密，这对保证数据的安全有着重要的意义。

AES 为分组密码算法，数据分组长度为 128 位，密钥长度可选，为 128 位、192 位、256 位，以下分别称为 AES-128、AES-192 和 AES-256。AES 算法主要由密钥扩展、加密模块和解密模块 3 部分组成。AES 算法的密钥长度、数据分组长度及加密轮数如表 2-1 所示。

表 2-1　AES 算法的密钥长度、数据分组长度及加密轮数

AES 算法	密钥长度（Nk）单位：32bit	数据分组长度（Nb）单位：32bit	加密轮数（Nr）
AES-128	4	4	10
AES-192	6	4	12
AES-256	8	4	14

AES 算法是基于置换和替代运算的。置换是对数据进行重新排列，替代是将一个数据单元替换为另一个。AES 算法使用几种不同的方法来执行置换和替代运算。首先，给出 AES 算法的总体描述，则该算法的执行过程如下。

（1）给定一个 128 位的明文分组 x，将 State 矩阵（4×4 字节矩阵）初始化为 x，并进行

AddRoundKey 操作，再将 RoundKey 与 State 进行异或操作。

（2）用 S 盒对前 Nr-1 轮中的每一轮进行一次替代操作，称为 SubBytes；对 State 进行一次置换 ShiftRows；再对 State 进行一次 MixColumns；然后进行 AddRoundKey 操作。

（3）最后一轮依次进行 SubBytes、ShiftRows 和 AddRoundKey 操作。

（4）最终的 State 输出即密文 y。

AES 密钥的扩展过程是由输入的 128 位、192 位或 256 位初始密钥按照密钥扩展算法分别产生 10、12 或 14 个轮密钥，并用于每一轮的 AddRoundKey 操作。轮密钥的长度与数据分组的长度一致，为 128 位。

2.2.4 SM4 算法

与 DES 和 AES 算法类似，SM4 算法是一种分组密码算法，其分组长度为 128 位，密钥长度也为 128 位。加密算法与密钥扩展算法均采用 32 轮非线性迭代结构，并以字（32 位）为单位进行加密运算，每一次迭代运算均由 4 个 32 位字产生一个新的 32 位字，属于滑动窗口结构。SM4 算法的加密算法的结构与解密算法相同，只是使用轮密钥相反，其中解密轮密钥是加密轮密钥的逆序。

SM4 算法使用模 2 加和循环移位作为基本运算。SM4 算法的 S-盒与 AES 算法规模相当，也是 8 位输入和 8 位输出的，是 SM4 算法中唯一的非线性环节，这对 SM4 算法的安全性有重要影响。SM4 算法中的线性环节主要由移位和异或运算组成。

密钥扩展算法：SM4 算法使用 128 位的加密密钥，并采用 32 轮迭代加密结构，每一轮加密使用一个 32 位的轮密钥，总共使用 32 个轮密钥。因此需要使用密钥扩展算法，从加密密钥中产生 32 个轮密钥。SM4 密钥扩展算法的结构与加密算法类似，只是线性移位环节中的移位数量存在差异。

SM4 密钥扩展算法的基本运算如下。

$(X_0, X_1, X_2, X_3, r_k) = X_0 \oplus T(X_1 \oplus X_2 \oplus X_3 \oplus r_k)$

$T(X) = L(\tau(X))$

$B = \tau(A) = [S\text{-}盒(a_0), S\text{-}盒(a_1), S\text{-}盒(a_2), S\text{-}盒(a_3)]$

$C = L(B) = B \oplus (B <<< 2) \oplus (B <<< 10) \oplus (B <<< 18) \oplus (B <<< 24)$

式中，r_k 为 32 位轮密钥；$a_0 \sim a_3$ 均为字节宽度；<<< 为循环左移操作；⊕ 为异或运算。

SM4 算法是我国专业密码机构设计的商用密码算法，主要用于无线局域网产品的安全保与密。SM4 算法设计简洁，算法结构有特点，安全高效。SM4 算法的公开向世界展示了我国在商用密码领域的研究成果。

2.2.5 流密码与 RC4

流密码又称为序列密码，其与 DES、AES 等分组密码不同，流密码的核心是密钥流的产生。给定一个长度较短的种子密码，流密码采用一定的密钥生成算法生成具有良好随机性的密钥流序列，然后将明文输入序列和密钥序列进行异或操作即可实现加密。

在分组密码中，明文消息按一定长度分组（分组长度由算法参数确定），每个分组都使用完全相同的密钥进行加密，并产生相应的密文。在最基本的电子密码本工作模式下，相同的明文分组不管处在明文序列的什么位置，总是对应相同的密文分组。在流密码中，由于密钥是特定的伪随机序列，因此相同的明文可能因在明文序列中的位置不同而对应不同的密文。

对分组密码而言，流密码主要有以下优点：第一，在硬件实施上，流密码的速度一般要比分组密码快，而且不需要很复杂的硬件电路；第二，在某些情况下（如对于某些电信上的应用），当缓冲不足或必须对收到的字符进行逐一处理时，流密码显得更加适用；第三，流密码成熟的数学分析理论和方法，如频谱理论和技术、代数方法等；第四，流密码能较好地隐藏明文的统计特征。

目前，关于流密码的理论和技术已取得长足的发展。同时，密码学学家提出了大量的流密码算法，有些算法已被广泛应用于移动通信、军事外交等领域。我国研发的祖冲之（ZUC）密码算法已应用于 4G 网络通信，且成为国际标准，这显示了我国在密钥研究领域的发展。

1．流密码的原理

在流密码中，明文在按一定长度分段后被表示成一个序列，称为明文流，序列中的一项称为一个明文字。加密时，首先由种子密钥产生一个密钥流序列，该序列的每一项和明文字具有相同的比特长度，称为一个密钥字；然后依次把明文流和密钥流中的对应项输入加密函数（通常为简单的异或运算，因此具有很高的效率），产生相应的密文字，再由密文字构成密文流输出，即

设明文流为：$M = m_1 m_2 \cdots m_i \cdots$

密钥流为：$K = k_1 k_2 \cdots k_i \cdots$

则加密算法为：$C = c_1 c_2 \cdots c_i \cdots = E_{k_1}(m_1) E_{k_2}(m_2) \cdots E_{k_i}(m_i) \cdots$

解密算法为：$M = m_1 m_2 \cdots m_i \cdots = D_{k_1}(c_1) D_{k_2}(c_2) \cdots D_{k_i}(c_i) \cdots$

2．同步流密码和自同步流密码

流密码通常分为同步流密码和自同步流密码两类。

1）同步流密码

密钥流的生成独立于明文流和密文流的流密码称为同步流密码。同步流密码具有以下特点。

（1）在同步流密码中，消息的接收者与发送者必须保持严格同步才能做到正确地解密，即双方使用相同的密钥，并用其对同一位置进行操作。如果密文字符在传输过程中因被插入或删除字而破坏了这种同步性，那么解密失败。这时只有借助其他的技术重建同步，解密才能恢复正常。重建同步的技术包括：重新初始化，在密文的规定间隔中设置同步信息，或者如果明文包含足够的冗余度，那么可以尝试密钥流的可能偏移。

（2）无错误传播。密文字符在传输过程中被修改（仅值发生了变化，没有出现插入或删

除现象），但不影响其他的密文字符的解密。

（3）主动攻击。一个主动攻击者对密文字符进行的插入、删除或重放操作会立即破坏系统的同步性，从而可能被解密器检测出来。主动攻击者可能有选择地对密文字符进行改动，并准确地知道这些改动对明文的影响。这说明我们必须采用其他附加技术为数据提供源认证并保证数据的完整性。

2）自同步流密码

自同步流密码也称为异步流密码，是指密钥流的产生依赖于明文流或密文流的流密码。通常第 i 个密钥字符的产生不仅与种子密钥有关，而且与前面已经产生的若干密文字符有关。自同步流密码有以下特点。

（1）自同步性。由于对当前密文字符的解密仅依赖于固定个数的以前的密文字符，因此，当密文字符被插入或删除时，密码的自同步性就会体现出来。这种密码在同步性遭到破坏时，可以自动地重建正确的解密，而且仅有固定数量的明文字符不可恢复。

（2）有界的错误传播。假设一个自同步流密码的状态依赖于 t 个以前的密文字符，则在传输过程中，当一个密文字符被改动（或被插入、删除）时，至多会有 t 个随后的密文字符解密出错，之后会自动恢复正确解密。

（3）主动攻击。主动攻击者对密文字符的任何改动都会引发一些密文字符的解密出错。因此，与同步流密码相比，自同步流密码增加了被解密器检测出的可能性。所以这种密码在检测主动攻击者发起的对密文字符的插入、删除、重放等攻击时，就更加困难了，必须采用一些附加技术为数据提供源认证并保证数据的完整性。

（4）明文统计扩散。每个明文字符都会影响其后的整个密文，即明文的统计学特征被扩散到了密文中。因此，自同步流密码在抵抗利用明文冗余度发起的攻击方面要强于同步流密码。

3．一次一密密码本

一次一密密码本（One Time Padding，OTP）指在流密码中使用与消息长度等长的随机密钥，且密钥本身只使用一次。

具体而言，首先选择一个随机位串作为密钥；然后将明文转变成一个位串，如使用明文的 ASCII 表示法；最后，逐位计算这两个位串的异或值，结果得到的密文不可能被破解，因为即使有了足够数量的密文样本，但每个字符出现的概率都是相等的，且任意字母组合出现的概率也是相等的。这种方法被称为一次一密。以逐比特加密的一次一密为例，它要求对明文消息的每个比特进行一次加密，而且在加密明文每个比特时，都要独立随机地选取一个密钥比特。无论明文的统计分布如何，一次一密是无条件安全的，并且它使用的密钥量在所有无条件安全的密码体制中是最小的。因此，从这个意义上来说，一次一密无疑是理想的。

一次一密的一个明显缺点是，它要求密钥与明文具有相同长度，这增加了密钥分配与管理的困难，同时极大地限制了它的实际应用。流密码采用了类似一次一密的思想，但加密各明文字符的密钥字符不是独立随机选取的，而是由一个共同的、较短的种子密钥按照一个算法产生的。因此，它不具有一次一密的无条件安全性，但增加了实用性，只要算法设计得当，其安全性可以满足实际应用的需要。

4．RC4 算法

RC4 是一种典型的流密码算法，其广泛应用于无线局域网中。RC4 算法的原理很简单，包括初始化算法和伪随机密钥生成算法两部分。假设 S-盒长度和密钥长度均为 n，则 RC4 算法的初始化算法部分用类 C 伪代码表示，具体如下。

```
for (i = 0; i < n; i++)
    s = i;
j = 0;
for (i = 0; i < n; i++)
{
    j = (j + s + k) % 256;
    swap(s, s[j]);
}
```

在初始化过程中，密钥的主要功能是将 S-盒置乱，i 确保 S-盒的每个元素都得到处理，j 保证 S-盒的置乱是随机的。不同的 S-盒在经过伪随机密钥生成算法的处理后，可以得到不同的子密钥序列，并且该序列是随机的：

```
i = j = 0;
while (明文未结束)
{
    ++i% = n;
    j = (j+s) % n;
    swap(s, s[j]);
    sub_k = s((s + s[j])%n);
}
```

得到的子密码 sub_k 用于和明文进行异或（XOR）运算，然后得到密文，解密过程也完全相同。由于 RC4 算法加密是采用的 XOR，因此子密钥序列一旦出现了重复，密文就有可能被破解。有密码学家指出，RC4 算法存在漏洞，可能对无线通信网络的安全构成威胁。有研究者发现，在使用"有线等效保密规则（WEP）"的无线网络中，在特定情况下，人们可以逆转 RC4 算法的加密过程，以获取密钥，从而将已加密的信息解密。要实现这一过程，只需要使用一台计算机对加密的数据进行分析，经过几个小时的时间就可以破译出信息的全部内容。这一发现可能促使人们重新设计无线通信网络协议，并使用新的加密算法。

2.3 单向散列函数

为防止数据在传输过程中被篡改和伪造，可使用单向散列（Hash）函数保护数据完整性。Hash 函数具有单向不可逆性，它赋予一个消息唯一的"指纹"，通过验证"指纹"可判别出该消息的完整性。Hash 函数非常精确，其能够检测出消息在传输过程中发生的任何变化。

在数据完整性保护中，一般采用加密短消息（如数据检查和）的方法来证实数据完整性，而不是加密整段数据。发送者首先计算发送数据的检查和，并使用 Hash 函数计算该检查和的 Hash 值，然后将原文和 Hash 值同时发送给接收者。

接收者使用相同算法独立计算接收数据的检查和及 Hash 值，然后与接收的 Hash 值进行比较，若两者不相同，则说明数据被改动，从而验证数据的真实性与完整性。

当 Hash 函数 $H(M)$ 作用于一个任意长度的消息 M 时，将返回一个固定长度为 m 的 Hash 值 h，即 $h=H(M)$，其具有以下性质。

（1）给定一个消息 M，很容易计算出 Hash 值 h。

（2）给定 Hash 值 h，很难根据 $H(M)=h$ 计算出消息 M。

（3）给定一个消息 M，很难找到另一个消息 M' 满足 $H(M)=H(M')$。

在实际应用中，常用的 Hash 函数有 MD5、SHA 等。

2.3.1 MD5 算法

MD（Message Digest）系列算法是由美国 MIT 教授 Ron Rivest 设计的 Hash 函数，其包括 MD2、MD3、MD4 和 MD5。其中，MD5 是 MD4 的改进版，两者采用相似的设计思想和原则，对于输入的消息，都产生 128 位 Hash 值输出。

1．MD5 算法描述

MD4 和 MD5 算法都基于以下的设计目标。

（1）安全性。通过计算找到两个具有相同 Hash 值的消息是不可行的，不存在比穷举搜索法更有效的攻击方法。同时，算法的安全性不基于任何假设，如因子分解的难度。

（2）简单性。算法应尽可能简单，不需要使用复杂的数据结构和程序来实现。

（3）高速度。算法应基于 32 位操作数的简单位操作，即软件实现具有很快的速度。

（4）适应性。算法应非常适合微处理器结构，特别是 Intel 微处理器，其他大型计算机需要进行必要的转换。

MD5 算法将输入的消息分成 512 位分组，每个分组又分为 16 个 32 位子分组。算法的输出是 4 个 32 位分组，将它们级联起来形成一个 128 位的 Hash 值。

MD5 算法的处理过程如下。

（1）消息填充。消息长度必须是 512 位的整数倍，若不满足该条件，则必须进行填充。

（2）变量初始化。初始化 4 个 32 位变量值（称为链接变量），其十六进制表示如下。

$$A=0x01234567 \quad B=0x89abcdef \quad C=0xfedcba98 \quad D=0x76543210$$

（3）主循环。一次处理 512 位消息，循环次数是消息中 512 位分组的数目。每次循环 4 轮，每轮循环使用一个非线性函数，共使用 4 个非线性函数。每一轮运算基本相似，共有 16 次操作。每次操作都对消息分组和链接变量进行一次非线性运算，共进行 16 次非线性运算。这 4 个非线性函数分别为

$$F(X,Y,Z)=(X \wedge Y) \vee [(\neg X) \wedge Z]$$

$$G(X,Y,Z)=(X\wedge Z)\vee[Y\wedge(\neg Z)]$$

$$H(X,Y,Z)=X\oplus Y\oplus Z$$

$$I(X,Y,Z)=Y\oplus[X\vee(\neg Z)]$$

（4）输出结果。将最后输出的 A、B、C、D 级联起来，形成 128 位 Hash 值输出。

2．MD5 算法的安全性

MD5 算法较旧，散列长度较短，随着计算机运算能力的提高，找到碰撞是可能的。2004 年，山东大学王小云教授证明 MD5 数字签名算法可以产生碰撞。2008 年，荷兰埃因霍芬技术大学科学家成功把 2 个可执行文件进行了 MD5 碰撞，使得这两个运行结果不同的程序计算出了同一个 MD5。2008 年 12 月，科研人员通过 MD5 碰撞成功生成了伪造的 SSL 证书，这使得在 HTTPS 协议中，服务器可以伪造一些根 CA 的签名。因此 MD5 算法已经不再是安全的算法，在安全要求高的场合不建议使用 MD5 算法。

2.3.2 SHA 家族

安全哈希算法（Secure Hash Algorithm，SHA）是 NIST 在安全散列标准（SHS）中提出的 Hash 函数。该算法既可以与数字签名标准一起使用，又可以单独使用。

SHS 中定义了用于保证 DSA 安全的 Hash 函数 SHA。当一个长度小于 264 位的消息输入时，SHA 产生一个 Hash 值输出（消息摘要），然后将摘要输入到 DSA 中，并对该摘要进行签名。由于摘要比消息小得多，因此可以提高签名处理效率，同时增强数字签名的安全性。

SHA 家族第一个成员 SHA-0 发布于 1993 年。两年后，第一个 SHA 的后继者 SHA-1 发布了。另外，SHA-1 还有 4 种变体：SHA-224、SHA-256、SHA-384 和 SHA-512，其可以提升输出的范围和改进一些细微设计。这些变体有时候也称为 SHA-2。

1．SHA 算法描述

SHA 与 MD5 算法类似，也是以 512 位分组来处理输入消息的，每个分组又划分为 80 个 32 位子分组（从 16 个 32 位子分组扩展成 80 个 32 位子分组）；输出 5 个 32 位分组，并将它们级联起来形成一个 160 位 Hash 值。SHA 算法的处理过程如下。

（1）消息填充。消息长度必须是 512 位的整数倍，若不满足该条件，则必须进行填充，其填充方法与 MD5 算法完全相同。

（2）变量初始化。初始化 5 个 32 位变量（MD5 为 4 个变量），其十六进制表示如下。

A=0x67452301　B=0xefcdab89　C=0x98badcfe　D=0x10325476　E=0xc3d2e1f0

（3）算法主循环。一次处理 512 位消息，循环次数是消息中 512 位分组的数目。每次循环 4 轮，每轮循环使用一个非线性函数，共使用 4 个非线性函数。每一轮运算基本相似，共有 20 次操作（MD5 为 16 次操作），每次操作对链接变量和消息分组进行 1 次非线性运算，共进行 20 次非线性运算。这 4 个非线性函数分别为

$$F_t(X, Y, Z) = (X \wedge Y) \vee ((\neg X) \wedge Z), \quad t=0\sim19$$

$$F_t(X, Y, Z) = X \oplus Y \oplus Z, \quad t=20\sim39$$

$$F_t(X, Y, Z) = (X \wedge Y) \vee (X \wedge Z) \vee (Y \wedge Z), \quad t=40\sim59$$

$$F_t(X, Y, Z) = X \oplus Y \oplus Z, \quad t=60\sim79$$

（4）输出结果。将最后输出的 A、B、C、D 和 E 级联起来，形成 160 位 Hash 值输出。

2．SHA 算法的安全性

SHA 算法模拟了 MD4 算法，但比 MD4 算法的安全性高，其可以将 SHA 算法看作是 MD4 算法的改进版。另外，SHA-1 生成 160 位的 Hash 值，SHA-2 产生更长的 Hash 值，它们都比 128 位的 MD5 或其他 Hash 函数更能抵抗穷举搜索攻击或其他方法攻击。

2005 年，王小云等发表了一种 SHA-1 攻击法，其能在 2^{63} 个计算复杂度内找到碰撞。2006 年，有学者宣布他们能在容许攻击者决定部分原信息的条件下找到 SHA-1 的一个碰撞。因此，现在 SHA-1 存在安全威胁，而 SHA-2 这些新的 Hash 函数并没有接受像 SHA-1 一样的来自公众的详细检验，其安全性还没有被广泛信任。

2.3.3 SM3 密码 Hash 算法

SM3 密码 Hash 算法是我国国家密码管理局颁布的一种密码 Hash 算法。它与 SM4 分组密码、SM2 椭圆曲线公钥密码都是我国商用密码的重要组成部分。

SM3 密码 Hash 算法的输入数据长度为 l 比特，且 $1 \leq l \leq 2^{64}-1$，输出 Hash 值的长度为 256 比特。

1．常量与函数

SM3 密码 Hash 算法使用以下常数与函数。

（1）初始值：

IV =7380166f 4914b2b9 172442d7 da8a0600 a96f30bc 163138aa e38dee4d b0fb0e4e

（2）常量：

$$T_j = \begin{cases} 79\text{cc}4519 & 0 \leq j \leq 15 \\ 7\text{a}879\text{d}8\text{a} & 16 \leq j \leq 63 \end{cases}$$

（3）函数：

布尔函数为

$$\mathrm{FF}_j(X, Y, Z) = \begin{cases} X \oplus Y \oplus Z & 0 \leq j \leq 15 \\ (X \wedge Y) \vee (X \wedge Z) \vee (Y \wedge Z) & 16 \leq j \leq 63 \end{cases}$$

$$\mathrm{GG}_j(X, Y, Z) = \begin{cases} X \oplus Y \oplus Z & 0 \leq j \leq 15 \\ (X \wedge Y) \vee (\neg X \wedge Z) & 16 \leq j \leq 63 \end{cases}$$

式中，X、Y 和 Z 为 32 位。

置换函数为

$$P_0(X) = X \oplus (X <<< 9) \oplus (X <<< 17)$$
$$P_1(X) = X \oplus (X <<< 15) \oplus (X <<< 23)$$

式中，X 为 32 位，$<<<$ 为循环左移操作。

2．算法描述

SM3 密码 Hash 算法在对数据进行填充和迭代压缩后生成 Hash 值。

1）填充

对数据进行填充的目的是使填充后的数据的长度为 512 位的整数倍。之后进行的迭代压缩是针对 512 位数据块的，如果数据的长度不是 512 位的整数倍，那么最后一块数据将是短块，这将无法处理。

假设消息 m 的长度为 l 比特。首先将比特"1"添加到消息 m 的末尾，再添 k 个"0"。k 是满足下式的最小非负整数：

$$l + 1 + k = 448 \bmod 512$$

然后添加一个 64 位比特串，该比特串是长度 l 的二进制表示。填充后的消息 m 的比特长度一定为 512 位的整数倍。例如，对于消息 01100001 01100010 01100011，其长度 $l=24$，则经填充得到的比特串为

$$01100001\ 01100010\ 01100011\ 1\ \underbrace{00\cdots00}_{423\text{比特}}\ \underbrace{00\cdots011000}_{64\text{比特}}$$

2）迭代压缩

将填充后的消息 m' 按 512 比特进行分组：$m' = B^{(0)}B^{(1)}\cdots B^{(n-1)}$，其中

$$n = (l + k + 65)/512$$

对 m' 按下列方式迭代压缩：

FOR $i = 0$ TO $n-1$
$V^{(i+1)} = \text{CF}(V^{(i)}, B^{(i)})$

ENDFOR

式中，CF 是压缩函数，$V^{(0)}$ 为 256 比特的初始值 IV；$B^{(i)}$ 为填充后的消息分组；$V^{(n)}$ 为迭代压缩后的结果，即消息 m 的 Hash 值。

3）消息扩展

在对消息分组 $B^{(i)}$ 进行迭代压缩前，首先对其进行消息扩展。进行消息扩展有两个目的：一是将 16 个字的消息分组 $B^{(i)}$ 生成如下式的 132 个字，以供压缩函数 CF 使用；二是通过消息扩展将原消息位打乱，以隐藏原消息位之间的关联，增强 Hash 函数的安全性。

$$W_0, W_1, \cdots, W_{67},\quad W'_0, W'_1, \cdots, W'_{63}$$

消息扩展的过程如下。

将消息分组 $B^{(i)}$ 划分为 16 个字 $W_0, W_1, \cdots, W_{15}$。

FOR $j=16$ TO 67

$$W_j \leftarrow P_1(W_{j-16} \oplus W_{j-9} \oplus (W_{j-3} \lll 15)) \oplus (W_{j-13} \lll 7) \oplus W_{j-6}$$

ENDFOR
FOR $j=0$ TO 63
$$W'_j = W_j \oplus W_{j+4}$$
ENDFOR

消息分组 $B^{(i)}$ 经消息扩展后就可以进行迭代压缩了。

4）压缩函数

令 A、B、C、D、E、F、G、H 为字寄存器，SS_1、SS_2、TT_1、TT_2 为中间变量，压缩函数为 $V^{(i+1)} = CF(V^{(i)}, B^{(i)})$，$0 \leq i \leq n-1$。

压缩函数的计算过程如下。

ABCDEFGH $\leftarrow V^{(i)}$
FOR $j = 0$ TO 63
$$SS_1 \leftarrow [(A \lll 12) + E + (T_j \lll j)] \lll 7$$
$$SS_2 \leftarrow SS_1 \oplus (A \lll 12)$$
$$TT_1 \leftarrow FF_j(A, B, C) + D + SS2 + W'_j$$
$$TT_2 \leftarrow GG_i(E, F, G) + H + SS_i + W_j$$
D $\leftarrow$ C
C $\leftarrow$ B $\lll$ 9
B $\leftarrow$ A
A $\leftarrow TT_1$
H $\leftarrow$ G
G $\leftarrow$ F $\lll$ 19
F $\leftarrow$ E
E $\leftarrow P_0(TT_2)$
ENDFOR
$V^{(i+1)} \leftarrow$ ABCDEFGH $\oplus V^{(i)}$

最终输出的 256 比特 Hash 值为 ABCDEFGH $\leftarrow V^{(n)}$。

其中，压缩函数的"+"运算为 $\mod 2^{32}$ 算术加运算，字的存储为大端格式。大端格式是数据在内存中的一种存储格式，其规定左边为高有效位，右边为低有效位。数的高位字节放在存储器的低地址，数的低位字节放在存储器的高地址。

由 SM3 的压缩函数的算法可以看出，其压缩函数是由一些基本的线性和非线性函数构成的，而且在压缩函数中进行了 64 轮循环迭代。因此，SM3 在结构上属于基本函数迭代型的 Hash 函数。压缩函数是 Hash 函数安全的关键。

2018 年 10 月，含有我国 SM3 密码 Hash 算法的 ISO/IEC10118-3:2018《信息安全技术 Hash 函数第 3 部分：专用 Hash 函数》最新版（第 4 版）由国际标准化组织（ISO）发布，SM3 密码 Hash 算法正式成为国际标准。

2.3.4 MAC 算法

消息认证码（Message Authentication Code，MAC）是一种与密钥相关的 Hash 函数。除具有与其他 Hash 函数同样的性质之外，MAC 还包括一个密钥。只有拥有相同密钥的人才能鉴别接收到的 Hash 值，这对于在没有保密情况下提供消息的可鉴别性是非常有用的。

MAC 既可用于验证多个用户之间数据通信的完整性，也可用于单个用户鉴别磁盘文件的完整性。对于后者，用户首先要计算磁盘文件的 MAC，并将 MAC 存放在一个表中。如果用户的磁盘文件被非法修改，那么可通过计算和比较 MAC 来鉴别。

由于 MAC 受到密钥的保护，因此黑客并不知道该密钥，从而防止了对原来 MAC 的修改。

如果使用单纯的 Hash 函数，那么黑客在修改文件的同时，可能重新计算其 Hash 值，并替换原 Hash 值，这样磁盘文件的完整性就得不到有效保护了。

要想将 Hash 函数转换成 MAC，可以通过对称加密算法加密 Hash 值来实现。相反，要想将 MAC 转换成 Hash 函数，则只需将密钥公开即可。

MAC 算法有很多种，常用的 MAC 算法是基于分组密码算法和 Hash 函数组合来实现的。

1）基于 Hash 函数的 MAC

基于 Hash 函数的 MAC（HMAC）定义为

$$\text{HMAC} = H\left(\left(k^+ \oplus \text{opad}\right) \| H\left(\left(k^+ \oplus \text{ipad}\right) \| m\right)\right)$$

在上式中使用了以下符号。

H：表示一个 Hash 函数，如 SM3、SHA 等。

k^+：表示填充后的密钥，这里的 k 表示用于计算 HMAC 的原始输入密钥；k^+ 表示在 k 左边填充 0，得到位长与 Hash 分组长度相同的新密钥。

ipad：表示 00110110 重复 $b/8$ 次的结果，这里的 b 指 Hash 分组长度。

opad：表示 01011100 重复 $b/8$ 次的结果，这里的 b 指 Hash 分组长度。

m：表示原始消息。

HMAC 的具体计算流程如图 2-2 所示，具体如下。

（1）在密钥 k 的左边填充 0，得到 b 位的密钥 k^+。

（2）k^+ 与 ipad 进行异或运算，产生 b 位的密钥 ipadkey。

（3）将消息 m 赋予 ipadkey 后，计算 Hash 结果。

（4）k^+ 与 ipad 进行异或运算，产生 b 位的密钥 opadkey。

（5）将得到的 Hash 结果赋予 ipadkey 后，再计算 Hash 结果，即消息 m 的 MAC 值。

由上述过程可以看出，利用 HMAC 计算 MAC 是非常快的，仅计算 2 次 Hash 运算即可，而且最终得到的 MAC 值一定是一个与输入消息 m 及密钥 k 都相关的、长度固定的比特序列。

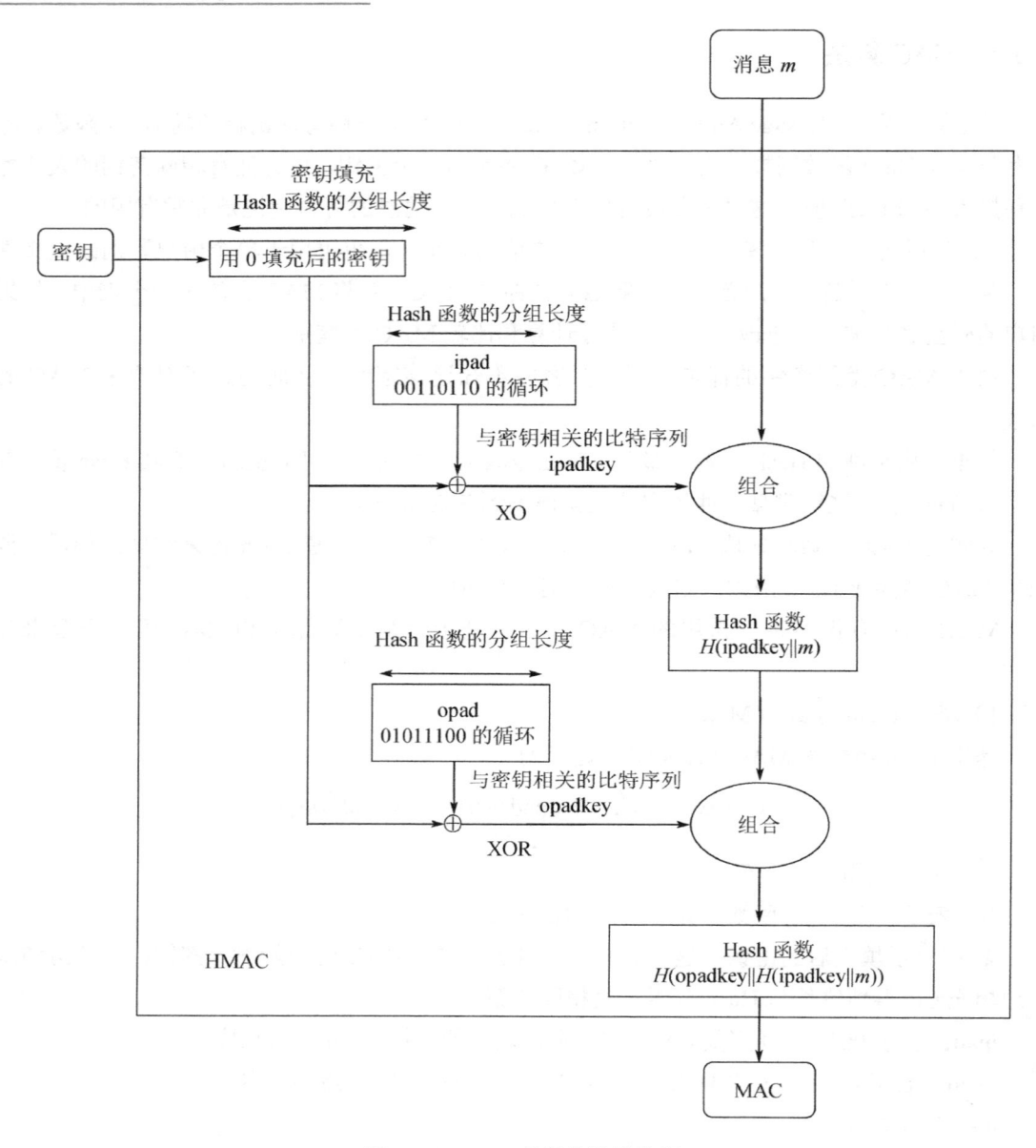

图 2-2 HMAC 的具体计算流程

2）基于分组密码算法的 MAC

基于 AES 的 MAC 算法是使用广泛的 MAC 算法之一。它采用 AES 算法的密文反馈链接（CBC）方式工作。它将数据分成长度为 128 位的分组 $D_1\|D_2\|\cdots D_N$，若最后分组不足 128 位，则在其后填充 0，直到成为 128 位的分组。基于 AES 的 MAC 算法的计算过程如图 2-3 所示。其中，k 为密钥，IV 为初始值且可设为 0，计算的迭代过程如下。

（1）$R_1 = \text{AES}(D_1 \oplus \text{IV}, k)$，为 AES 加密后的结果。

（2）$R_i = \text{AES}(D_i \oplus R_{i-1}, k)$，$2 \leqslant i \leqslant N$。

R_N 即最终的消息 m 的 MAC 值。

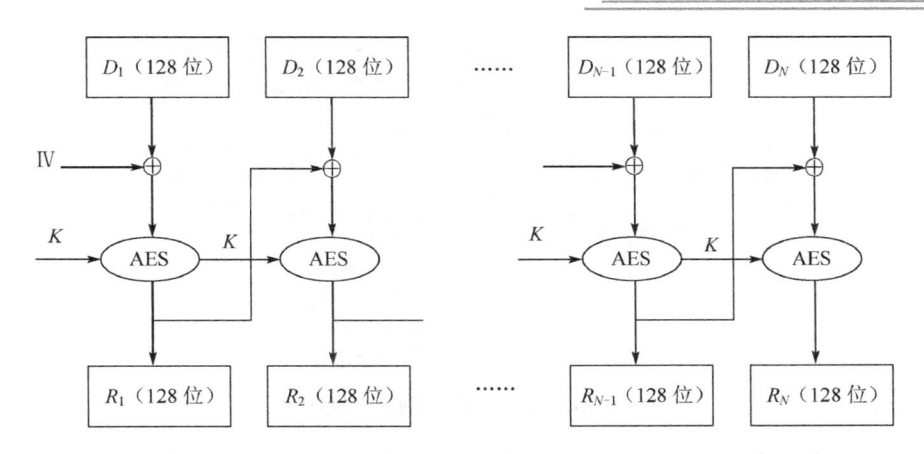

图 2-3 基于 AES 的 MAC 算法的计算过程

显然，我们很容易使用其他强的分组密码算法（如 SM4）来代替这里的 AES 算法，从而计算出相应的 MAC 值。需要注意的是，不同的分组密码算法的分组长度可能不同。

2.4 非对称密码技术

在公钥密码体制之前的整个密码学史中，所有的密码算法，包括原始手工计算的、由机械设备实现的及由计算机实现的，都是基于代换和置换这两个基本工具。公钥密码体制为密码学的发展提供了新的理论和技术基础，一方面公钥密码算法的基本工具不再是代换和置换，而是数学函数；另一方面公钥密码算法是以非对称的形式使用两个密钥的，因此两个密钥的使用对保密性、密钥分配、认证等都有着深刻的意义。可以说，公钥密码体制的出现在密码学史上是一个最大且唯一的真正革命。

2.4.1 公钥密码体制的原理

公钥密码算法的最大特点是采用两个相关密钥将加密和解密能力分开，其中一个密钥是公开的，称为公开密钥，简称公钥，用于加密；另一个密钥是用户专用的，因此是保密的，称为秘密密钥，简称私钥，用于解密。因此，公钥密码体制也称为双钥密码体制。公钥密码算法有以下重要特性：已知密码算法和公钥，求解密私钥在计算上是不可行的。

公钥密码体制加密框图如图 2-4 所示，加密步骤如下。

（1）要求接收消息的端系统产生一对用来加密和解密的密钥。例如，图 2-4 中的接收者 B 产生一对密钥 PK_B 和 SK_B，其中 PK_B 是公钥，SK_B 是私钥。

（2）端系统 B 将公钥（图 2-4 中的 PK_B）予以公开，私钥则被保密（图 2-4 中的 SK_B）。

（3）A 要想向 B 发送消息 m，应使用 B 的公钥加密 m，表示为 $c = E(PK_B, m)$，其中 c 是密文，E 是加密算法。

（4）B 收到密文 c 后，用自己的私钥 SK_B 解密，表示为 $m = D(SK_B, c)$，其中 D 是解密算法。

因为只有 B 知道 SK_B，所以其他人无法对 c 进行解密。

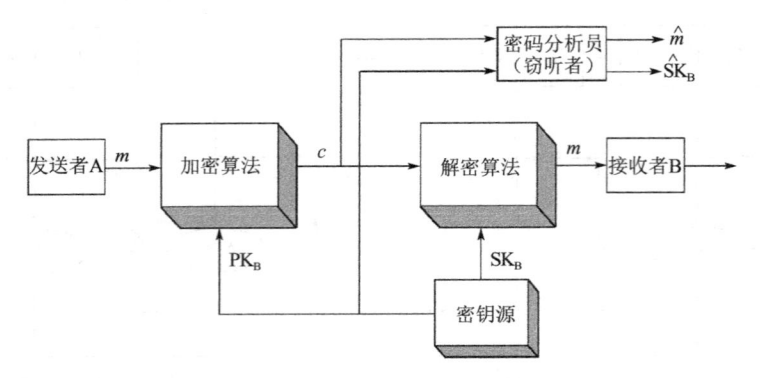

图 2-4 公钥密码体制加密框图

任何公钥密码体制的安全性都是建立在某些数学难题之上的。在密码学中，如果一个问题是困难的，通俗地讲，是指尚不能利用已知的方法，以及利用现有的计算工具和资源在合理的、可接受的时间内求解它。目前，公认的典型的密码学困难问题是大整数因子分解问题和离散对数问题，常用的公钥密码算法也都是基于这两个困难问题建立的。

2.4.2 RSA 密码

RSA 算法是用三个发明人 R.L.Rivest、A.Shamir 和 L.M.Adleman 的名字的首字母命名的，它是第一个比较完善的公钥密码算法，其既可用于加密数据，又可用于数字签名，并且比较容易理解和实现。RSA 算法的安全性是基于大整数因子分解难度的。RSA 算法经受住了多年的密码分析的攻击，具有较高的安全性和可信度。

1. 算法描述

1）密钥的产生

密钥的产生过程如下。

（1）选两个保密的大素数 p 和 q。

（2）计算 $n = p \times q$，$\varphi(n) = (p-1)(q-1)$。其中，$\varphi(n)$ 是 n 的欧拉函数值。

（3）选一整数 e，满足 $1 < e < \varphi(n)$ 且 $\gcd[\varphi(n), e] = 1$。

（4）计算 d，满足 $d \cdot e \equiv 1 \bmod \varphi(n)$，即 d 是 e 在模 $\varphi(n)$ 下的乘法逆元，因 e 与 $\varphi(n)$ 互素，由模运算可知，它的乘法逆元一定存在。

（5）以 $\{e, n\}$ 为公钥，$\{d, n\}$ 为私钥。

2）加密

加密时首先将明文比特串分组，使得每个分组对应的十进制数小于 n，即分组长度小于 $\log_2 n$；然后对每个明文分组 m 使用公钥 e 进行加密运算：$c = m^e \bmod n$。

3）解密

使用私钥 d 对密文分组进行解密运算：

$$m \equiv c^d \bmod n$$

下面证明 RSA 算法中解密过程的正确性。

证明：由加密过程可知 $c \equiv m^e \bmod n$，因此

$$c^d \bmod n \equiv m^{ed} \bmod n \equiv m \bmod n$$

下面举一个简单的例子来说明 RSA 算法。

（1）设 $p=47$，$q=71$，则 $n = p \times q = 3337$。

（2）选取加密密钥 e，如 $e=79$，并且 e 和 $(p-1)(q-1) = 46 \times 70 = 3220$ 互素（没有公因子）。

（3）计算解密密钥 d，即 $d = 79^{-1} \bmod 3220 = 1019$，$d$ 和 n 也互素。

（4）e 和 n 是公钥，可公开；d 是私钥，应保密；丢弃 p 和 q，但不能泄露。

（5）设一个明文消息 $m=6882326879666683$，首先将它分解成小于模数 n 的数据分组，这里模数 n 为 4 位，每个数据分组 m_i 可分成 3 位。m 被分成 6 个数据分组：$m_1=688$；$m_2=232$；$m_3=687$；$m_4=966$；$m_5=668$；$m_6=003$（若位数不足，则左边填充 0 补齐）。

（6）现在对每个数据分组 m_i 进行加密：$c_1=688^{79} \bmod 3337=1570$，$c_2=232^{79} \bmod 3337=2756$，……

（7）将密文分组 c_i 组合成密文输出：$c=15702756209122762423158$。

（8）现在对每个密文分组 c_i 进行解密：$m_1=1570^{1019} \bmod 3337=688$，$m_2=2756^{1019} \bmod 3337=232$，……

（9）将每个解密的明文分组 m_i 组合成明文输出：$m=6882326879666683$。

2. 安全性

RSA 算法的安全性是基于分解大整数的困难性假定的，之所以为假定，是因为至今还未能证明分解大整数就是 NP 问题，也许有尚未发现的多项式时间分解算法。已知两个大素数 p、q，求它们的乘积 $n = p \times q$ 很容易，但是已知 n 求素因子 p 和 q 却是十分困难的事情，这就是大整数因子分解的困难性问题。如果 RSA 的模数 n 被成功地分解为 $p \times q$，那么立即获得 $\varphi(n) = (p-1)(q-1)$，从而确定 e 模 $\varphi(n)$ 的乘法逆元 d，即 $d \equiv e^{-1} \bmod \varphi(n)$，因此攻击成功。

随着人类计算能力的不断提高，原来被认为不可能分解的大整数已被成功分解。例如，RSA-129（n 为 129 位十进制数，大约 428 比特）已在网络上通过分布式计算并历时 8 个月于 1994 年 4 月被成功分解，RSA-130 已于 1996 年 4 月被成功分解。

对于大整数的威胁，除人类的计算能力之外，还来自分解算法的进一步改进。分解算法过去都采用二次筛法，如对 RSA-129 的分解。而对 RSA-130 的分解则采用了一个新算法，称为推广的数域筛法。该算法在分解 RSA-130 时所做的计算仅比分解 RSA-129 多 10%。将来可能还有更好的分解算法，因此在使用 RSA 算法时，要特别注意密钥的大小。估计在未来一段比较长的时期，密钥长度介于 1024 比特至 2048 比特之间的 RSA 是安全的。

2.4.3 ELGamal 密码

设 p 为素数，若存在一个正整数 g，使得 $g, g^2, g^3, \cdots, g^{p-1}$ 与模 p 互不同余（模 p 的余数各不相同，取值范围正好为 $\{1, 2, 3, \cdots, p-1\}$），则称 g 为模 p 的本原元（原根）。若 g 为模 p 的本原元，则对于 $y \in \{1, 2, 3, \cdots, p-1\}$，必存在正整数 x 使得 $y = g^x \bmod p$。当素数 p 足够大时，

已知 $y = g^x \mod p$，求 x 是极其困难的，这称为有限域乘法群 $F_p^* = \langle g \rangle$ 上的离散对数问题。

1. 算法描述

（1）密钥的产生过程：首先选取一个大素数 p，使得在 F_p^* 中求解离散对数问题是困难的；然后选取生成元 $g \in F_p^*$ 和随机数 $x \in \{1, 2, 3, \cdots, p-1\}$；最后计算 $y = g^x \mod p$，则公钥为 y、g 和 p，私钥为 x。

（2）加密过程与解密过程如下。

加密过程：设欲加密的明文消息为 M，随机选一与 p 互素的整数 k，计算 $C_1 = g^k \mod p$，$C_2 = My^k \mod p$，则密文为 $C = (C_1, C_2)$。

解密过程：

$$\frac{C_2}{C_1} \mod p = \frac{y^k M}{g^{kx}} \mod p = \frac{y^k M}{y^k} \mod p = M \mod p$$

在实际应用时，ElGamal 算法使用的素数 p 要比 RSA 算法中的模数 n 小得多，因此 ElGamal 算法的加解密速度比 RSA 算法快。为了 ElGamal 密码的安全，p 应为 150 位（十进制数）以上的大素数，而且 $p-1$ 应有大素因子。

2. 安全性

由于 ELGamal 密码的安全性是建立在求解有限域乘法群上的离散对数问题的困难性之上的，而且目前尚无求解离散对数问题的有效算法，因此当 p 足够大时，ELGamal 密码是安全的。为了 ELGamal 密码的安全，p 应为 150 位十进制数以上的大素数，而且 $p-1$ 应有大素因子。在理想情况下，p 为强素数，即 $p-1 = 2q$，其中 q 为大素数。

2.4.4 椭圆曲线密码体制

上节已经讲过，为保证 RSA 算法的安全性，它的密钥长度应一再增大，这使得它的运算负担越来越大。相比之下，椭圆曲线密码体制（Elliptic Curve Cryptography，ECC）可用短得多的密钥获得同样的安全性，因此其具有广泛的应用前景。椭圆曲线密码体制已被 IEEE 公钥密码标准 P1363 采用。

椭圆曲线并不是椭圆，之所以被称为椭圆曲线，是因为它的代数表达式与计算椭圆周长的方程相似。椭圆曲线可以定义在不同的域上，密码学中普遍采用的是有限域 GF(p) 上的椭圆曲线。

1. 有限域 GF(p) 上的椭圆曲线

设 p 是大于 3 的素数，且 $4a^3 + 27b^2 \neq 0 \mod p$，则称曲线

$$y^2 = x^3 + ax + b, \quad a, b \in \text{GF}(p)$$

为有限域 GF(p) 上的椭圆曲线。

由上述椭圆曲线方程可得到一个同余方程：$y^2 = x^3 + ax + b \mod p$，其解为一个二元组 (x, y)。其中，$(x, y) \in \text{GF}(p)$，将此二元组描画到椭圆曲线上，即一个点，于是又称其为解点。

为利用椭圆曲线上的解点构成交换群，需要引进一个零元，并定义以下加法运算。

（1）引进一个无穷远点 $O(\infty,\infty)$，记为 O，作为零元。

$$O(\infty,\infty) + O(\infty,\infty) = O$$

定义对所有的解点 $P(x,y)$，都有

$$P(x,y) + O = O + P(x,y) = P(x,y)$$

（2）设 $P(x_1,y_1)$ 和 $Q(x_2,y_2)$ 是解点，如果 $x_1 = x_2$ 且 $y_1 = -y_2$，那么

$$P(x_1,y_1) + Q(x_2,y_2) = O$$

这说明任何解点 $R(x,y)$ 的逆元都是 $R(x,-y)$。

（3）设 $P(x_1,y_1)$ 和 $Q(x_2,y_2)$ 是解点，如果 $P \neq \pm Q$，那么

$$P(x_1,y_1) + Q(x_2,y_2) = R(x_3,y_3)$$

其中

$$\begin{cases} x_3 = \lambda^2 - x_1 - x_2 \\ y_3 = \lambda(x_1 - x_3) - y_1 \\ \lambda = \dfrac{(y_2 - y_1)}{(x_2 - x_1)} \end{cases}$$

（4）当 $P(x_1,y_1) = Q(x_2,y_2)$ 时，有

$$P(x_1,y_1) + Q(x_2,y_2) = 2P(x_1,y_1) = R(x_3,y_3)$$

其中

$$\begin{cases} x_3 = \lambda^2 - 2x_1 \\ y_3 = \lambda(x_1 - x_3) - y_1 \\ \lambda = \dfrac{3x_1^2 + a}{2y_1} \end{cases}$$

若集合 $E_p(a,b) = \{$全体解点,无穷远点$O\}$，则 $E_p(a,b)$ 和上面定义的加法运算构成交换群。椭圆曲线加法运算的几何意义如图 2-5 所示。

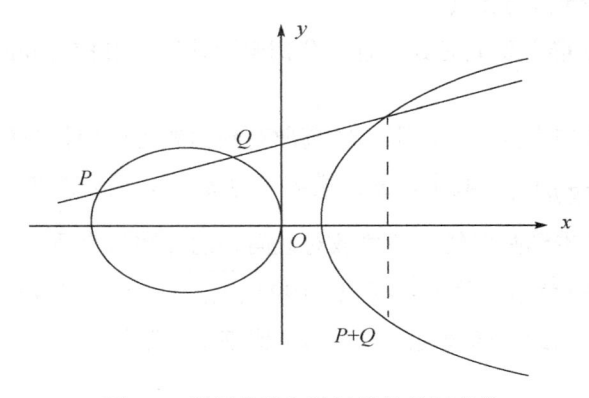

图 2-5 椭圆曲线加法运算的几何意义

设 $P(x_1,y_1)$ 和 $Q(x_2,y_2)$ 是椭圆曲线上的两个解点,连接 $P(x_1,y_1)$ 和 $Q(x_2,y_2)$ 的直线与椭圆曲线的另一交点关于x轴的对称点即 $P(x_1,y_1)+Q(x_2,y_2)$ 点。

有限域上椭圆曲线的点乘运算,即 kP 运算:$kP = \overbrace{P+P+\cdots+P}^{k\uparrow}$。$kP$ 运算是椭圆曲线最核心的运算。已知 kP 和 P 求 k,称为椭圆曲线离散对数问题(ECDLP)。目前求解这一问题的最优算法的复杂度是指数级的。

2. 椭圆曲线上的 ELGamal 密码

ElGamal 密码是基于有限域乘法群上离散对数问题(DLP)的公钥密码,基于椭圆曲线上的离散对数问题(ECDLP)可以建立椭圆曲线上的 ElGamal 密码,具体如下。

首先选取一条椭圆曲线,得到 $E_p(a,b)$,再在 $E_p(a,b)$ 上选取一阶为大素数 n 的生成元 G(注意:这里假设 $E_p(a,b)$ 为循环群,若 $E_p(a,b)$ 不是循环群,则选取 $E_p(a,b)$ 的某个循环子群),最后将 $E_p(a,b)$、n 和 G 作为公开参数。

1)密钥生成

随机选取整数 x($0<x<n$),再计算 $P=xG$,则公钥为 P,私钥为 x。

2)加密

将明文消息 m 通过编码嵌入到椭圆曲线上,得点 P_m,再对点 P_m 进行加密变换。这里不对具体的编码方法进行进一步介绍,读者可参考有关文献。

随机选取整数 k($0<k<n$),计算:

$$C_1 = kG$$
$$C_2 = P_m + kP$$

则密文为 $c=(C_1,C_2)$。

3)解密

为解密密文 $c=(C_1,C_2)$,使用私钥 x 计算:

$$C_2 - xC_1 = P_m + kP - kxG = P_m$$

攻击者若想由密文 $c=(C_1,C_2)$ 得到 P_m,则必须知道私钥 x 或 k,而要得到 x 或 k,只有通过椭圆曲线上的已知点 G、P 和 C_1。这意味着必须求椭圆曲线上的离散对数,因此不可行。

3. 椭圆曲线密码体制的优点

与基于有限域乘法群上离散对数问题的公钥密码体制(如 ElGamal 密码)相比,椭圆曲线密码体制有以下优点。

(1)安全性高。攻击有限域乘法群上的离散对数问题可以用指数积分法,其运算复杂度为 $o\left(\exp\sqrt[3]{(\log p)(\log\log p)^2}\right)$。其中,$p$ 是模数(为素数),而它对椭圆曲线上的离散对数问题并不有效。目前,攻击椭圆曲线上的离散对数问题的方法只有适合攻击任何循环群上离散对数问题的大步小步法,其运算复杂度为 $o\left(\exp\log\sqrt{p_{\max}}\right)$。其中,$p_{\max}$ 是椭圆曲线形成的 Abel 群的阶的最大素因子。因此,椭圆曲线密码体制比基于有限域乘法群上的离散对数问题的公钥密码体制更安全。

（2）密钥量小。由攻击算法的复杂度可知，在实现相同的安全性能的条件下，椭圆曲线密码体制所需的密钥量远小于基于有限域乘法群上的离散对数问题的公钥密码体制的密钥量。

（3）灵活性好。若有限域 $GF(p)$ 一定，则其上的循环群，即 $GF(p)-\{0\}$ 就确定了。而 $GF(p)$ 上的椭圆曲线可以通过改变曲线参数来得到不同的曲线，以形成不同的循环群。因此，椭圆曲线具有丰富的群结构和多选择性。

正是由于椭圆曲线具有丰富的群结构和多选择性，并可在保持和 RSA/ELGamal 算法同样安全性能的前提下大大缩短密钥长度（目前 256 比特足以保证安全性），因此其在密码领域有着广阔的应用前景。

4．SM2 椭圆曲线公钥密码算法

SM2 椭圆曲线公钥密码算法是我国国家密码管理局颁布的商用公钥密码标准算法。它包括加解密算法、数字签名算法和密钥交换协议 3 部分。

SM2 椭圆曲线公钥密码算法推荐使用 256 位有限域 $GF(p)$ 上的椭圆曲线 $y^2 = x^3 + ax + b$，曲线参数如下：

p = FFFFFFFE FFFFFFFF FFFFFFFF FFFFFFFF FFFFFFFF 00000000 FFFFFFFF FFFFFFFF

a = FFFFFFFE FFFFFFFF FFFFFFFF FFFFFFFF FFFFFFFF 00000000 FFFFFFFF FFFFFFFC

b = 28E9FA9E 9D9F5E34 4D5A9E4B CF6509A7 F39789F5 15AB8F92 DDBCBD41 4D940E93

n = FFFFFFFE FFFFFFFF FFFFFFFF FFFFFFFF 7203DF6B 21C6052B 53BBF409 39D54123

G_x = 32C4AE2C 1F198119 5F990446 6A39C994 8FE30BBF F2660BE1 715A4589 334C74C7

G_y = BC3736A2 F4F6779C 59BDCEE3 6B692153 D0A9877C C62A4740 02DF32E5 2139F0A0

其中，G_x、G_y 为椭圆曲线上基点 G 的坐标。

本小节主要介绍 SM2 椭圆曲线公钥密码算法中的加解密算法，具体如下。

设通信双方为用户 A 和 B，用户 A 要把比特串明文 M 发送给用户 B，M 的长度为 klen。我们可以记 B 的公私钥对为 (P_B, d_B)。其中，公钥 $P_B = d_B G$，私钥 $d_B \in \{1,2,\cdots,n-1\}$。

1）加密

为了将明文 M 加密传输给用户 B，用户 A 需要利用用户 B 的公钥执行以下加密操作。

（1）用随机数发生器产生随机数 $k \in \{1,2,\cdots,n-1\}$。

（2）计算椭圆曲线点 $C_1 = kG = (x_1, y_1)$，将 C_1 的数据表示为比特串。

（3）计算椭圆曲线点 $S = hP_B$，若 S 是无穷远点，则报错并退出。

（4）计算椭圆曲线点 $kP_B = (x_2, y_2)$，将坐标 x_2、y_2 的数据表示为比特串。

（5）计算 $t = KDF(x_2 \| y_2, klen)$，若 t 为全 0 比特串，则返回（1）。

（6）计算 $C_2 = M \oplus t$。

（7）计算 $C_3 = \text{Hash}(x_2 \| M \| y_2)$。

（8）输出密文 $C = C_1 \| C_2 \| C_3$。

加密算法中使用了一个密钥派生函数 KDF 和一个 Hash 函数。密码派生函数本质上就是一个伪随机数产生函数，用来产生密钥。在这里，密码派生函数 KDF 基于 Hash 函数产生随机的密钥。因此，密钥派生函数 KDF 需要使用 Hash 函数。SM2 椭圆曲线公钥密码算法的密钥派生函数中使用的 Hash 函数采用我国商用公钥密码 Hash 函数标准 SM3。

2）解密

用户 B 收到密文后，为了得到明文，需要对密文进行解密。因此，用户 B 利用其私钥执行以下解密操作。

（1）从 C 中取出比特串 C_1，并将 C_1 的数据表示为椭圆曲线上的点，之后验证 C_1 是否满足椭圆曲线方程，若不满足，则报错并退出。

（2）计算椭圆曲线点 $S = hC_1$，若 S 是无穷远点，则报错并退出。

（3）计算 $d_B C_1 = (x_2, y_2)$，将坐标 x_2, y_2 的数据表示为比特串。

（4）计算 $t = \text{KDF}(x_2 \| y_2, \text{klen})$，若 t 为全 0 比特串，则报错并退出。

（5）从 C 中取出比特串 C_2，计算 $M' = C_2 \oplus t$。

（6）计算 $u = \text{Hash}(x_2 \| M' \| y_2)$，从 C 中取出比特串 C_3，若 $u \neq C_3$，则报错并退出。

（7）输出明文 M'。

由公私钥和加密算法可知：$P_B = d_B G$，$C_1 = kG$。据此，解密操作中的（3）可得

$$d_B C_1 = d_B(kG) = kP_B = (x_2, y_2)$$

利用密钥派生函数得到加密密钥 t，计算 $C_2 \oplus t$，从而得到明文 M。

SM2 椭圆曲线公钥密码算法的加密算法属于 ELGamal 型椭圆曲线公钥密码算法，二者有许多相似之处。但是 SM2 椭圆曲线公钥密码算法的加密算法有自己的特色，其具有的一个显著特点是，采用了很多检错措施，从而提高了密码系统的数据完整性和系统可靠性，进而提高了密码系统的安全性。

2.4.5 数字签名

数字签名由公钥密码发展而来，它在网络安全，包括身份认证、数据完整性、不可抵赖性及匿名性等方面有着重要应用。

数字签名应满足以下要求。

（1）签名者不能抵赖自己的签名。

（2）任何其他人不能伪造签名者的签名。

（3）数字签名可由第三方验证，从而解决通信双方的争议。

一个数字签名方案通常由两部分组成，即签名算法 Sig（Signature Algorithm）和验证算法 Ver（Verification Algorithm）。对消息 m 的签名可以记为 $\text{Sig}(m) = s$，而对签名 s 的验证记为 $\text{Ver}(m,s) \in \{\text{True}, \text{False}\} = \{0,1\}$，即

$$\text{Ver}(m,s) = \begin{cases} \text{True}, & s = \text{Sig}(m) \\ \text{False}, & s \neq \text{Sig}(m) \end{cases}$$

通常数字签名体制都是基于公钥密码算法的,在签名算法中使用签名者的私钥进行签名,在验证算法中使用签名者的公钥进行验证。在一个数字签名体制中,如果 $y = \text{Sig}_k(x)$,那么称 y 是使用私钥 k 对消息 x 所做的签名,并把 (x, y) 称为一个有效的签名对。在传送签名时,通常把签名附在消息之后进行传送。

需要注意的是,若直接对消息 m 进行签名,则得到的签名 s 至少和消息 m 一样长。但是当消息 m 较长时,在实际应用时会很不方便。另外,如果直接对消息 m 进行签名,那么可能会带来一些安全问题。因此,在实际应用中,通常对消息 m 的 Hash 值进行签名操作。

下面简单介绍一些常用的数字签名方案。

1. RSA 数字签名

如前文所述,RSA 算法是一种基于大整数因子分解困难问题的公钥密码体制,它既可用于加密,又可用于数字签名。RSA 数字签名是目前使用较多的一个数字签名算法。

RSA 数字签名的原理如下。

1)参数与密钥生成

首先随机选取两个大素数 p,q,计算 $n = p \times q$,$\varphi(n) = (p-1)(q-1)$。其中,n 可公开,$\varphi(n)$ 要保密。然后随机选取一个正整数 e,使其满足 $1 < e < \varphi(n)$、$\gcd[e, \varphi(n)] = 1$。计算 $d = e^{-1} \bmod \varphi(n)$,则公钥为 e,私钥为 d;p,q 为秘密参数,需要保密。

2)签名过程

设待签名消息为 m,对消息 m 的签名为 $s = \text{Sig}_k(m) = m^d \bmod n$。

3)验证过程

当接收者收到签名 (m, s) 时,通过使用公钥 e 来检验 $m = s^e \bmod n$ 是否成立,从而确定该签名是否有效。

需要注意的是,这里只是给出 RSA 数字签名算法的原理说明,如果直接使用上述算法,那么将产生安全问题。在实际应用中,应使用各种安全模式的 RSA 数字签名算法,如 RSA-PSS 等。

2. 数字签名标准

数字签名标准(Digital Signature Standard,DSS)是由美国 NIST 公布的联邦信息处理标准 FIPS PUB 186,其采用了 SHA 算法和数字签名算法(Digital Signature Algorithm,DSA)。DSS 于 1991 年公布,在考虑了公众对其安全性的反馈意见后,于 1993 年公布了其修改版。目前,DSS 已被一些国际标准化组织采纳并作为标准。2000 年 1 月,美国政府将 RSA 和椭圆曲线公钥密码算法引入 DSS 中,进一步丰富了 DSS 的签名算法。

下面简单介绍 DSA。DSA 是在 ElGamal 签名方案的基础上设计的,其安全性是基于求离散对数的困难性的。

DSA 算法描述如下。

1) 全局公开钥

p：满足 $2^{L-1} < p < 2^L$ 的大素数。其中，$512 \leq L \leq 1024$ 且 L 是 64 的倍数。

q：$p-1$ 的大素因子，满足 $2^{159} < q < 2^{160}$，即 q 的位长为 160 比特。

g：$g = h^{(p-1)/q} \bmod p$。其中，$1 < h < p-1$ 且满足 $h^{(p-1)/q} \bmod p > 1$。

2) 用户私钥（x）

x 是满足 $0 < x < q$ 的随机数。

3) 用户的公开钥（y）

$y = g^x \bmod p$。

4) 用户为待签消息 M 选取的秘密数（k）

k 是满足 $0 < k < q$ 的随机数。

5) 签名过程

用户对消息 M 的签名为 (r, s)。其中，$r = (g^k \bmod p) \bmod q$，$s = \left[k^{-1} (H(M) + rx) \right] \bmod q$。$H(M)$ 是由 SHA 求出的 Hash 值。

（6）验证过程

设接收方收到的消息为 M'、签名为 (r', s')。计算过程如下。

$$w = (s')^{-1} \bmod q, \quad u_1 = [H(M')w] \bmod q$$

$$u_2 = r'w \bmod q, \quad v = \left[(g^{u_1} y^{u_2}) \bmod p \right] \bmod q$$

检查 v 是否等于 r'，若相等，则认为签名有效。因为若 $(M', r', s') = (M, r, s)$，则

$$v \equiv \left[(g^w g^{xrw}) \bmod p \right] \bmod q \equiv \left[g^{[H(M)+xr]s^{-1}} \bmod p \right] \bmod q \equiv (g^k \bmod p) \bmod q \equiv r$$

DSA 框图如图 2-6 所示。图 2-6 中的 4 个函数分别为

$$s \equiv f_1 \left[H(M), k, x, r, q \right] \equiv \left[k^{-1} (H(M) + rx) \right] \bmod q$$

$$r = f_2(k, p, q, g) \equiv (g^k \bmod p) \bmod q$$

$$w = f_3(s', q) \equiv (s')^{-1} \bmod q$$

$$v = f_4 \left[y, q, g, H(M'), w, r' \right] \equiv \left[(g^{H(M')s^{-1}} y^{rs^{-1}}) \bmod p \right] \bmod q$$

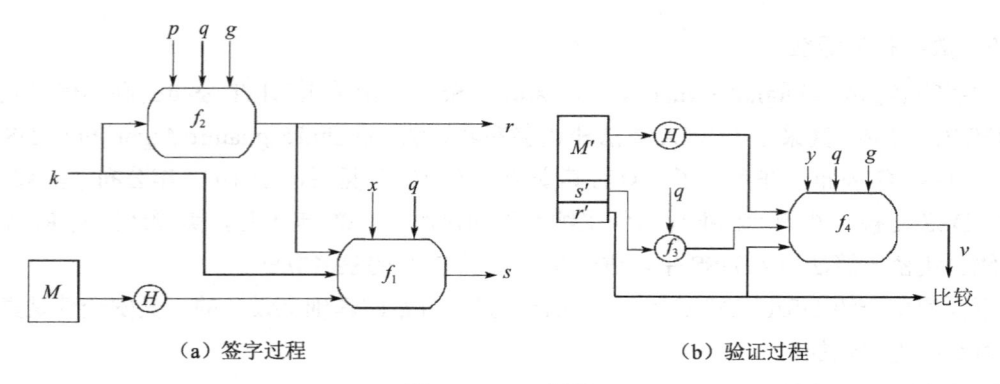

(a) 签字过程　　　　　　　　　(b) 验证过程

图 2-6　DSA 框图

DSA 是建立在有限域乘法群上的，当我们把底层的有限域乘法群替换为椭圆曲线上的有理点群后，那么 DSA 中的模幂运算相应地替换为椭圆曲线上的倍点运算，从而得到椭圆曲线上的数字签名方案（ECDSA）。由于 ECDSA 的算法步骤和 DSA 完全一致，因此这里不再介绍其算法步骤。ECDSA 于 1999 年成为 ANSI 标准，并于 2000 年成为 IEEE 和 NIST 标准。当前，ECDSA 在世界范围内得到了广泛应用。

3．SM2 椭圆曲线公钥密码算法-数字签名算法

设签名用户 A 具有长度为 EntlenA 比特的标识 ID_A，记为 $ENTL_A$，其是由整数 EntlenA 转换而成的两个字节。在 SM2 椭圆曲线公钥密码算法-数字签名算法（简称 SM2 数字签名算法）中，签名者和验证者需要用 Hash 函数求得用户 A 的 Hash 值 Z_A：

$$Z_A = H_{256}\left(ENTL_A \| ID_A \| a \| b \| x_G \| y_G \| x_A \| y_A\right)$$

式中，$H_v()$ 表示摘要长度为 v 比特的 Hash 函数，这里 $H_{256}()$ 选用的是 SM3；a、b 为椭圆曲线的系数；x_G，y_G 为基点 G 的坐标；x_A，y_A 为用户 A 的公钥 P_A 的坐标（$P_A = d_A G$，d_A 为签名者 A 的私钥）。

具体的椭圆曲线参数在上述 SM2 椭圆曲线公钥密码算法部分已经给出，这里不再重复给出。

1）签名过程

设待签名的消息为 M，为了产生消息 M 的数字签名 (r,s)，签名用户 A 执行以下操作。

（1）置 $\overline{M} = Z_A \| M$。

（2）计算 $e = H_v(\overline{M})$ 并将 e 的数据表示为整数。

（3）用随机数发生器产生随机数 $k \in [1, n-1]$。

（4）计算椭圆曲线点 $G_1 = (x_1, y_1) = kG$，并将 x_1 的数据表示为整数。

（5）计算 $r = (e + x_1) \bmod n$，若 $r = 0$ 或 $r + k = 0$，则返回（3）。

（6）计算 $s = \left[(1 + d_A)^{-1} \cdot (k - rd_A)\right] \bmod n$，若 $s = 0$，则返回（3）。

（7）将 r，s 的数据表示为字节串，消息 M 的签名为 (r, s)。

2）验证过程

为了检验收到的消息 M' 及其数字签名 (r', s')，收信用户 B 执行以下操作。

（1）检验 $r' \in [1, n-1]$ 是否成立，若不成立，则验证不通过。

（2）检验 $s' \in [1, n-1]$ 是否成立，若不成立，则验证不通过。

（3）置 $\overline{M'} = Z_A \| M'$。

（4）计算 $e' = H_v(\overline{M'})$，将 e' 的数据表示为整数。

（5）将 r'，s' 的数据表示为整数，计算 $t = r' + s' \bmod n$，若 $t = 0$，则验证不通过。

（6）计算椭圆曲线点 $(x_1', y_1') = s'G + tP_A$。

（7）将 x_1' 的数据表示为整数，计算 $r'' = e' + x_1' \bmod n$，检验 $r'' = r'$ 是否成立，若成立，则验证通过，否则，验证不通过。因为若 $M = M'$、$(r,s) = (r',s')$，则

$$(x_1', y_1') = s'G + tP_A = kG = (x_1, y_1)$$

与 SM2 椭圆曲线公钥密码-加解密算法类似，SM2 数字签名算法也有自己的特色。在 SM2 数字签名算法中引入了 Z_A，它由用户标识、系统参数和验证公钥计算得到，从而将最终的签名信息与这些参数关联，提高了系统安全性；在验证算法中加入了较多的检错功能，这对提高签名验证系统的数据完整性、系统可靠性和安全性是有益的。

SM2 数字签名算法是由我国学者自主设计的，其不仅是国家商用密码标准，而且已于 2018 年 11 月正式成为 ISO/IEC 国际标准，这标志着我国密码研制水平已走在了世界前列。

本章小结

通过加密技术能够实现电子商务数据内容本身的安全性。现代密码学主要有对称密码体制和公钥密码体制（公钥密码体制）两种。对称密码体制要求通信双方采用相同的密码进行加密和解密。DES 是使用最为广泛的对称密码技术。除此之外，本章还介绍了 DES 的变型算法——3DES 算法、AES 算法和 SM4 算法。与对称密码技术不同的是，公钥密码体制使用两个不同的密钥，公钥用来加密信息，私钥用来解密信息。公钥密码体制可以用于加密/解密、鉴别和密钥交换。本章介绍了基于大整数因子分解难度的 RSA 密码、基于离散对数问题的 ELGamal 密码和基于椭圆曲线离散对数问题的椭圆曲线密码体制。另外，本章还介绍了 Hash 函数及数字签名的基本原理和算法。

思考题

1．请说明 AES 算法的基本原理。
2．请说明 SM4 算法的基本原理。
3．对称密码算法如表 2-2 所示，请填写表中的空白项。

表 2-2　对称密码算法

算　　法	密钥长度/比特	分组长度/比特	循环次数/次
DES			
3DES			
IDEA			
AES			
SM4			

4．什么是公钥和私钥？
5．结合公钥密码体制的原理，说明 RSA 算法的基本思想。
6．请说明 SM2 椭圆曲线公钥密码算法-加解密算法的基本原理。
7．分组密码和流密码的区别是什么？
8．什么是 Hash 函数？
9．MD5、SHA-1 和 SM3 的密钥长度为多少？哪一个更安全？
10．请说明用 Hash 函数构造 MAC 的原理。
11．请说明数字签名实现的基本方法和作用，并说明 DSA 的基本思想。
12．请说明 SM2 数字签名算法的基本原理。

第3章 密钥管理

> **内容提要**
>
> 密钥是加密运算和解密运算的关键,也是密码系统的关键。根据近代密码体制的观点,密码系统的安全取决于密钥的安全。密码体制可以公开,密码设备可以丢失,同一型号的加密设备可以继续使用,但密钥一旦丢失或出错,会导致信息遭非法用户窃取。将密钥泄露给他人意味着加密文档还不如使用明文,因此密钥管理在电子商务安全中极为重要。
>
> 本章的主要目的是让读者学习和掌握密钥管理的知识。密钥管理包括密钥的组织、产生、分配、保护等一系列技术问题。

3.1 密钥管理的目标和内容

密钥管理的目标在于提高系统的安全保密程度。一个良好的密钥管理系统,其密钥的产生与分配应尽量减少人的直接干预,做到:

(1) 密钥难以被非法窃取。
(2) 在一定条件下,即使被窃取了也无用。
(3) 密钥分配和更换的过程对用户是透明的,用户不一定亲自掌握密钥。

密钥管理的内容主要包括创建密钥、分发密钥、保护密钥、归档密钥、恢复密钥。

3.2 密钥的组织

在一种密码系统中,为了保证信息和系统安全,常需要多种密钥,且每种密钥担负相应的任务。下面介绍几种常用的密钥。

(1) 初级密钥。我们把保护数据(加密和解密)的密钥叫作初级密钥,记为 K。初级密钥又称为数据加密(数据解密)密钥。当初级密钥直接用于提供通信安全时,叫作初级通信密钥,记为 K_C。在通信会话期间,用于保护数据的初级通信密钥叫作会话密钥,但当初级密钥直接用于提供文件安全时,叫作初级文件密钥,记为 K_F。

(2) 中级密钥。中级密钥(Secondary Key)用于保护初级密钥,记为 K_N,这里 N 表示节点,源于它在网络中的地位。当中级密钥用于保护初级通信密钥时,称为中级通信密钥,记为 K_{NC};当中级密钥用于保护初级文件密钥时,称为中级文件密钥,记作 K_{NF}。

(3) 高级密钥。高级密钥即主密钥(Master Key),是密钥管理方案中的最高级密钥,记为 K_M。高级密钥主要用于对中级密钥与初级密钥进行保护。

(4) 其他密钥。在一个系统中,除上述密钥之外,还可能有通播密钥、共享密钥等,它们也有各自的用途。

密钥长度一般以比特为单位，也有以字节为单位的。密钥长度的选取与加密时采用的加密算法直接相关。一般来说，密钥的长度越长，加密的效果越佳，但密钥长度的加大又会加大存储空间和密钥管理的难度，这就要在时间、空间和加密效果之间根据具体情况进行权衡，从而得到所需的密钥长度。

3.3 密钥的产生

3.3.1 密钥的随机性要求

密钥是数据保密的关键，应有足够的方法来产生密钥。密钥的一个基本要求是具有良好的随机性。

在一般的非密码应用场合，人们只要求产生的随机数呈平衡、等概分布，并不要求它的不可预测性。而在密码技术中，特别是在密钥产生技术中，不可预测性成了随机性的根本性质，因为那些虽然能经受随机统计检验但很容易预测的序列肯定是容易被攻破的。按这种理解，随机性包含了长周期性、非线性性、统计上的等概性，以及有关可预测性的一切有意义的密码学特性，其与计算复杂度和密码强度的概念等价，即在一个二进制序列中：

（1）0 与 1 的数量基本平衡。

（2）0 与 1 的游程数量基本平衡且随游程长度的增加以指数规律下降。

（3）在周期内（或在给定范围内），序列的异相自相关函数为常数。

然而，这 3 条标准只是达到随机性的必要条件，不满足这 3 条标准的序列肯定是不随机的，但对于满足了这 3 条标准的序列，也不能就此认为它是随机的。

目前，关于随机性最严格的定义：一个理想噪声源的二进制输出序列 $S_0,S_1,\cdots,S_{n-1},S_n,\cdots$ 的随机性，表示为当前输出位 S_n 与在此之前的所有输出信号之间的完全独立性。也就是说，在已知 $S_0,S_1,\cdots,S_{n-1}$ 的条件下，S_n 仍然是不可预测的。

3.3.2 噪声源产生密钥

噪声源的功能是产生二进制的随机序列或与之对应的随机数，它是密钥产生设备的核心部件。噪声源的随机性不好会给破译带来线索，而且某些破译方法特别依赖加密者使用简单的或容易破解的密钥。

在大型计算机密码系统中，常采用高级密钥、中级密钥和初级密钥等 3 种不同级别的密钥。针对不同的密钥，应采用不同的方法来产生。高级密钥是密码系统中的最高级密钥，可用它对其他密钥进行保护。高级密钥的生存周期长，因此它应是高质量的真随机序列。真随机序列的产生常采用物理噪声源的方法。目前，物理噪声源主要有基于力学的噪声源、基于电子学的噪声源和基于量子学的噪声源。一般而言，虽然物理噪声源可以产生真随机序列，但是其密码学统计特性并不好。因此，高质量的真随机序列产生器一般采用物理随机源加杂化处理的结构。物理随机源可确保产生序列的真随机性，杂化处理可确保产生序列的好的密码学统计特性。所以，通常采用这种方法产生高质量的真随机序列并作为高级密钥。中级密钥可以像高级密钥那样产生，但是如果不能方便地利用真随机数产生器产生中级密钥，那么在高级密钥产生后，可以借助高级密钥和一个强的密码算法来产生中级密钥。类似地，初级密钥也可以借助中级密钥和一个强的密码算法来产生。

3.4 密钥分配

密钥管理解决的一个基本问题是密钥的定期更换问题。任何密钥成分都应该有规定的使用期限，制定使用期限的依据不是在这段时间内密码能否被破译，而是从概率的意义上看，密钥机密是否有可能被泄露出去。从密码技术的现状来看，现在完全可以做到使加密设备里的密钥几年不更换，甚至在整个加密设备的有效寿命期间，密钥保持不变，而且其仍然是安全的。但是，加密设备里的密钥在使用多长时间后就有可能被窃取或泄露，这个问题超出了数学的能力。例如，一个花了 100 万美元也难以破译的密码系统，可能只需 1 万美元就能买通密钥管理人员。显然，密钥应经常更换，而且更换密钥时应尽量减少人的参与，实现密钥的自动分配，必要时，一些核心的密钥成分对操作人员也是保密的，使其无法通过实验求解出存放在密封的核心部件里的密钥机密。这就涉及密钥分配问题了。

目前，密钥管理的分配模式分为以下 3 类。

（1）点对点模式，即通信双方直接管理共享通信密钥。

（2）密钥分配中心（Key Distribution Center，KDC）模式，即通信双方的会话密钥由 KDC 管理生成。

（3）密钥传递中心（Key Translation Center，KTC）模式，即通信双方的会话密钥由发起方产生/获取，并由 KTC 管理传递。

KTC 的功能是为需要通信而又尚未建立共享密钥的双方建立一个用于双方安全通信的共享密钥。KTC 作为可信赖的第三方，其与需要进行通信的双方分别具有共享密钥的加密密钥。与 KDC 建立环境不同的是，KTC 环境中的通信发起方具有产生或获取（数据）密钥的能力。当 KTC 收到来自通信发起方的密钥建立请求后，KTC 依次处理密钥的加密密钥和数据密钥，然后分别用公证密钥和接收方密钥的加密密钥加密发起方产生/获取的数据密钥，再返回给发起方，最后由发起方将经过公证的数据密钥传递给接收方，通信双方依据此数据密钥进行安全会话。

密钥分配中最成熟的方案是采用 KDC 模式，这是当今密钥管理的一个主流，其基本思想如下。

每个节点或用户只要保管与 KDC 之间使用的密钥加密密钥，这样的密钥配置实现了以 KDC 为中心的星形通信网。当两个用户需要相互通信时，只要向 KDC 申请，其就把密钥加密密钥加密过的工作密钥分别发送给主叫用户和被叫用户，这样对每个用户来说，就不需要保存大量的密钥了，而且真正用于加密明文的工作密钥是一报一换的，可以做到随用随申请随清洗。但这种方法的缺点是通信量大。为了保证 KDC 正常，还应考虑非法的第三方不能插入伪造的服务而取代 KDC。这种验证身份的工作也是 KDC 的工作。

KDC方式还可以变形为电话号码本方式，适用于公钥密码体制，其可以通过建立用户的公开密码表，在密钥的连通范围内进行散发；也可以采用目录方式进行动态查询，用户在进行保密通信前，首先产生一个工作密钥并使用对方的公钥进行加密传输，对方在获悉这个工作密钥后，使用对称密码体制与其进行保密通信。

此外，还可以采用离散对数方法和智能卡方式，其基本思想是利用数学的方法使别人无法获得密钥。

3.5 密钥保护

密钥保护涉及密钥在传送、注入、存储、更换、销毁等多个方面，以下简要讨论密钥保护中的几个基本问题。

1）密钥的注入

加密设备里的最高级密钥（高级密钥）通常需要以人工的方式注入。经常采用的把密钥注入到加密设备里的方式有键盘输入、软盘输入、专用的密钥注入设备（密钥枪）输入。除正在进行加密操作的情况以外，密钥一律以加密保护的形式存放。密钥的注入过程应在一个封闭的工作环境，所有接触密钥注入工作的人员应是绝对安全的，不存在可被窃听装置接收的电磁或其他辐射。

在采用密钥枪或密钥软盘进行密钥注入时，应与键盘输入的口令相结合，只有在输入了合法的加密操作口令后，才能激活密钥枪或密钥软盘里的密钥信息，同时建立一定的接口规约。在密钥注入完成后，不允许存在任何可能导出密钥的残留信息，应将内存中使用过的存储区清零。当使用密钥注入设备用于远距离传递密钥时，注入设备本身应设计成像加密设备那样的封闭式的物理、逻辑单元。

在可能的条件下，重要的密钥可采取由多人、多批次分开完成注入的方式，这种方式的代价较大，但提供了多密钥的加密环境。

密钥注入的内容不能被显示出来。为了掌握密钥注入的过程，所有的密钥应按编号进行管理，而这些编号是公开的、可显示的。

2）密钥的存储

当密钥注入完成后，所有存储在加密设备里的密钥都以加密的形式存放，而对这些密钥进行解密的操作口令应由密码操作人员掌握。这样即使装有密钥的加密设备被破译者拿到，也可以保证密钥系统的安全。

加密设备应具有一定的物理保护措施。最重要的密钥信息应采用掉电保护措施，使得在任何情况下只要一拆开加密设备，这部分密钥就会自动丢失。如果采用软件加密的形式，那么应有一定的软件保护措施。重要的加密设备应有在紧急情况下清除密钥的设计。在可能的情况下，应有对加密设备进行非法使用的审记设计，以把非法口令输入等事件的产生时间记录下来。高级的专用加密装置应做到：无论通过什么方法，如直观的、电子的或其他方法（X射线、电子显微镜），都不可能从加密设备中读出信息。对当前使用的密钥应有密钥的合法性验证措施，以防止其被篡改。

理想的情况是密钥永远不会以未加密的形式暴露在加密设备以外，但这是不可能的。最简单的密钥存储方案是让用户自己记住密钥,当需要对文件进行加解密时再输入。其他的密钥存储方法:将密钥存储在磁卡中、使用嵌入式 ROM 芯片或智能卡。用户通过卡片使用密钥,但用户并不知道密钥,所以不能泄露它,只能使用它。

不同的存储介质,其安全性不同。如果密钥储存在计算机的硬盘里,那么计算机一旦受到黑客攻击(如被埋置了木马程序),密钥就可能被盗用。

使用软盘或存储型 IC 卡保存密钥的安全性要比硬盘好一些,因为这两种介质仅在使用时才与计算机相连,用完即被拔下,所以证书和私钥被窃取的可能性有所降低。但是黑客还是有机会的,由于软盘和存储型 IC 卡不具备计算能力,因此在进行加密运算时,用户的私钥必须被调出软盘或存储型 IC 卡,从而进入外部计算机。在这个过程中,可能会存在一定的安全隐患。

使用智能卡储存密钥是更为安全的方式。因为智能卡具有一定的计算机的功能,可以在卡内独立生成密钥和加密文件。

产生密钥的程序(指令集)是智能卡生产者烧制在芯片的 ROM 中的,密码算法程序也烧制在芯片的 ROM 中。公私钥对在智能卡中生成后,公钥可以导出到卡外,而私钥则存储在芯片的密钥区,且不允许外部访问。

智能卡中的密钥文件存储在 E2PROM 中。对密钥文件的读写和修改都必须由卡内的程序调用。从卡接口的外面,没有任何一条命令能够对密钥区的内容进行读出、修改、更新和删除等操作。除非设计和编写卡操作系统(COS)的人在 COS 上留了后门,因为只有他才知道如何从外部调出密钥区的内容。但我们可以排除黑客与 COS 设计者相互勾结的这种概率极小的可能性。

在加密和签名的运算过程中,外部计算机中的应用软件使用智能卡 API 调用的方式输入参数、数据和命令,以及启动智能卡内部的数字签名运算、密码运算等,并获得返回结果。由于智能卡内部的 CPU 可以完成这些操作,因此在全过程中,私钥可以不出智能卡介质,黑客的攻击程序也就没有机会截获私钥,这比证书和私钥放在软盘或硬盘上要安全得多。

从物理上讲,对智能卡芯片中的内容进行整体复制也是几乎不可能的。虽然听说有人能够从智能卡芯片在操作过程中发生的微弱电磁场变化或 I/O 接口上反映出的微弱电平变化中分析出芯片中的代码,但现在国际上对智能卡生产商的技术要求很高,要求上述指标要低到不能被测出来。国际上能够生产智能卡的公司只有少数几家,他们都采用了种种安全措施,以确保智能卡内部的数据不能用物理方法从外部复制。

USB Key 和智能卡除 I/O 物理接口不一样以外,内部结构和技术是完全一样的,其安全性也一样。只不过智能卡需要通过读卡器接到计算机的串行接口上,而 USB Key 通过计算机的通用串行总线(USB)接口就可直接与计算机相接。另外,USB 接口的通信速度要远高于串行接口的通信速度。现在出品的计算机已经把 USB 接口作为标准配置,而使用智能卡则需要加配读卡器。出于以上原因,各家 CA 都把 USB Key 作为首选的证书和私钥存储介质而加以推广。美中不足的是,目前 USB Key 的成本还略显昂贵。

3)密钥的有效期

密钥不能无限期使用,因为密钥的使用时间越长,其泄露的可能越大,而且一旦泄露,损失很大。不同的密钥应具有不同的有效期,基于连接的系统,如电话将通话时间作为密钥有效期，当再次通话时就启动新的密钥。密钥加密密钥无须频繁更换，因为它们只是偶尔进行密钥交换。而用来加密保存数据文件的加密密钥不能经常交换，因为文件可以加密存储在磁盘上数月或数年。在公钥应用中，私钥的有效期是根据应用的不同而变化的。例如，用于数字签名和身份认证的私钥必须持续数年甚至终身不换；用于抛掷硬币协议的私钥在协议完成后立即销毁。

4）密钥的更换

一旦密钥的有效期到了，必须清除原密钥存储区，或者用随机产生的噪声重写。为了保证加密设备能连续工作，可以设计成新密钥生效后，旧密码还可以继续保持一段时间，以防止在更换密钥的期间出现不能解密的"死报"。

在密钥更换过程中，不应产生设备服务的中断。密钥更换可以采用批密钥的方式，即一次性注入多个密钥，在更换密钥时，可按照一个密钥的生效，另一个密钥废除的形式进行。替代的次序可采用密钥的序号。如果批密钥的生效与废除是按顺序进行的，那么序数低于正在使用的密钥序号的所有密钥都已过期，相应的存储区应清零。当为了跳过一个密钥而使用强制密钥更换时，由于被跳过的密钥不再使用，因此也应清零。

5）密钥的销毁

在密钥定期更换后，旧密钥必须销毁。旧密钥是有价值的，即使不再使用，但有了它们，攻击者就能读到由它加密的一些旧消息。要想安全地销毁存储在磁盘上的密钥，应多次对磁盘存储的实际位置进行写覆盖或将磁盘切碎，并写下一个特殊的删除程序，让它查看所有磁盘，寻找在未用存储区上的密钥副本，并将它们删除。

下面是销毁密钥时使用的一些方法。

（1）当密钥写在纸上时，应把纸张切碎或烧毁。

（2）当密钥存储于 EEPROM 时，应对 EEPROM 进行多次重写。

（3）当密钥存储于 EPROM 或 PROM 时，应将 EPROM 或 PROM 打碎成小片。

（4）当密钥存储于磁盘时，应多次重写，以覆盖密钥的存储位置，或者将磁盘切碎。

（5）特别注意，应对存储于多个地方的密钥进行同时销毁。

本章小结

从对密码算法保密到对密钥保密，现代密码系统的安全取决于密钥的安全，而不是密码算法或加密设备本身的安全。密码算法可以公开，加密设备可以丢失，同一型号的加密设备可以继续使用，但密钥一旦丢失或泄露，那整个保密系统就失败了。本章主要讨论了密钥管理中密钥的组织、产生、分配、保护等一系列技术问题。

思考题

1．密钥有哪几种分类方法？
2．请列出几种对称密钥的分配方案。
3．请简述真随机序列产生的方法。
4．为保护密钥的安全，我们应该从哪几个方面着手？

第 4 章　公钥基础设施与应用

> **内容提要**
>
> 　　为了使基于互联网的电子交易与传统交易一样安全可靠，必须建立一个安全的电子商务应用环境。公钥基础设施是实现电子商务安全的关键基础技术之一。公钥基础设施解决了互联网上身份认证、信息完整性和抗抵赖等安全问题，确保了电子交易有效、安全地进行，从而推动了电子商务的发展。
>
> 　　本章重点介绍了公钥基础设施的概念、数字证书及公钥基础设施的主要内容。然后讨论了信任模型的基本概念和常见的信任模型及其特点。最后介绍了公钥基础设施标准、服务和应用。

4.1　公钥基础设施基础

4.1.1　安全基础设施的概念

　　在介绍公钥基础设施之前，有必要先讨论一下安全基础设施的概念。一般的基础设施指为社会生产和居民生活提供公共服务的物质工程设施，是一个公共的服务系统。它具有普适性，其目的是在遵循统一原则的基础上，不同的实体可以方便地使用基础设施提供的服务。例如，作为交通基础设施，公路、铁路、港口、机场旨在满足不同交通工具的运输要求；作为网络基础设施，局域网和广域网旨在使企业内部的计算机在 Intranet 上方便自由地交流数据。

　　安全基础设施具有普适性，其目的是为实体提供公共服务与应用支持。安全基础设施为整体应用提供安全的基本框架，其可以被组织中任何需要安全的应用和对象使用。安全基础设施的"接入点"是统一的、便于使用的，就像 TCP/IP 协议栈和嵌在墙上的电源插座一样。安全基础设施适用于多种环境框架，这个框架避免了零碎的、点对点的，特别是没有互操作性的解决方案，引入了可管理的机制，以及跨越多个应用和计算平台的一致安全性。

　　安全基础设施必须提供一种简单易行的方式，使增强安全功能变得简单方便，就像接通电路只需轻轻一插电源插头一样。因此，安全基础设施必须屏蔽服务实现的细节，只为用户提供一个友好的接入点；必须具有易于使用的界面；必须提供有效的、可预测的服务。

　　遵循安全基础设施可获得的好处很多。单个应用程序可以随时从安全基础设施得到安全服务，这增强并简化了登录过程。安全基础设施使用一种对用户完全透明的方式提供安全服务，用户无须知道安全服务实现的细节、无须特别的知识、无须额外的干预，也无须担心自己的错误操作对安全造成危害。此外，安全基础设施是使系统达到全面安全性的一个重要机制。它确保了应用系统中的实体和设备采用统一的使用方式来处理密钥，保证了所有的应用程序、设备、服务器有条不紊地协调工作，并安全地进行数据交流、事务处理和访问服务器等。

4.1.2 公钥基础设施的概念

公钥基础设施（Public Key Infrastructure，PKI）是利用公钥加密技术实现并提供安全服务的且具有通用性的安全基础设施。它的基础是公钥加密技术，核心是证书服务。PKI 可通过一个基于认证的框架处理所有的数据加密和数字签名工作，并进行密钥管理和交叉认证。

PKI 作为一个遵循标准的密钥管理平台，其为所有网络应用集中、透明地提供易于管理的安全服务，使应用程序之间能够进行安全通信。使用 PKI 建立安全通信信任机制的基础：任何通信都建立在公钥的基础之上，而与公钥配对的私钥掌握在通信的另一方手中。这个信任机制的基础通过公钥证书来实现。首先有一个第三方可信任机构——CA 来证实用户的身份，然后 CA 对结合了用户身份和公钥信息的证书进行数字签名，以证实证书的有效性。PKI 把公钥密码和对称密码结合起来，在 Internet 上实现密钥的自动管理，验证用户的身份，保证数据的安全传输。

PKI 的核心任务是确定网络中各种行为主体身份的唯一性、真实性和合法性，将可信的身份与密码机制结合，从而提供数字签名验证、认证等安全服务，进而保护网络空间中各种行为主体的安全利益。总而言之，就是要解决网络中的信任问题。

PKI 必须解决以下问题。

（1）安全生成密钥。

（2）初始身份确认。

（3）颁发、更新及终止证书。

（4）证书的有效性验证。

（5）证书的分发。

（6）密钥的安全存档和恢复。

（7）产生数字签名和时间戳。

（8）建立和管理信任关系。

PKI 由 CA、证书库、密钥备份及恢复系统、证书作废处理系统和 PKI 应用接口系统 5 部分组成。

（1）CA。CA 是 PKI 的核心组成部分。CA 是数字证书的签发机构，也是 PKI 应用中权威的、可信任的、公正的第三方。

（2）证书库。证书库用于存储数字证书和公钥。用户可以从证书库中获得所需的证书和公钥。

（3）密钥备份及恢复系统。为避免密钥丢失，PKI 提供了密钥备份及恢复系统。当用户证书生成时，加密密钥即被 CA 备份存储。当加密密钥需要恢复时，用户只需向 CA 提出申请，CA 就会为用户自动进行恢复。

（4）证书作废处理系统。通过 CA 签发的证书把用户的身份和密钥绑定在一起，当用户的身份改变或密钥遭到破坏时，必须存在一种机制来撤销这种认可。

（5）PKI 应用接口系统。PKI 应用接口系统为外界提供了使用 PKI 安全服务的入口。PKI 应用接口系统一般采用 API、JavaBean、COM 等多种形式。

PKI 从技术上解决了网上身份认证、信息完整性和抗抵赖等安全问题，为网络应用提供了可靠的安全保障。除此之外，它还涉及电子政务、电子商务及国家信息化的整体发展战略等多层面的问题。因此，PKI 是相关技术、应用、组织和法律法规的总和，是一个宏观体系。在实际应用中，PKI 必须与企业内外的安全机制结合才可以实现真正的价值。PKI 作为一个安全基础设施还在不断趋于成熟。

在国外，PKI 应用已经有了长足的发展。很多厂家如 Baltimore Technologies、Entrust 和 Microsoft 等都推出了 PKI 产品。有些公司如 VeriSign 已经开始提供 PKI 服务了。加拿大政府公钥基础设施（Government Of Canada Public Key Infrastructure，GOCPKI）是世界上最早的大规模政府 PKI 计划，其已在各行各业取得成效。但总的来说，PKI 系统还处于示范工程阶段，PKI 的结构、对称密码算法及公钥密码算法、密钥生命周期管理的方案等还在不断变化。

在我国，PKI 建设在几年前就已启动。目前，在国内存在的 CA 基本上可以分为 3 类：第一类是行业性的 CA，如中国金融认证中心（CFCA）、海关 CA、商务部 CA（国富安 CA）等，这类 CA 是由相应行业的主管部门牵头建立的；第二类是地方性 CA，如北京 CA、上海 CA、浙江 CA 等，这类 CA 是由当地地方政府牵头建立的；第三类 CA 是商业性 CA，如天威诚信 CA，这类 CA 主要进行商业化经营，其不从属于任何行业或地域，但它们必须具有良好的公信力，同时必须由国家主管部门审批通过才能投入运营，以确保其权威、公正性。如何推广 PKI 应用，加强系统之间、部门之间、国家之间 PKI 体系的互通互联，这是目前 PKI 建设的重要问题。

4.1.3 PKI 的意义

PKI 的意义如下。

（1）通过 PKI 可以构建一个可控的、安全的互联网络。互联网从诞生的那一刻起，就凭借其具有统一的网络层和传输层协议，以及线路利用率高、成本低廉、安装方便等特点很快风靡全球，并显示出了不可阻挡的生命力。然而，传统的互联网是一个无中心的、不可控的、没有 QoS（Quality of Service）保证的网络。因此，互联网的安全问题成了主要的研究热点之一。

传统的互联网技术采取"口令字"等措施解决安全接入问题，但很容易被识破，难以对抗有组织的大规模攻击。近年来，随着宽带互联网技术和大规模集成电路技术的飞速发展，公钥密码技术有了用武之地，加密、解密的开销已不再是其应用的障碍。因此，国际电信联盟（ITU）、国际标准化组织（ISO）、国际电工委员会（IEC）、互联网任务工作组（IETF）等密切合作，制定了一系列有关 PKI 的技术标准，并通过认证机制，建立了证书服务系统，通过证书来绑定每个网络实体的公钥，使网络的每个实体均可被识别，从而有效地解决了互联网身份认证的问题，把宽带互联网在一定的安全域内变成了一个可控的、安全的网络。

（2）通过 PKI 可以在互联网中构建一个完整的授权服务体系。为了在互联网的虚拟世界中构建授权服务体系，PKI 通过对数字证书进行扩展，以及在公钥证书的基础上，给特定的网络实体签发属性证书，来表征实体的角色和属性的权力，从而解决了在大规模的网络应用中"你能干什么"的授权问题。

（3）通过 PKI 可以建设一个普适性好、安全性高的统一平台。PKI 遵循了一套完整的、开放的国际技术标准，可以对物理层、网络层和应用层进行系统的安全结构设计，并构建统一的安全域。同时，它采用了基于扩展 XML 标准的元素级细粒度安全机制，也就是在元素级实现数字签名和加密等功能，而不像传统的"门卫式"安全系统，只要进了门，就可以一览无余。而且，底层的安全中间件在保证为上层用户提供丰富的安全操作接口功能的同时，能屏蔽掉安全机制中的一些具体的实现细节，这对防止非法用户的恶意攻击十分有利。此外，PKI 通过 Java 技术提供了可跨平台移植的应用系统代码，以及通过 XML 技术提供了可跨平台交换和移植的业务数据。在这样一个 PKI 平台上，可以方便地建立一站式服务的软件中间平台，十分有利于多种应用系统的整合，从而大大提高平台的普适性、安全性和可移植性。

4.2 数字证书

公钥密码体制既实现了数字签名，又方便了密钥管理。实体拥有的公钥和其身份信息的一致性是整个 PKI 得以实施的基础，因此必须提供一种机制能够把公钥及其所有者绑定并保证公钥及与公钥相关的其他信息不被篡改，这种机制就是数字证书。数字证书是 PKI 得以实施的保证。

4.2.1 数字证书的概念

数字证书是经 CA 数字签名且包含公钥所有者信息及公钥的文件。类似于实际生活中的身份证，数字证书是各类实体（持卡人/个人、商户/企业、网关/银行等）在网上进行信息交流及商务活动的身份证明，用于在 Internet、Extranet 和 Intranet 上进行身份验证并确保数据交换的安全。

数字证书将公钥的值与持有相应私钥的主体（个人、设备和服务）的身份绑定在一起。通过在证书上签名，CA 可以核实证书上公钥相应的私钥是否为证书指定的主体拥有的。以数字证书为核心的加密技术可以对网络上传输的信息进行加密、解密、数字签名和签名验证，以确保网上信息传递的机密性、完整性，以及实体身份的真实性、签名信息的不可抵赖性，从而保障网络应用的安全性。

数字证书的用途很广，如 Web 用户身份验证、Web 服务器身份验证、使用安全/多用途 Internet 邮件扩充协议（Secure/Multipurpose Internet Mail Extensions，S/MIME）的安全电子邮件、IP 安全性（IP Security）、安全套接字协议层/事务层安全性（Secure Sockets Layer/Transaction Layer Security，SSL/TLS）和代码签名。如果在一个组织内部使用 Windows 2000 企业证书颁发机构（在"Windows 2000 Certificate Services"白皮书中说明），那么数字证书可用于登录到 Windows 2000 域。数字证书还可以由一个 CA 颁发给另一个 CA，以建立数字证书层次结构。

4.2.2 数字证书的格式

数字证书的格式一般采用 X.509 标准。该标准提供了网间实体认证功能，且允许选择和使用包括 RSA 算法在内的多种加密和 Hash 函数来实现认证功能。X.509 标准定义了公钥证书的结构，其最初版本公布于 1988 年，并在 1993 年和 1996 年进行了两次修订。X.509 标准的最新版本为 X.509 v3（X.509 version 3）。采用 X.509 标准的证书称为 X.509 证书。X.509 证书由用户公钥和用户标识符组成。此外，X.509 证书还包括版本号、序列号、CA 标识符、签名算法标识、签发者名称、有效期等信息。X.509 v3 为数字证书提供了一个扩展信息字段，用来提供更多的灵活性及特殊应用环境下所需的信息传送。X.509 证书的一般格式如图 4-1 所示。

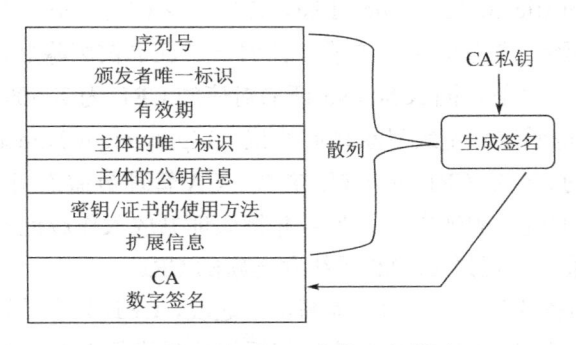

图 4-1 X.509 证书的一般格式

X.509 证书包括的内容如下。

1）证书信息

证书信息包括的内容如下。

（1）版本标识：描述证书的版本号。证书系统应用 PKI 应可以识别任何版本的证书，当使用扩展项的时候，建议使用 X.509 v3 证书。

（2）序列号：CA 给每一个证书分配一个整数，它是特定 CA 签发的证书的唯一代码，即发行者名称和序列号可以唯一标识一张数字证书。

（3）有效期：时间间隔。在这期间，CA 保证它将保证关于证书的情况的信息。2049 年以前的证书的有效期以 UTC Time 类型编码，2050 年以后的证书的有效期以 Generalized Time 类型编码。

（4）扩展信息：仅出现在 X.509 v3 中，它为用户提供公钥与证书管理等级制度相结合的附加属性的方法。

2）证书颁发者信息

证书颁发者信息包括的内容如下。

（1）颁发者：用来标识在证书上签名和发行的实体，颁发者字段含有一个非空的、能辨识出的名字（DN）。

（2）颁发者唯一标识：这个字段只出现在 X.509 v2 或 X.509 v3 中，且该字段是可选的。

（3）签名算法标识：CA 在证书上签名时使用的算法，也可以用来判断 CA 对证书的签名是否符合声明的算法。

3）证书持有者信息

证书持有者信息包括的内容如下。

（1）主体的唯一标识：用来标识证书使用者的可识别信息。

（2）主体的公钥信息：作为携带公钥和密钥使用算法的标识符。

（3）证书所有者的唯一标识：主体的名字可能重名，但唯一标识符可以让主体被标识出来。

4.2.3 证书撤销列表

证书撤销列表（Certificate Revocation List，CRL）又称为证书黑名单，其为应用程序和其他系统提供了一种检验证书有效性的方式。任何一个证书被废除后，CA 会通过发布 CRL 的方式来通知各相关方。目前，同 X.509 v3 证书对应的 CRL 为 X.509 v2 CRL。

在 PKI 中，CRL 是通过轻量级目录访问协议（Lightweight Directory Access Protocol，LDAP）系统进行发布的。产生 CRL 的步骤：首先，CA 管理员撤销相关证书，建立与 CA 的连接；其次，CA 公布被废除的证书的序列号并将该证书放入作废证书数据库，同时将证书序列号放入 CRL 中；最后，通过 LDAP 系统发送新的 CRL。

CRL 的基本格式如图 4-2 所示。为了提高检索速度，CRL 只存放证书的序列号，而不存放证书内容。CRL 颁发者对 CRL 的基本信息和标识信息进行散列，然后用其私钥对得到的 Hash 值进行加密并产生一个数字签名，该数字签名签署在对应的 CRL 中。

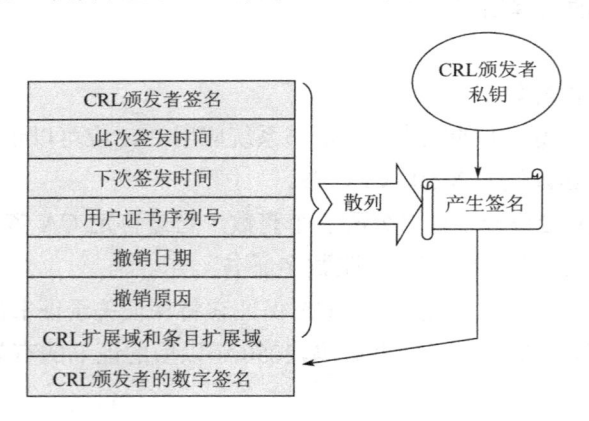

图 4-2 CRL 的基本格式

CRL 包含的主要内容如下。

（1）CRL 颁发者数字签名：证书签发机构对 CRL 内容的签名。CRL 由 CA 的私钥签名确保签名不能被修改。

（2）此次签发时间：此次 CRL 签发时间，遵循 ITU-T X.509 v2 标准的 CA 在 2049 年之前把这个域编码为 UTC Time 类型，在 2050 或 2050 年之后把这个域编码为 Generalized Time 类型。

（3）下次签发时间：下次 CRL 签发时间，遵循 ITU-T X.509 v2 标准的 CA 在 2049 年之前把这个域编码为 UTC Time 类型，在 2050 或 2050 年之后把这个域编码为 Generalized Time 类型。

（4）用户证书序列号：颁发者分配给证书的一个正整数，同一颁发者颁发的证书序列号各不相同，通常与颁发者名称一起作为证书唯一标识。

（5）撤销日期：记录撤销的时间。

（6）撤销原因：记录撤销的相关原因。

（7）CRL 扩展域和条目扩展域：CRL 扩展域用于提供与 CRL 有关的额外信息部分，其允许团体和组织通过定义私有的 CRL 扩展域来传送他们独有的信息；CRL 条目扩展域则提供与 CRL 条目有关的额外信息部分，其允许团体和组织通过定义私有的 CRL 条目扩展域来传送他们独有的信息。

（8）CRL 颁发者的数字签名：算法标识和算法参数，用于指定证书签发机构对 CRL 内容进行签名的算法。

除上述信息以外，CRL 中还包含以下信息。

（1）CRL 的版本号：0 表示 X.509 v1 标准；1 表示 X.509 v2 标准。目前常用的是与 X.509 v3 证书对应的 CRL v2 版本。

（2）用户公钥信息：废除的证书序列号和证书废除时间。废除的证书序列号是废除的由同一个 CA 签发的证书的唯一标识号。同一机构签发的证书不会有相同的序列号。

（3）证书签发机构名：签发机构的 DN，由国家、省市、地区、组织机构、单位部门和通用名等组成。

4.2.4 数字证书的存放

数字证书作为一种电子数据格式，既可以直接从网上下载，又可以通过其他方式存放。

一种方式是使用 IC 卡存放数字证书，即把用户的数字证书写到 IC 卡中，供用户随身携带，大大方便了用户使用。这样的话，在所有能够读 IC 卡证书的电子商务终端上，用户都可以享受安全的电子商务服务。

另一种方式是将数字证书直接存放在磁盘或终端上。用户把从 CA 申请的数字证书下载（或复制）到磁盘、自己的计算机或智能终端上，当用户使用自己的终端享受电子商务服务时，直接从终端读入即可。CRL 一般通过网上下载的方式存储在用户端。

4.3 PKI 的内容

4.3.1 CA

CA 是整个 PKI 的核心，它跟 PKI 的关系类似于电力系统和发电厂的关系。CA 是 PKI 应用中权威的、可信任的、公正的第三方机构，也是体系信任的源头。

CA 是电子商务体系的核心环节,是电子交易信赖的基础,是保证网上电子交易安全的关键环节。CA 专门负责数字证书的发放与管理,以确保网上信息的安全。CA 通过自身的注册审核体系,检查核实进行证书申请的用户身份和各项相关信息,使得参与电子交易的实体的属性与证书上一致。各级 CA 的存在构成了整个电子商务的证书链。

CA 的组成结构如图 4-3 所示,其主要由以下 6 部分组成。

(1) CA 服务器:CA 的核心,也是数字证书生成、发放的运行实体,同时提供发放证书的管理、CRL 的生成和处理等服务。

(2) 证书下载中心:该中心连接在互联网上,用户通过登录 CA 网站访问证书下载中心,CA 服务器生成的证书通过证书下载中心供用户下载。

(3) 目录服务器:提供数字证书的存储,以及数字证书和 CRL 的查询服务。目录服务器的技术标准遵循 LDAP。

(4) 在线证书状态协议(Online Certificate Status Protocol,OCSP)服务器:向用户提供证书状态的在线查询。

(5) 密钥管理中心(Key Manager Center,KMC):根据国家密码管理局规定,加密用的私钥必须由权威的、可靠的机构进行备份和保管。

(6) 证书注册机构(Registration Authority,RA):负责受理证书的申请和审核,其主要功能是接受用户证书申请并进行审核。RA 是可选的,在不必设立 RA 的地方,可以将 RA 的功能并入 CA。

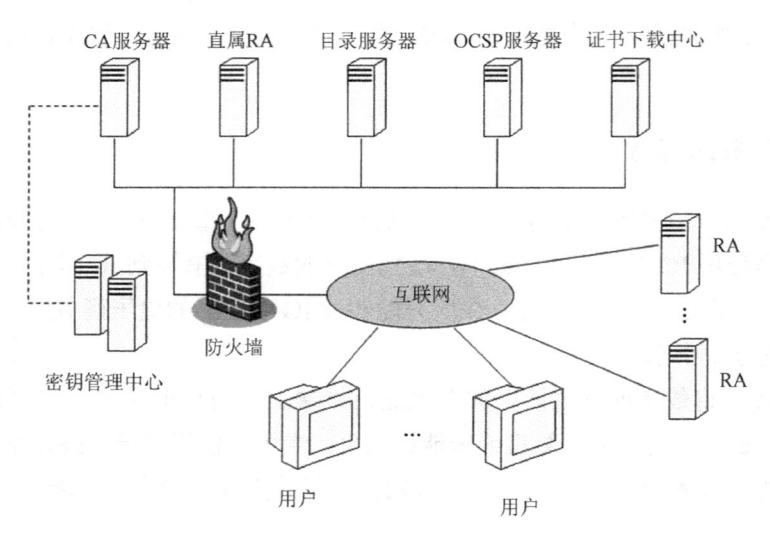

图 4-3 CA 的组成结构

CA 的主要职责包括证书颁发、证书更新、证书废除、证书和 CRL 维护、证书状态在线查询、证书认证和政策制定等。

(1) 证书颁发:申请者既可以在线申请,又可以到 RA 申请。CA 为将要颁发给申请者的证书签署数字签名,以鉴别申请者身份,同时公证人为该签名和申请人的身份进行公证。

此外，CA 还为这份证书盖上过期日期。通常，CA 会将证书返回给证书申请系统或寄给证书库。因此，证书的颁发可以采取两种方式，一是在线直接从 CA 下载，二是 CA 将证书制成磁盘或 IC 卡后，由申请者带走。

（2）证书废除：在实际应用中，证书往往会在还没有超过有效日期的时候就失效。例如，一位公司职员将要离职或更改名字，或者某个私钥被泄露需要修改。在这些情况下，证书持有者或证书持有者的上级可以向 CA 申请废除证书。CA 会在 CRL 中公布该证书的序列号，以表示已撤销该证书，同时通知有关组织和个人该证书已作废。

（3）证书更新：证书更换和证书延期两种情况。证书更换实际上指重新颁发证书。当证书持有者的证书丢失或密钥泄露时，需要更换证书，以继续参与网上身份认证。证书的更换过程和证书的申请流程基本一致。证书延期只是将证书的有效期延长，签名和加密信息的公私钥都不需要改变。

（4）证书和 CRL 维护：CA 通过 LDAP 服务器维护用户证书和 CRL。CA 向用户提供目录浏览服务，负责将新签发的证书或废除的证书加入 LDAP 服务器。这样用户通过访问 LDAP 服务器就能得到他人的数字证书或访问 CRL。

（5）证书状态在线查询：用户可以通过 CRL 来查看自己的证书是否被废除，但 CRL 的状态同当前证书状态相比有一定的滞后，因为通常 CRL 签发为一天一次。证书状态的在线查询是向 OCSP 服务器发送 OCSP 查询包，该查询包中含有待验证证书的序列号、验证时间戳。OCSP 服务器返回证书的当前状态并对返回结果加以签名。由此可见，证书状态在线查询比 CRL 更具时效性。

（6）证书认证：在进行网上交易时，为验证交易双方的身份，交易双方互相提供自己的证书和数字签名，由 CA 对证书进行有效性和真实性的认证。每个交易方必须至少有一个对方信任的、由 CA 颁发的证书。在实际应用中，一个 CA 很难得到所有用户的信任并接受它发行的所有公钥用户的证书，这就需要多个 CA。在多个 CA 系统中，一个特定 CA 发放证书的用户组成一个域。如果两个持有不同 CA 颁发的证书的交易双方需要进行安全通信，那么需要解决跨域的公钥安全认证和递送问题，并建立一个可信赖的证书链或证书通路。高层 CA 称作根 CA，它向低层 CA 发放公钥证书。

（7）政策制定：普通用户信任一个 CA，其不仅关心它的技术是否过硬，而且关心它的政策是否公开、周到、合理。CA 的政策指 CA 必须对信任它的各方负责，它的责任大部分体现在政策的制定和实施上。

CA 的政策包含以下几方面。

（1）私钥的保护：私钥是证书的灵魂，私钥一旦泄露或毁损，证书也就名存实亡。因此，CA 签发证书所用的私钥要受到严格的保护，防止毁坏和非法使用。

（2）密钥对的产生方式：生成密钥对的办法有两种，一种是在客户端生成，另一种是在 CA 的服务器端生成。在提交申请时，要决定密钥对的生成方式。究竟采用哪一种申请方式，这取决于 CA 的政策。用户在申请证书之前应仔细阅读 CA 在这方面的政策。

（3）CRL 的更新频率：如果 CRL 的更新太慢，那么会影响用户及时查询证书状态。CA

的管理员可以设定一个时间间隔，系统会按时更新 CRL。

（4）CA 服务器的维护：CA 服务器的安全直接影响证书的安全，因此必须采取严密的措施，以保证 CA 服务器的安全，以及该主机不被任何未被授权的人直接访问(CA 使用的 HTTP 服务端口除外）。

（5）通告服务：将用户的申请和证书过期、废除等对用户进行通告。

（6）审计与日志检查：为了安全起见，CA 应将一些重要的操作记入系统日志。在 CA 发生事故后，可以根据系统日志做事，之后追踪处理，即审计。CA 管理员须定期检查系统日志文件，尽早发现可能出现的隐患。

4.3.2 证书库

证书库是 PKI 系统的数据存储中心和发布中心，用于发布所有通过 CA 认可的 X.509 证书和 CRL。证书库是 PKI 体系的一个组成部分，PKI 大部分组件的管理操作都与证书库密切相关。证书库是一种逻辑上集中的数据库，用户可以从此处获得其他用户的证书和公钥。由于证书具有不可伪造性，因此可以在数据库中公布证书，而无须用任何形式的要求来保护证书。

传统的 PKI 系统一般在文件系统或数据库的基础上实现 PKI 证书库，但它们都有检索方式单一、不易管理和开发工作量大、可移植性和互操作性差等缺点。随着 LDAP 标准的日益成熟和 LDAP 目录服务的广泛应用，用 LDAP 目录服务设计 PKI 证书库逐渐成为新一代的解决方案。通常，证书库是采用支持 LDAP 的目录系统，而 LDAP 是用于对在目录中定位信息的访问方法和协议的描述。一个与 LDAP 兼容的目录可以是普通文件、关系数据库，也可以是 X.500 的目录，但无论其是什么，都必须符合 LDAP 标准的要求。客户端可以通过多种访问协议从证书库查询信息，并且可以实时查询证书和证书撤销信息。PKI 系统必须确保证书库的完整性，防止伪造、篡改证书。

4.3.3 密钥备份及恢复

在实际应用中存在很多用户丢失密钥的情况，这些情况通常有：

（1）遗失或忘记口令。虽然用户的加密密钥在物理上是存在的，但实际上用户无法使用。

（2）介质的破坏。例如，硬盘和 IC 卡损坏。

如果用户由于某种原因丢失了解密密钥，那么被加密的数据会因无法解开而造成数据的丢失。例如，某项业务中的重要文件已被对称密钥加密，而对称密钥又被某个用户的公钥加密，若该用户的解密私钥丢失了，则这些文件将无法恢复。为了避免这种情况的发生，PKI 提供了一种密钥备份与解密密钥的恢复机制，用以恢复用户丢失的密钥，为用户提供方便，这就是密钥备份及恢复系统。

在 PKI 系统中，维护密钥对的备份至关重要，若密钥丢失，则加密数据会完全丢失。对一些重要数据来言，这将引起灾难性后果。因此，密钥的备份和恢复是密钥管理中的重要一环。企业和组织必须得到确认：即使密钥丢失，加密保护的重要信息也能够恢复，并且不能让一个独立的个人完全控制最重要的高级密钥，否则将引起严重后果。另外，企业自身也应该考虑使用密钥的生命周期，包括密钥和证书的有效时间，以及已撤销密钥和证书的维护时间等。

密钥的备份和恢复发生在证书初始化注册阶段和证书的颁发阶段。

需要强调的是，密钥的备份和恢复只针对解密密钥，而用户用于数字签名的私钥是绝对不能备份的，因为数字签名是用于支持不可抵赖性服务的。

用户在申请证书的初始阶段，如果注册声明公私钥对是用于加密的，那么出于对数据机密性的考虑，在证书初始化注册阶段，可信任的第三方机构 CA 可对该用户的密钥和证书进行备份。密钥的备份可采用与密钥保存类似的分散方法，以避免知道密钥的人太多。密钥的备份也可以采用职责分离的方式，使保管备份密钥的人不能接触数据。另外，密钥的备份可以和使用结合起来考虑。例如，使用智能卡方式：持卡人可以使用密钥来进行加密/解密，但不知道密钥的具体内容，同时对智能卡的使用进行审计。

密钥的恢复功能发生在密钥管理生命周期的颁发阶段，指对终端用户因某种原因而丢失的加密密钥予以恢复。这种恢复由可信任的密钥恢复中心或 CA 来完成。密钥恢复的手段可以是远程设备恢复，也可以是本地设备恢复。

4.3.4　证书撤销

与日常生活中的各种证件一样，证书在 CA 为其签署的有效期内也可能作废。证书作废的原因可能有以下几种情况。

（1）证书过期。

（2）证书拥有者的身份信息变更。

（3）密钥泄露。

（4）用户申请提前停止使用。

（5）证书被冻结或挂起。

PKI 必须提供作废证书的一系列机制。作废证书有以下 3 种情况：作废一个或多个主体的证书；作废由某一对密钥签发的所有证书；作废由某 CA 签发的所有证书。

证书撤销的原理如图 4-4 所示。首先由终端用户提出证书撤销申请，然后将申请提交给 CA 或 RA，最后由 CA 或 RA 对用户的申请进行一系列审核后做出相应回应。在某些特殊情况下，CA 也有权直接撤销用户的证书。

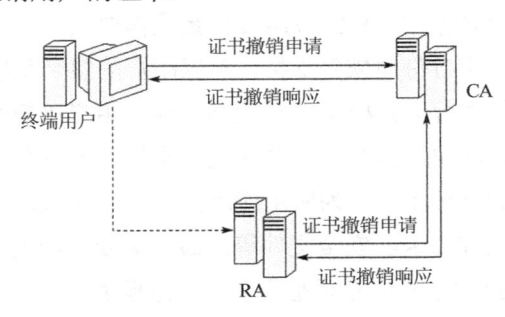

图 4-4　证书撤销的原理

作废证书一般通过将证书列入 CRL 来完成。通常，在 PKI 系统中由 CA 负责创建并维护一张及时更新的 CRL，再由用户在验证证书时负责检查该证书是否在 CRL。CRL 一般存放在目录系统中。证书的作废处理必须在安全及可验证的情况下进行，PKI 系统还必须保证 CRL 的完整性。

4.3.5 密钥更新

理论上讲，密码算法和密钥长度有被破译的可能，因此为安全起见，密钥需要定期更换。密钥更换的内容包括用户登记更新、密钥更新。但对 PKI 用户来说，手工完成密钥更新几乎是不可行的，因为通常用户无法及时发现证书已过期，只有使用失败时才能发觉。因此，需要 PKI 系统提供密钥的自动更新功能。

无论用户的证书用于何种目的，在认证时，都会在线自动检查证书的有效期，然后在失效日期到来之前的某个时间间隔，自动启动更新程序，生成一个新的证书来代替旧证书。新旧证书的序列号是不一样的。

对于加密密钥对和签名密钥对，由于安全性要求不一样，因此密钥更新的自动过程也不完全一样。

PKI 系统采取对管理员和用户透明的方式进行加密密钥对和证书的更新，并提供全面的密钥、证书及生命周期的管理。对于快要过期的证书，在进行自动更新时，不需要管理员和用户干预。当加密密钥对接近过期时，PKI 系统将生成新的加密密钥对。这个过程基本上跟证书的发放过程相同，即 CA 使用 LDAP 服务器将新的加密证书发送给目录服务器，以供用户下载。

签名密钥对的更新是当 PKI 系统在检查证书是否过期时，对接近过期的证书创建新的签名密钥对。利用当前证书建立与 CA 之间的连接，CA 将创建新的认证证书，并将证书发回 RA，在归档的同时，供用户在线下载。

4.3.6 应用接口系统

一个完整的 PKI 必须提供良好的应用接口系统，以便各种应用都能以安全、一致、可信的方式与 PKI 交互，并确保建立起来的网络环境的可信性。

为了向应用屏蔽密钥管理细节，PKI 应用接口系统需要实现以下功能：完成证书的验证工作；为应用提供统一的密钥备份与恢复支持；确保用户的签名私钥始终只在用户本人的控制下，并阻止备份签名私钥的行为；根据安全策略自动为用户更换密钥；向应用提供历史密钥的安全管理服务；为所有应用访问公用证书库提供支持；为所有应用提供统一的证书作废处理服务；完成交叉证书的验证工作，为所用应用提供统一模式的交叉验证支持；支持多种密钥存放介质，包括 IC 卡、PC 卡、安全文件等。最后需要说明的是，PKI 应用接口系统应该是跨平台的。一个有效的 PKI 系统必须是安全的、透明的。

4.4 PKI 信任模型

4.4.1 什么是信任模型

信任模型提供了建立和管理信任关系的框架，即信任关系是如何在两个 CA 间建立起来的。在明确信任模型的概念之前，必须明白以下几个概念。

1. 信任

首先我们来明确信任的含义。ITU-T 推荐的 X.509 标准中是这样定义信任的："Entity A trusts entity B when assumes that B will behave exactly as A expects."翻译成中文就是，如果一个实体假设另一个实体会严格并准确地按照它期望的那样行动，那么它就信任该实体。这种定义信任的方式涉及了假设、预期和行为，也体现了实体双方的一种关系及对该关系的一些期望。这样的定义也意味着信任是不可能被定量测量的。信任与风险是相联系的，信任的建立不可能总是全自动的。

信任定义中的假设和预期可以使用信任水平的概念，信任水平与实体双方的位置有直接关系。位置是对双方距离程度的估计和度量，如果一方对另一方很了解且对它的期望是建立在过去的经验基础之上的，那么该实体会在自己建立的信任中拥有一个较高的信任水平。如果实体双方距离很远或对对方实体的行为方式了解很少，那么信任水平就低。

在某些情况下，实体双方距离很远，结果实体双方相互的信任水平很低，这时需要引入可信的第三方——CA，以建立相应的 PKI 信任模型。使用第三方实际上是通过信任传递来建立信任关系的。

2. 信任域

简单地说，信任域就是信任的范围。通常在一个体系中，信任域被定义为公共控制下或服从于一组公共策略的实体集合。例如，对一个公司或单位而言，这个公共策略包括机构制定的操作规则和安全章程。

识别信任域及其边界对构建 PKI 很重要。由于信任的建立实质上取决于实体之间的关系，因此在定义信任域边界和信任关系时，实体之间的主观判断起到了重要的作用。使用另一信任域中的 CA 签发的证书，通常比使用相同信任域中的 CA 签发的证书要复杂得多。

在一个 PKI 体系中，信任域可以按照组织结构和地理界限来划分。一个 PKI 体系中完全可能存在多个信任域，而且有的信任域还会发生重叠。当各信任域开始声明特定的策略和操作程序，而不同的信任域之间需要进行互操作时，事情就变得相当复杂了。在多数情况下，确立了公共操作要求的一组高级策略可以把不同的信任域联系起来，形成一个整体来运作。对于建成包括 CA 在内的安全基础设施，能否建立一个可确定本地信任模型的广泛策略的信任域，这对 PKI 部署的成败有重大影响。

3. 信任锚

信任锚是 PKI 体系中的信任起点。在信任模型中，当可以确定一个实体身份或有一个足够可信的身份签发者证明该实体的身份时，另一个实体就能做出对它信任的决定。这个可信的身份签发者称为信任锚。

如何确定信任锚呢？

一种情况是，如果一个实体对待识别的实体很熟悉，且有直接了解，那么可以相信该实体就是它所声称的身份。在这种情况下，实体可以直接验证对方的身份，不需要外部信任锚，也可以说该实体就是自己的信任锚。另一种情况比较复杂：如果一个实体和待识别的实体没有直接联系，但是有一个和它经常交互的实体能够证明待识别实体的身份，那么可以采用信任传递的方式——根据它对熟识实体的信任及熟识实体与待识别实体已经建立的信任关系，该实体就可以相信待识别实体的身份，同时向它证明自己的身份。在这种情况下，熟识的实体就是信任锚，这时的信任锚与该实体较近。最后还有一种情况：对一个实体来说，如果有一个高度可信却距离较远的实体，虽然它们并不直接认识，但前一个实体可根据后者足够高的可信声誉而信任它，同时信任它证明的其他实体。这时的信任锚距离实体较远。

4．信任路径

信任路径指通过采用交叉认证技术建立信任关系和验证证书来寻找和遍历的路径。它提供了建立和管理 PKI 间信任关系的框架。当一个实体需要确认另一个实体的身份时，需要先确定信任锚，再由信任锚找出一条到达待识别实体的证书链，这些证书链组成的路径称为信任路径。在构建和运作基于 PKI 的安全基础设施的过程中，根据实际情况选择适当的信任模型及与它相应的安全级别是非常重要的。信任模型决定了 PKI 涉及的网络中所有的主体采用的信任形式及该形式带来的信任风险，构建合适的信任模型不仅可以明确建立信任关系时的详细规则，而且能够提供最短的信任路径。

5．信任关系

在 PKI 中，当两个 CA 相互或一方给另一方颁发证书时，两者便建立了信任关系。通过信任路径可以传递信任关系。信任关系可以是双向的，也可以是单向的，在多数情况下采取双向的形式，即一个实体相信另一个实体，那么另一个实体也相信它。这是建立信任模型最简单的情形，因为证书链可以从两个方向建立或验证。但在一些特殊情形下，只能采用单向信任关系。例如，从绝密信任域跨越到开放信任域的时候，信任关系只能在一个方向上延续。信任模型描述了如何建立信任关系，以及找寻和遍历信任路径的规则。信任模型可以划分用户群，并允许验证建立信任关系时的那些明确规则，这些规则使得建立的信任路径最短。

根据 PKI 信任模型的不同，CA 扮演的角色也不同，CA 相应的构建方式也不同。CA 相应的构建方式的不同又反过来影响了各种 PKI 信任模型的性能指标。

最后给出信任模型的概念。信任模型指在建立信任关系和验证证书时寻找和遍历信任路径的模型。信任模型是建立在一定长度的信任路径的模型，它研究的是 PKI 体系中用户和 CA 及 CA 之间的信任关系，用以解决 PKI 产品和相关体系的兼容性问题。信任模型的评价指标有信任域扩展的灵活性、信任路径构建的难易程度、信任关系的可靠程度、信任建立方式的安全性、证书管理的复杂程度等。

4.4.2 交叉认证

交叉认证是信任模型的基础，其通过把以前无关的 CA 连接在一起，使各自主群体之间的安全通信成为可能。简单来说，交叉认证就是多个 PKI 信任域之间实现互操作。

实现交叉认证的方法有多种：一种是桥接 CA（简称桥 CA），即用一个第三方 CA 作为桥，将多个 CA 连接起来，使其成为一个可信任的统一体；另一种是多个 CA 的根 CA（RCA）互相签发根证书，这样当不同 PKI 信任域中的终端用户沿着不同的证书链检验认证到根时，就能达到互相信任的目的了。

交叉认证可以分为域内交叉认证（CA 同属于相同的域）和域间交叉认证（CA 属于不同的域）。交叉认证可以是单向的，也可以是双向的，并可以在不同的依托群体中扩展信任，同时，使用一个或多个为交叉认证定义的标准扩展，带给信任扩展的明显优势是控制。

交叉认证的主要作用是扩大信任域的范围，使用户能够在更加广泛的范围建立起相互的信任关系。这是解决 PKI 互操作性的一般性技术框架。

4.4.3 常用的信任模型

在构建和运作基于 PKI 的安全基础设施的过程中，根据实际情况选择适当的信任模型及与它相应的安全级别是非常重要的。信任模型决定了 PKI 涉及的网络中所有的主体采用的信任形式及该形式带来的信任风险，构建合适的信任模型不仅可以明确建立信任关系时的详细规则，而且能够提供最短的信任路径。

CA 一般是采用分级模式来管理大量用户的，特别是作为国家信息化安全基础设施，各地 PKI 中心及各职能部门 CA 之间必然存在着相互信任、相互认证的关系，各级 CA 之间的联系构成了 PKI 架构的信任层次模型。当前较为流行的基于 X.509 证书的 PKI 多级信任模型包括下属层次型信任模型、网状信任模型、混合型信任模型、桥 CA 信任模型和 Web 信任模型。

下面对上述模型的特点进行分析。

1. 下属层次型信任模型

下属层次型信任模型如图 4-5 所示。在下属层次型信任模型中，根 CA 具有特殊性：它被任命为所有最终用户的唯一公共信任锚，信任关系是从根 CA 建立起来的，所以没有别的 CA 可以为根 CA 颁发证书。因此根 CA 给自己颁发一个证书。这个证书的特点是，它是自签名的，也就是说，证书的主体和其颁发者是相同的。

此外，根 CA 的特殊性还表现在，根 CA 的密钥一旦泄露，会引发灾难性后果，并对信任模型的运作产生巨大的破坏。其原因是，在下属层次型信任模型中，根 CA 是所有路径的必经之路，它的位置极其关键。根 CA 的密钥一旦泄密，其必须及时地撤销密钥，然后把颁发的新证书分发给所有的证书用户。所有可疑的下属证书及密钥也要重新生成。

所以，这种模型的缺点是只存在一个根 CA。因此，根 CA 的负载非常大，且容易成为攻击目标，从而使系统的可靠性和稳定性较差。

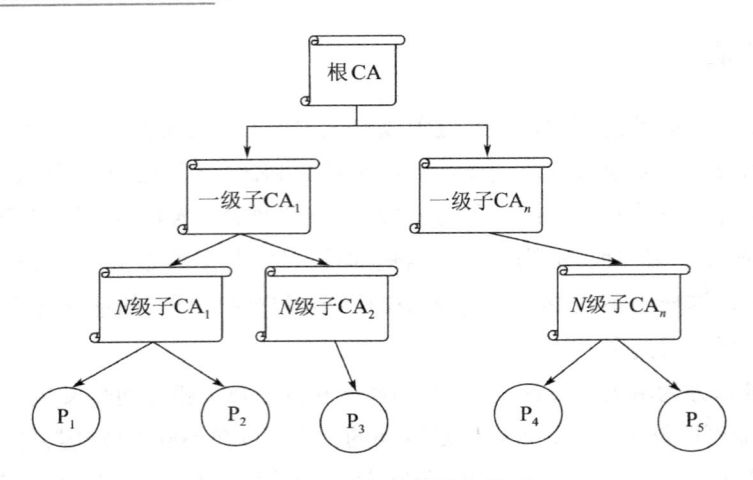

图 4-5　下属层次型信任模型

由于根 CA 通常不直接给终端用户颁发证书，而只给子 CA 颁发证书，而且是单向证明下一层下属子 CA，因此终端用户通过根 CA 来对证书的真实性和有效性进行验证。所以，该模型的扩展性好、证书路径相对较短、应用简单。

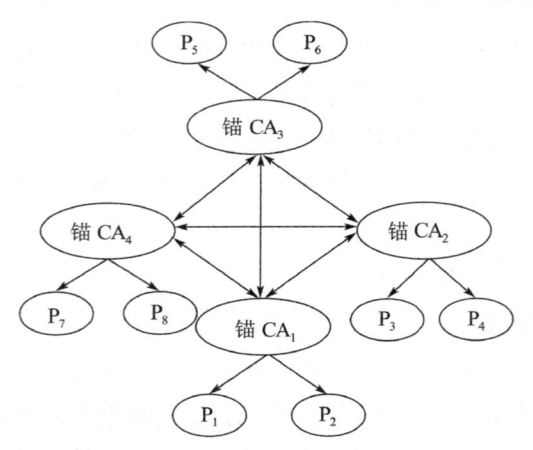

2．网状信任模型

网状信任模型如图 4-6 所示。网状信任模型是目前应用最为广泛的模型。不同于下属层次型信任模型，在网状信任模型中，不存在所有实体都信任的根 CA，其把信任分散在两个或多个 CA 上。所有的 CA 实际上都是相互独立的同位体（在这个结构中没有子 CA）。

图 4-6　网状信任模型

网状信任模型适用于通信机构间没有上下层次关系的情况。通常，网状信任模型中的遍历要求交叉证书必须是在两个方向上相互颁发的。在该模型中，每一个验证者需要建立自己的信任锚的路径。网状信任模型中的路径构造相对于下属层次型信任模型来说要复杂许多。此时，路径构造算法应具有处理交叉证书及检测循环的能力。由于任意两点间可能存在多条路径，因此在路径构造中必须采用适当的优化措施。其中，封闭环路一定要检测出来并丢弃，对可能存在的多路径要进行过滤和设置优先级。

在网状信任模型中，允许对等交叉认证的存在。为了建立一组信任关系，允许每个参与者与其他对等方进行交叉认证。这使得网状信任模型可以有多个信任锚，终端实体通常选取直接给自己发证的 CA 作为信任锚。

网状信任模型的优点如下。

（1）安全性高，不会因一个信任锚的故障而使系统崩溃。

（2）兼容性强。

网状信任模型的缺点也很明显：信任路径复杂，当有 n 个信任域时，各信任域的锚点之间交叉认证的次数为 $n(n-1)$；当 n 很大时，交叉认证的成本很高，而且在信任路径的搜索上效率很低。此外，信任路径的不确定性可能会形成证书环路。

3．混合型信任模型

混合型信任模型是在前两种模型结合的基础上再进一步扩展。当几个下属层次型模型需要相互认证时，可以把它们的锚 CA 彼此交叉认证，也就是说，混合型信任模型中有多个信任域存在，且每个信任域内的结构都是下属层次型信任模型。信任域锚 CA 之间采取网状信任模型互联。在此基础上，不同信任域的非根 CA 之间也可以进行交叉认证，以缩短证书链的长度。

混合型信任模型的特点如下。

（1）存在多个根 CA。

（2）任意两个根 CA 之间都要建立交叉认证，也就是根 CA 之间要建立完全的交叉认证网。

（3）每一个层次结构都在根级有一个单一的交叉证书通向另一个层次结构。

混合型信任模型的优点如下。

（1）若根 CA 之间的交叉认证并不复杂，则可构建简单的单一认证路径。这对于较小范围的认证，灵活性较强。

（2）对于连接两个层次结构中的低层节点的高频路径，可以加入交叉认证。

混合模型的缺点是，在信任域间进行扩展时，每加入一个信任域，信任域间交叉认证的个数就会以二次方的数量级增长，不利于进行大规模的扩展。

4．桥 CA 信任模型

桥 CA（BCA）信任模型也是解决不同信任域互联的一种信任模型，它通过指定一个 CA 来给不同信任模型的锚 CA 颁发交叉认证证书。桥 CA 信任模型对加入的信任域模型的类型没有特殊要求，只要有一个信任锚即可。

桥 CA 信任模型如图 4-7 所示。桥 CA 信任模型是一种"集线器"式的非层次化模型。在该结构中，每一套独立的 CA 体系都与一个处于中心地位的桥 CA 进行交叉认证，桥 CA 只是一个中介，它既不像一个下属层次型信任模型的根 CA，又不像网状信任模型的 CA 直接向用户颁发证书，而是作为交叉认证的中介，与不同的信任域之间建立对等的信任关系，允许用户保留自己的原始信任点。

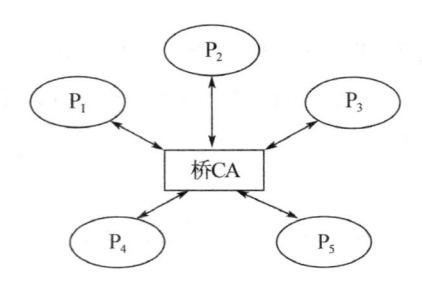

图 4-7 桥 CA 信任模型

桥 CA 的优点如下。

（1）证书路径短。

（2）可扩展且扩展性强。当 n 个根 CA 完全连接时，仅需 n 个交叉认证协议即可；信任域的扩展非常容易，且不受数量限制。

（3）安全风险被分散到各 CA 中。

（4）连接的各独立 CA 体系可以是任何传统类型的信任模型。

桥 CA 的缺点是，它需要一个第三方的共信桥 CA，当大范围部署时，更是需要多级的桥 CA 来负载均衡。而确定这样的第三方共信桥 CA 是一件很困难的事情。

5．Web 信任模型

Web 信任模型是在环球网上诞生的，其依赖于流行的浏览器，如 Navigator 和 Internet Explorer。在 Web 信任模型中，需要给客户端提供一套可信的根 CA 的公钥，浏览器厂商在浏览器中内置了多个根 CA，各根 CA 之间互相平等。浏览器用户同时信任这些根 CA，并将它们作为自己的信任锚。

从本质上看，Web 信任模型类似于下属层次型信任模型，因为浏览器厂商起到了根 CA 的作用，而与被嵌入密钥对应的 CA 是它认证的 CA。

Web 信任模型的优点：方便、简单、可操作性强，证书路径的验证也非常简单。由于不需要依赖目录服务器，因此这种模型在方便性和互操作性方面有明显的优势。

Web 信任模型的缺点：安全性太差，原因是浏览器内置的根 CA 并不是通过签发证书来实现的，而是物理地嵌入到浏览器中的，用户一般不知道收到的证书的签发来源，而且没有实用的机制来废除嵌入到浏览器中的根证书。如果发现一个根密钥是"坏的"或与根密钥相应的私钥被泄密了，那么让全世界数百万个浏览器都有效地废止那个密钥的使用是不太可能的。此外，该模型还缺少在 CA 和用户之间建立合法协议的有效方法。所有的责任最终不能由 CA 和用户一起分担，而全部要落在用户头上。

4.5 PKI 的服务和实现

PKI 作为一种安全基础设施，其能为不同的用户提供多样化的安全服务。如图 4-8 所示，PKI 服务的内容：身份认证、数据完整性、数据保密性、不可抵赖性服务、公证服务、时间戳服务。

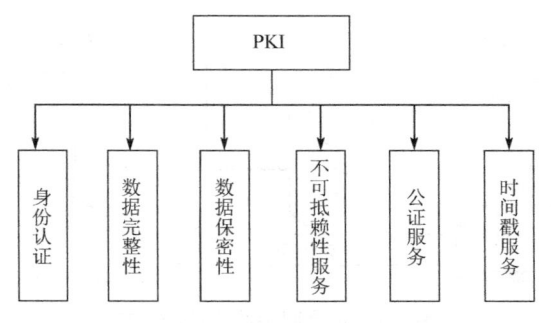

```
                    PKI
         ┌───┬───┬───┼───┬───┬───┐
       身份 数据 数据 不可 公证 时间
       认证 完整 保密 抵赖 服务 戳服
            性   性  性服       务
                     务
```

图 4-8　PKI 服务的内容

1. 身份认证

身份认证就是鉴别实体身份的真伪，简单来说，就是确认"甲就是甲"，即确认一个实体就是自己声明的实体。

在现实生活中，身份认证采用的方式通常是由双方事前进行协商来确定一个秘密，然后根据这个秘密进行相互认证。随着网络的扩大和用户的增加，事前协商的秘密变得非常复杂，特别是在电子政务中，经常会有新聘用和退休的情况。另外，在大规模的网络中，两两进行协商几乎是不可能的，即便是通过一个密钥管理中心来协调，也会有很大的困难，而且当网络规模巨大时，密钥管理中心甚至可能成为网络通信的瓶颈。

PKI 通过证书进行身份认证，认证时对方知道你就是你，但却无法知道你为什么是你。在这里，证书是一个可信的第三方证明，通过它，通信双方可以进行安全的互相认证，而不用担心对方是假冒的。

在应用程序中，一般有两种认证方式：实体鉴别和数据来源鉴别。

实体鉴别：服务器只是简单地认证实体本身的身份，而不会和实体进行何种活动联系起来。但实体通常希望在鉴别身份的基础上执行其他操作，因此它的作用是有限的。在实际工作中，实体鉴别通常会产生一个明确的结果，而且允许实体进行其他活动或通信。例如，在实体鉴别过程中会产生一个对称密钥，其可以用来解密一个文件并进行读写，或者与其他实体建立一个安全通信通道。实体的身份一旦获得认证，便可以和访问控制列表中的权限关联起来，以决定能否进行访问控制。例如，张三和李四的相互认证过程如下。

首先，张三验证李四所持证书的真伪。张三用 CA 这个权威机构的公钥解开李四传给他的证书上 CA 的数字签名。若签名通过验证，则证明李四的证书有效。

其次，张三验证李四身份的真伪。李四对自己的口令用自己的私钥进行数字签名，并且传递给张三。张三从证书库查得李四的公钥并用该公钥验证李四的数字签名。如果通过验证，那么李四的身份是真实的。张三向李四验证的过程如图 4-9 所示。

数据来源鉴别：鉴定某个指定的数据是否来源于某个特定的实体。这不是孤立地鉴别一个实体，也不是为了允许实体执行下一步的操作而鉴别它的身份，更不是考虑实体下一步可能会采取什么操作，而是为了确定被鉴别的实体是否与一些特定数据有着静态的、不可分割的联系。

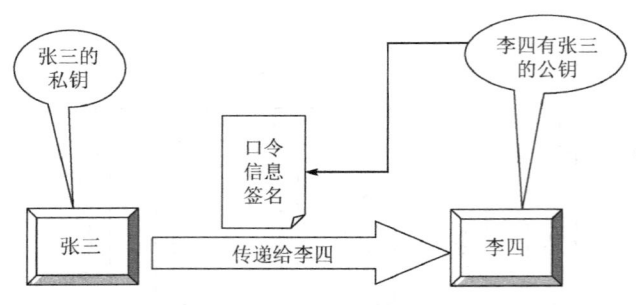

图 4-9　张三向李四验证的过程

2．数据完整性

数据完整性就是确认数据是否在传输或存储过程中被篡改。一般来说，完整性可以通过双方协商一个秘密来解决，但当一方有意抵赖时，这种完整性就无法接受第三方的仲裁。PKI 提供的完整性是可以通过第三方来进行仲裁的，并且这种可以由第三方进行仲裁的完整性是通信双方都不可抵赖的。

数据完整性服务的实现要依靠数字签名和 MAC。

数字签名：数字签名不仅可以提供认证，而且可以确保被签名的数据的完整性。这是建立在 Hash 算法加密技术和签名算法的基础之上的。因为 Hash 算法的特点是输入数据的任何微小变化都会引起输出数据不可预料的巨大变化。而签名算法是用自己的私钥将该 Hash 值加密并且将数据一起传输给接收方。如果关键数据在传输过程中被篡改，那么接收方对数据签名的验证必将失败。

MAC：MAC 是由利用密钥对要认证的消息产生新的数据块并对数据块加密生成的。对要保护的信息来说，MAC 是唯一的及一一对应的。因此，MAC 可以有效地保护消息的完整性，以及实现发送方消息的不可抵赖和不能伪造。

3．数据保密性

数据保密性就是确保数据的秘密不被泄露，即非指定实体不能读出该数据。PKI 的保密性服务采用数字信封机制，即发送方先产生一个对称密钥并用该密钥加密敏感数据，同时用接收方的公钥加密该对称密钥；然后，发送方将加密后的数据和加密后的对称密钥一并发送给接收方；接收方收到后，首先用自己的私钥对加密过的对称密钥进行解密，再用得到的对称密钥将加密后的敏感数据进行解密。这样就确保了数据的保密性，因为即使其他人截获了发送的数据，由于没有接收方的私钥，因此无法读出和读懂该敏感数据。在此过程中，加密后的对称密钥好比一个数字信封，只有指定的接收方才可以用自己的私钥拆开这个神秘的信封。PKI 的保密性服务是一个框架结构，通过它可以完成算法协商和密钥交换，而且其对参与通信的实体是完全透明的。

4．不可抵赖性服务

不可抵赖性服务为当事双方发生的相互作用提供不可抵赖的事实。不可抵赖性分很多种，常用的不可抵赖性是发送的不可抵赖性和接收的不可抵赖性。此外，不可抵赖性还包括传输的不可抵赖性、创建的不可抵赖性和同意的不可抵赖性等。

PKI 的不可抵赖性服务通过数字签名来防止实体对其行为的否认。完整的数字签名包括签名和验证两大部分。

电子签名的原理如图 4-10 所示，其具体过程如下。

（1）发送方首先用 Hash 算法从原文得到数据摘要，然后用发送方的私钥对数据摘要进行签名，并把数字签名数据附加在要发送的原文后面。

（2）发送方选择一个私钥对文件进行加密，并把加密后的文件通过网络传输给接收方。

（3）发送方用接收方的公钥对私钥进行加密，并通过网络把加密后的私钥传输给接收方。

（4）接收方用自己的私钥对私钥进行解密，得到私钥的明文。

（5）接收方用私钥对文件进行解密，得到经过加密的数字签名。

（6）接收方用发送方的公钥对数字签名进行解密，得到数字签名的明文。

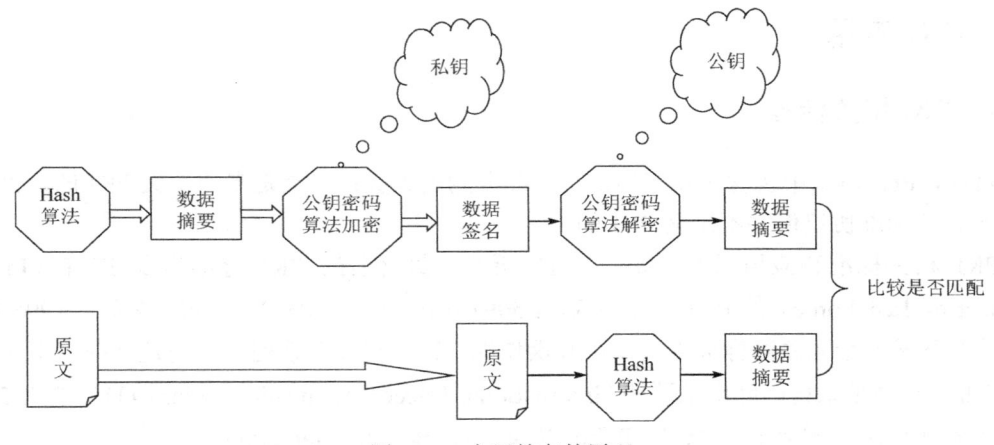

图 4-10　电子签名的原理

（7）接收方用得到的明文和 Hash 算法重新计算数字签名，并与解密后的数字签名进行对比。如果两个数字签名是相同的，那么说明文件在传输过程中没有被破坏。

如果第三方冒充发送方发出了一个文件，因为接收方在对数字签名进行解密时使用的是发送方的公钥，所以只要第三方不知道发送方的私钥，那么解密出来的数字签名和经过计算的数字签名必然是不相同的。这就提供了一个安全的确认发送方身份的方法。

安全的数字签名使接收方得到保证：文件确实来自声称的发送方。鉴于签名私钥只能由发送方自己保存，他人无法做到一样的数字签名，因此他不能否认他参与了交易。

5．公证服务

与传统的公证人服务不同，PKI 的公证服务提供的是数据认证服务，即 CA 证明数据是有效的或正确的。通常，PKI 中被验证的数据是基于 Hash 算法的数字签名、公钥的正确性和签名私钥的合法性的。PKI 公证人是一个被其他 PKI 实体信任的且具有一定权威性的实体，其提供公正的服务。

6．时间戳服务

时间戳也叫安全时间戳，是一个可信的时间权威。可使用一段可以认证的完整数据来表示时间戳。最重要的不是时间本身的精确性，而是相关时间、日期的安全性。也就是说，时间值必须特别安全地传送。

PKI 中必须存在用户可信任的权威时间源。权威时间源提供的时间不需要正确，仅需要作为用户的一个参照时间，以便完成基于 PKI 的事物处理，如事件 A 发生在事件 B 的前面等。一般的 PKI 中都有一个时钟系统来统一 PKI 的时间，当然也可以使用世界官方时间源提供的时间，其实现方法是从网络中的这个时钟位置获得安全时间，并要求实体在需要的时候向这些权威请求在数据上盖上时间戳。一份文档上的时间戳涉及对时间和文档内容的 Hash 值的数字签名。

虽然时间戳是由 PKI 支撑的服务，但它依然可以在不依赖 PKI 的情况下实现时间戳服务。一个 PKI 体系中是否需要实现时间戳服务，完全由应用的需求决定。

4.6 PKI 应用

4.6.1 PKI 相关标准

目前，PKI 体系中包含了众多标准，主要分为两大类：一类是专门定义 PKI 的，另一类是基于 PKI 标准协议但并不定义 PKI 的。

PKI 相关标准和应用示意图如图 4-11 所示。最著名的 PKI 标准当属 IETF（Internet Engineering Task Force）的 PKIX（PKI for X.509 certificates）。PKIX 工作组成立于 1995 年 10 月，旨在开发一套互联网标准来支持可互操作的 PKI。PKIX 系列标准是建立在以下两个标准之上的：一个是来自国际电信联盟（International Telecommunication Union，ITU）的 X.509，一个是来自 RSA 工作组的 PKCS（Public Key Cryptography Standard）。

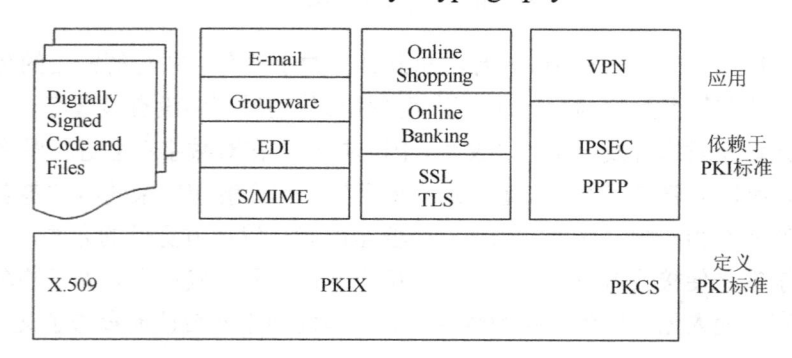

图 4-11　PKI 相关标准和应用示意图

X.509 是一种数字证书标准。在 X.500 确保用户名称唯一性的基础上，X.509 为 X.500 用户名称提供了通信实体的鉴别机制，并规定了在实体鉴别过程中广泛适用的证书语法和数据接口。

PKCS 系列标准是一套针对 PKI 体系的加解密、签名、密钥交换、分发格式及行为标准。目前，该标准已成为 PKI 体系中不可缺少的一部分。这些标准连同系列中的其他标准都是当今所有 PKI 实现的基础。PKCS 系列标准简述如下。

（1）PKCS#1：定义 RSA 算法加密和签名机制，主要用于组织 PKCS#7 中描述的数字签名和数字信封。

（2）PKCS#3：定义 Diffie-Hellman 密钥交换协议。

（3）PKCS#5：描述一种利用从口令派生出来的安全密钥加密字符串的方法。使用 MD2 或 MD5 从口令中派生出密钥，并采用 DES-CBC 模式加密。PKCS#5 主要用于加密从一个计算机传送到另一个计算机的私钥，不能用于加密消息。

（4）PKCS#6：描述公钥证书的标准语法，其主要描述 X.509 证书的扩展格式。

（5）PKCS#7：定义一种通用的消息语法，包括数字签名和加密等用于增强的加密机制，PKCS#7 与 PEM 兼容，因此不需要其他密码操作，就可以将加密的消息转换成 PEM 消息。

（6）PKCS#8：描述私钥的信息格式，该信息包括公钥算法的私钥及可选的属性集等。

（7）PKCS#9：定义一些用于 PKCS#6 证书扩展、PKCS#7 数字签名和 PKCS#8 私钥加密信息的属性类型。

（8）PKCS#10：描述证书请求语法。

（9）PKCS#11：称为 Cyptoki，其定义了一套独立于技术的程序设计接口，用于智能卡和 PCMCIA 卡之类的加密设备。

（10）PKCS#12：描述个人信息交换语法标准，其描述了将用户公钥、私钥、证书和其他相关信息打包的语法。

（11）PKCS#13：椭圆曲线密码体制标准。

（12）PKCS#14：伪随机数生成标准。

（13）PKCS#15：密码令牌信息格式标准。

PKCS 系列标准中比较重要的 3 个标准是 PKCS#7、PKCS#10 及 PKCS#12。

除 X.509 和 PKCS 系列标准以外，还有一系列依赖于 PKI 的标准，具体如下。

1. SSL 协议

SSL 协议使用对称加密来保证通信的保密性，使用 MAC 保证数据的完整性。SSL 协议在建立连接时主要使用 PKI 对通信双方进行身份认证。

浏览 Web 页面或许是人们最常用的访问 Internet 的方式。为了透明地解决 Web 的安全问题，最合适的入手点是浏览器。目前，无论是 Internet Explorer 还是 Netscape Navigator，都支持 SSL 协议。SSL 协议是一个在传输层和应用层之间的安全通信层，在两个实体进行通信之前，要先建立 SSL 连接，以此实现对应用层的安全通信。利用 PKI 技术，SSL 协议允许在浏览器和服务器之间进行加密通信。此外，还可以利用数字证书来保证通信安全，服务器端和浏览器端分别由可信的第三方颁发数字证书，这样在交易时，双方可以通过数字证书来确认对方的身份。需要注意的是，SSL 协议本身并不能提供对不可抵赖性的支持，这部分工作必须由数字证书来完成。

2. S/MIME 协议

基于公钥技术的安全电子邮件产品的应用非常广泛，包括 Microsoft Exchange 和 Netscape

Messenger 等电子邮件应用程序，其依靠 PKI 技术提供数字签名和加密服务。

电子邮件的传输是基于存储转发（Store-and-Forward）技术的，如果邮件以明文传输，那么电子邮件的内容在传输过程中很可能被截取、窃听或篡改等。S/MIME 协议的制定正是为了解决电子邮件内容的完整性和发送人身份真实性问题的，同时支持电子邮件内容或附件加密，而且不需要双方预先拥有共享秘密。

支持 S/MIME 协议的电子邮件系统使用用户私钥对发送的电子邮件进行签名，而用户的证书则随电子邮件本身一起发送，接收方可以利用该证书验证签名的有效性。如果需要对电子邮件进行加密，那么用户首先需要通过目录服务或先前的电子邮件来获取接收方的证书，一旦证书的有效性得到验证，用户就可以使用证书包含的公钥来加密会话密钥，并使用会话密钥加密电子邮件的内容和附件。

3．IPSec 协议

IPSec 协议为网络层通信定义了一个安全框架和一组安全服务，该协议的一部分用到了 PKI。IPSec 协议可用于 IPv4 和 IPv6 环境。

目前，基于 PKI 技术的 IPSec 协议已成为架构 VPN 的基础，它可以为路由器之间、防火墙之间或路由器和防火墙之间提供经加密和认证的通信，虽然它的实现会复杂一些，但其安全性比其他协议完善得多。由于 IPSec 协议是 IP 层上的协议，因此很容易在全世界范围内形成一种规范，具有非常好的通用性。IPSec 协议还是一个发展中的协议，随着成熟的公钥密码技术越来越多地嵌入到 IPSec 协议中，相信该协议会在 VPN 世界里扮演着越来越重要的角色。

4．网上安全电子交易——SET 协议

鉴于 Internet 的快速发展及上网人数的日渐增加，网络上的商机也日渐增加，V1SA 及 MasterCard 两大信用卡公司于 1995 年共同推出了使用 Internet 的商业交易标准——SET（Secure Electronic Transaction）协议，其将传统的信用卡以私有网络交换数据的方式移植到 Internet 上。

SET 协议最主要的目的是解决在 Internet 上信用卡交易的安全问题，若商业交易没有安全的保障，则再便利的传输媒介也不可能让网络使用者放心地进行任何商业活动。

在 SET 协议中有 3 个主要的个体：持卡者（Cardholder）、商家（Merchant）及银行接口（Payment Gateway）。它们是此协议中 3 个要保护的对象。SET 协议运用密码学技术，使这 3 者在交易过程的信息获得保障。

SET 协议采用 RSA 公钥密码技术，它对作为 PKI 极重要的基础之一的 CA 的运作方式有很详细的定义。持卡者在运用 SET 协议执行交易之前，必须先向 CA 取得数字证书；之后连上 Internet，再利用数字证书证明身份；最后通过双重签名进行交易。

5．时间戳协议

在电子文件中，由于用户桌面时间很容易改变（不准确或可人为改变），即由该时间产生的时间戳不可信，因此需要一个第三方来提供时间戳服务。时间戳协议（TSP）通过时间戳机构（TSA）来提供数据在特定时间存在的证据。

TSP 是基于简单的请求/响应模式的协议。请求时间戳的实体发送一个 TimeStampReq 消息给 TSA，以请求一个时间戳。TimeStampReq 消息中包含了待加时间戳的数据的 Hash 值，TSA 在 TimeStampReq 消息中将时间戳再传送给请求端。TimeStampReq 消息包含请求状态和时间戳。

6. OCSP

OCSP 是 IETF 颁布的用于检查数字证书在某一交易时间内是否有效的标准。在 OCSP 之前，用户没有一种方便的途径来复查证书的有效性。OCSP 为电子商务提供了一种检验数字证书有效性的途径，其比下载和处理 CRL 的传统方式更快、更方便、更具独立性。它使 PKI 体系能够在各领域更有效、安全地应用。

由于 CA 不是经常签发 CRL 的，或者是撤销证书的数量很大及用户基础很大，因此 CRL 会越变越大。当它们的体积过于庞大而变得难以使用时，就带来了另一个问题，即每次 CRL 分发会消耗大量网络带宽和客户机处理能力。此外，业务伙伴可能需要几天的时间才能收到有关撤销证书的通知，从而增加了破坏证书安全性的可能。OCSP 可实时在线地向用户提供证书状态，结果是它比 CRL 处理快得多，并避免了令人头痛的逻辑问题和处理开销。OCSP 给证书认证过程带来了效率并节省了费用，增强了用户交易的安全性。

7. LDAP

LDAP 规范（RFC1487）简化了 X.500 目录访问协议，并且在功能性、数据表示、编码和传输方面进行了相应修改。1997 年，LDAP 第 3 版成为互联网标准。目前，LDAP v3 已在 PKI 体系中被广泛用于证书信息发布、CRL 信息发布、CA 政策及与信息发布相关的各个方面。

4.6.2 基于 PKI 的应用领域

随着 Internet 的发展与普及，网络上基于信息交换的各种应用都必须得到安全保障。PKI 作为一种标准的安全基础设施，其应用范围非常广泛，并且处在不断发展中。下面介绍几种比较典型的应用 PKI 技术的实例。

PKI 提供的安全服务正是电子商务、电子政务、网上银行、网上证券等金融业交易的安全需求，也是这些活动必备且不可缺少的安全保证。没有这些安全服务提供各种安全保证，电子商务、电子政务、网上银行、网上证券等是开通不了的。

1. 电子商务

计算机技术、网络技术及其他高科技技术的发展，使得社会生活中传统的犯罪和不道德行为更加隐蔽和难以控制。人们从面对面的交易和作业，变成网上互相不见面的操作，没有国界，没有时间限制，可以利用互联网的资源和工具进行访问、攻击，甚至破坏。概括起来，电子商务面临的安全威胁主要有：

（1）信息在网络的传输过程中被截取。

（2）信息在网络的传输过程中被篡改。

（3）假冒身份。

（4）抵赖，即不承认已经做过的交易。

为了保障交易各方的合法权益，保证能够在安全的前提下开展电子商务，以下基本安全属性要求必须得到满足，即保密性、完整性、身份的真实性、不可抵赖性。

电子商务按应用模式可分为 B2B、B2C、B2G 等。一般电子商务的参与方有买方、卖方、银行和作为中介的电子交易市场。由于进行网上交易的人们不可能都互相认识，因此为了确保交易的顺利进行，必须在通信网络中建立并维持一种令人信任的环境和机制。应用最有效的安全技术，建立电子商务安全体系结构，成为电子商务建设中首先需要解决的问题。基于 PKI 的数字证书解决方案现已被普遍采用。在电子商务中，安全措施的实现主要围绕数字证书展开。

买方通过自己的浏览器登录到电子交易市场的服务器，然后寻找卖方的虚拟电子商场。当买方登录服务器时，需要相互验证对方的证书，并相互确认对方身份，这称为双向认证。

在相互确认身份后，建立安全通道，买方浏览卖方的商品，在进行讨价还价之后向电子交易市场提交订单。其中，电子交易市场起中介作用。订单包含两部分信息，一部分是订货信息，包括商品名称和价格；另一部分是提交银行的支付信息，包括金额和支付账号。买方对这两部分信息进行"双重数字签名"，并分别用电子交易市场和银行的证书公钥加密上述信息。当电子交易市场收到交易信息后，其留下订货信息，而将支付信息转发给银行。电子交易市场只能用自己专有的私钥解开用自己的公钥加密的订货信息，并验证签名，因为没有银行的私钥，解不开加密的支付信息，所以电子交易市场看不到买方的账号。同理，银行只能用自己的私钥解开加密的支付信息，并验证签名，再进行划账，而看不到买方买的商品，这样就做到了隐私的保护。银行在完成划账后，通知起中介作用的电子交易市场、物流中心和买方进行商品配送。整个交易过程都是在 PKI 提供的安全服务下进行的，做到了安全、可靠、保密和不可抵赖性。

2．电子政务

电子政务指政府机构将计算机网络技术应用于政务领域，以实现政府组织结构和工作流程的重组优化，其超越时间、空间和部门分隔的制约，建成了一个精简、高效、廉洁、公平的政府运作模式。电子政务的主要内容有网上信息发布、办公自动化、网上办公、信息资源共享等。电子政务按应用模式可分为 G2C、G2B、G2G。PKI 在电子政务中的应用主要是解决身份认证、数据完整性、数据保密性和不可抵赖性等问题。

电子政务的应用领域很多，如某个保密文件发给谁，某个保密文件哪一级的公务员有权查阅等。这就需要进行身份认证，与身份认证相关的是访问控制，即权限控制。身份认证是通过证书进行的，访问控制是通过属性证书或访问控制列表完成的。有些文件在网上传输时要进行加密，以保证数据的保密性。有些文件在网上传输时要求不能被丢失和被篡改。特别是一些保密文件的收发，必须要有数字签名，以确保不可抵赖性。只有 PKI 提供的安全服务才能保证电子政务中的这些安全需求。

3．网上银行

网上银行指借助互联网技术向客户提供信息服务和金融交易服务的新兴业务。银行在互联网上建立站点，并通过互联网向客户提供信息查询、对账、网上支付、资金划转、信贷业务及投资理财等金融服务。网上银行的应用模式有个人业务、公司业务两种。显然，在网上开通这种虚拟银行的关键问题是解决安全问题。

加强网上银行用户的身份管理，防止用户身份泄露，这是公认的消除网上银行安全隐患的最有效措施。身份认证主要包括两方面，一方面是对用户的认证，即使用网上银行服务的这个人是不是银行认定的客户；另一方面是用户对银行的认证，即用户登录的网上银行系统是不是真正的银行系统。如果没有完善的双向认证机制，那么后果是极其可怕的。因此，绝大部分银行的专业版网上银行系统都是基于 PKI 技术和数字证书建立起来的。

PKI 是网上银行安全的基础保证。网上银行的交易方式是点对点的，即客户对银行。客户端装有客户证书，银行服务器端装有服务器证书。当客户访问银行服务器时，银行首先要验证客户端证书，检查客户的真实身份，以确认其是否为银行真实客户，同时银行服务器端还要到目录服务器，通过协议查询该客户证书的有效期和其是否进入"黑名单"。认证通过后，客户端还要验证银行服务器端的证书。如上所述，此为双向认证。双向认证通过后，即可建立起安全通道。客户端提交交易信息，经过客户的数字签名并加密后传送到银行服务器端，网关转换后，再送到银行后台信息系统进行划账，并将结果进行数字签名再返回客户端。这样就做到了支付信息的保密和完整，以及交易双方的不可抵赖性。可以说，PKI 的服务与网上银行的安全要求进行了完美的结合。

4．网上证券

广义地讲，网上证券是证券业的电子商务，它包括网上证券信息服务、网上股票交易和网上银行转账等。

网上证券业务的主要风险来源于数据安全和系统本身的可靠性，因此网上交易系统的安全必须包括：网络系统安全、交易数据传输安全、应用系统的实时监控等。其中，交易数据传输安全是网上证券业务中最重要的一个环节，其安全性设计要保证数据传输的保密性、完整性、真实性和不可抵赖性。采用 SSL/SET 等安全传输机制和基于 PKI 的安全认证机制可以有效地满足网上证券的安全要求。

网上证券一般属于应用模式。股民为客户端，装有个人证书，券商为服务器端，装有服务器证书。在线交易时，券商服务器端只要认证股民个人证书，即验证是否为合法股民，这是单向认证过程。认证通过后，建立安全通道，股民在网上提交交易同样需要进行数字签名，网上信息要加密传输，券商服务器端收到交易请求并解密，然后进行资金划账，再进行数字签名，最后将结果返回给客户端。网上证券的每一交易步骤，都离不开 PKI 的支持。

4.6.3 PKI 技术的发展

随着 PKI 技术应用的不断深入，PKI 技术本身也在不断发展与变化。近年来，PKI 技术比较重要的变化有以下几个方面。

1. 属性证书

X.509 v4 增加了属性证书的概念。属性证书不同于公钥证书。国际电信联盟（ITU）给属性证书下的定义：对用户的属性和其他信息用发行此证书的证书权威机构的私钥进行数字签名而形成的证书。

说起属性证书，就不得不提授权管理基础设施（Privilege Management Infrastructure，PMI）。PMI 技术的核心思想是，以资源管理为核心，将对资源的访问控制权统一交由授权机构进行管理，即由资源的所有者进行访问控制管理。

在 PKI 技术中，授权证书非常适用于细粒度的、基于角色的访问控制领域。X.509 公钥证书的原始含义非常简单，即为某个人的身份提供不可更改的证据。但是，人们很快发现，在许多应用领域，如电子政务、电子商务应用中，需要的信息远不止身份信息，尤其是当交易双方在彼此没有任何关系的时候。在这种情况下，一个人的权限或属性信息远比其身份信息更为重要。PKI 和 PMI 的主要区别是，PKI 证明用户的身份，并将身份信息保存在用户的公钥证书中；PMI 证明这个用户有什么权限、能干什么，并将用户的所有属性信息保存在授权证书中。

为了使附加信息能够保存在证书中，X.509 v4 中引入了公钥证书扩展项。这种证书扩展项可以保存任何类型的附加数据。随后，各证书系统纷纷引入自己的专有证书扩展项，以满足各自应用的需求。

2. 漫游证书

证书应用的普及产生了证书的便携性需要。目前，能提供证书及其对应私钥移动性的实际解决方案只有两种：第一种是智能卡技术。在该技术中，公私钥对存放在智能卡上。但这种方法存在缺陷，如数据容易丢失和损坏，并且依赖读卡器（虽然带 USB 接口的智能钥匙不依赖读卡器，但成本太高）。第二种是将证书和私钥复制到一张软盘中备用，但软盘不仅容易丢失和损坏，而且安全性也较差。

一个新的解决方案是使用漫游证书。漫游证书由第三方软件提供，只要在任何系统中正确地配置，该软件（或插件）就可以允许用户访问自己的公私钥对。它的基本原理很简单，即将用户的证书和私钥放在一个安全的中央服务器上，当用户登录到一个本地系统时，从服务器安全地检索出公私钥对，并将其放在本地系统的内存中以备后用。当用户完成工作并从本地系统注销后，该软件自动删除存放在本地系统中的用户证书和私钥。

3. 无线 PKI（WPKI）

随着无线通信技术的广泛应用，无线通信领域的安全问题也引起了广泛的重视。将 PKI 技术直接应用于无线通信领域会存在两方面的问题：一是无线终端的资源有限（运算能力、存储能力、电源等）；二是通信模式不同。为适应这些需求，目前已公布了 WPKI 草案，其内容涉及 WPKI 的运作方式、WPKI 如何与现行的 PKI 服务相结合等。

WPKI 即无线公钥体系，它是将 PKI 安全机制引入到无线网络环境中的一套遵循既定标准的密钥及证书管理平台体系，可用它来管理在移动网络环境中使用的公钥和数字证书，并有效地建立安全的、值得信赖的无线网络环境。

WPKI 并不是一个全新的 PKI 标准，它是传统的 PKI 技术应用于无线通信领域的优化扩展。它采用了优化的 ECC 和压缩的 X.509 数字证书，同时采用了证书管理公钥，通过 CA 验证用户的身份来实现信息的安全传输。

WPKI 中定义了 3 种不同的通信安全模式，在证书编码方面，若 WPKI 证书格式想尽量减少常规证书所需的存储量，则采用的机制有两种：一种是重新定义一种证书格式，以此减少 X.509 证书尺寸；另一种是采用 ECC 算法减少证书的尺寸，因为 ECC 密钥的长度比其他算法的密钥要短得多。

WPKI 技术虽然有着广泛的应用前景，但在技术实现和应用方面仍面临一些问题，具体如下。

（1）与有线终端相比，无线终端的资源有限。无线终端的处理能力低，存储能力小，需要尽量减少证书的数据长度和处理难度。

（2）无线网络和有线网络的通信模式不同。由于 WPKI 证书是 IETF PKIX 证书的一个分支，因此需要考虑 WPKI 与 PKI 标准之间的互通性。

（3）无线信道资源短缺，带宽成本高，时延长，连接可靠性较低，因此在技术实现上需要保证各项安全操作的速度，这是 WPKI 技术成功的关键因素之一。

目前，很多国家都在研究 WPKI 技术，美国、日本及欧洲各国都已发展出自己的信息安全技术和产业。WPKI 领域的主流体系有 WAP FORUM 制定的 WAP PKI、日本 NTT 的 I-MODE 的安全体系、美国 PALM 公司的安全体系。这些组织的 WPKI 体系都已具备完整的协议体系，并且已在无线数据业务中得到实际应用。国内的一些厂商也正在着手 WPKI 技术的研究和开发，目前也取得了一定程度的进展。对 WPKI 技术的研究与应用还处于探索阶段，它代表了 PKI 技术发展的一个重要趋势。

本章小结

首先本章介绍了 PKI 的基础概念、核心产品及内容。PKI 是利用公钥理论和技术建立的提供安全服务的安全基础设施。数字证书是 PKI 得以实施的基础。数字证书类似于实际生活中的身份证，用于在 Internet、Extranet 和 Intranet 上进行身份验证并确保数据交换的安全。证书的颁发者和签署者是 CA。CA 的主要职责包括证书颁发、证书更新、证书废除、证书和 CRL 维护、证书状态在线查询、证书认证和政策制定等。一个完整的 PKI 系统必须具有 CA、证书库、密钥备份及恢复系统、证书作废处理系统、应用接口系统这五大组件。

其次，本章介绍了 PKI 信任模型。

再次，本章介绍了 PKI 的服务与实现。实施 PKI 服务的实体概括起来分为管理实体、终端实体和证书库。这些实体能为用户提供多样化的安全服务，其主要服务包括认证、数据完整性、数据保密性、不可抵赖性、公证服务、时间戳服务。

最后，本章介绍了 PKI 的应用。PKI 的应用很广泛。这些应用是建立在基于 PKI 的一系列相关标准之上的。笼统地说，常见的 PKI 应用包括电子商务、电子政务、网上银行、网上证券等。近年来，随着 PKI 技术应用的不断深入，PKI 技术本身也在不断发展与变化，后又出现了漫游证书、属性证书和无线 PKI 等新变化。PKI 将更好地为电子商务的进一步繁荣和发展提供坚实和强大的安全保障。

思考题

1. 什么是 PKI？PKI 有哪些组成部分？PKI 有哪些功能？
2. PKI 的作用是什么？
3. 什么叫数字证书？数字证书有什么功能？
4. 请说明 X.509 证书的格式。
5. 什么是 CRL？
6. CA 的作用是什么？
7. 请谈谈数字签名算法在 PKI 系统中的作用。
8. 常用的信任模型有哪些？请谈谈它们各自的优缺点。
9. PKI 能够提供哪些服务？
10. 请说明数字时间戳的工作原理和作用。
11. 试分析一个电子商务网站，看看它是如何利用 PKI 来保证交易安全的。

第 5 章　身份认证技术

> **内容提要**
>
> 身份认证是证实客户的真实身份与其声称的身份是否相符的过程，是电子商务安全的第一道防线，也是保证电子商务过程安全的重要手段。通过进行身份认证可以较好地避免网上交易面临的假冒、诈骗、伪造等威胁。本章重点介绍身份认证技术，包括身份认证的原理及一些基本的身份认证方法。

5.1　身份认证技术概述

5.1.1　身份认证的含义及其重要性

身份认证是证实客户的真实身份与其声称的身份是否相符的过程。每个系统都要求用户遵循一定的安全策略，如要求输入用户名和口令，这就是身份认证。

身份认证解决"你是谁"的问题，其必要性显而易见。

在日常生活中，身份认证的事例不胜枚举。例如，中国公民身份认证主要通过中华人民共和国居民身份证进行确认，当然，在要求不太严格的情况下，户口簿、军官证、驾驶证、护照等均可承担身份认证的功能。

在虚拟的网络世界中，尽管实现身份认证的机制十分复杂，但却非常必要。网络因为其特有的匿名性、不确定性和复杂性等，使人们不能轻易地相信在网络另一端的用户所声称的身份。

电子商务以互联网为基础，参与交易的主体之间不见面。为了保证每个交易活动的参与者，如个人、商家、银行等，都能唯一且无误地被识别，这就需要进行身份认证。因此，身份认证是保证电子商务安全的重要技术。

身份认证是电子商务系统安全的第一道屏障。只有通过了身份认证的用户才能进入系统、访问资源、使用服务，而非法用户则被挡在系统之外。因此，身份认证是防止对网络系统进行主动攻击的重要技术之一。

身份认证能够识别合法用户和非法用户，这是访问控制和审计的前提。如图 5-1 所示，用户在访问电子商务系统之前，首先经过身份认证系统进行身份认证，然后访问控制器根据用户的身份和授权数据库决定用户是否可以对某个资源进行访问。授权数据库由安全管理员按照需要进行配置管理。身份认证通常是网络应用系统的第一道安全防线，如登录网站等。如果身份认证系统被攻破，那么电子商务系统的所有其他安全措施将形同虚设。

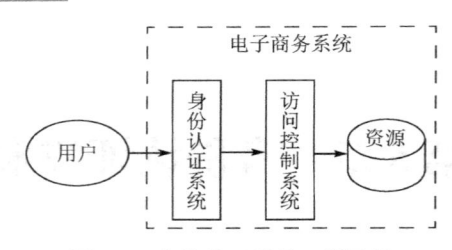

图 5-1 身份认证是第一道防线

5.1.2 身份认证的原理

身份认证确定的是身份而不是一个人。一个人可以有多个身份。例如，某同学登录到班级的共享邮箱，因为他有邮箱的用户名和密码，所以他被认证为同学中的一个，可以访问邮箱。但是他并没有被独一无二地鉴别出是哪一个同学。

认证是在必要的担保级别上确定身份的过程。秘密是电子认证的基础。秘密通常表现为：

（1）用户所知。用户知道的或掌握的信息，如口令、密码等。

（2）用户所有。用户具有的物理实体，如智能卡、硬件令牌等。

（3）生物特征。例如，指纹、声音、视网膜、人脸等。

用户知道一个秘密，而系统要该用户证明确实拥有该秘密；然后系统利用源于这个秘密的其他事项验证用户的身份；双方通过都知道的共同秘密来实现双方认证。

认证时使用的秘密个数常称为因素。1-因素也称为单因素，如口令。因为口令仅包含用户所知，如果有人知道了某一用户的口令，那么其可以访问所有通过该口令保护的任何资源。2-因素也称为双因素，如令牌。使用令牌认证需要有令牌，即用户所有和正确的 PIN（Personal Identification Number）（用户所知）。攻击者获得其中任何一个因素都是徒劳的，因为只有两个因素同时获得才可以实施攻击。显然，双因素认证获得了更高的安全性。

从用户的角度出发，身份认证至少要达到以下要求。

（1）被验证者 A 能向验证者 B 证明他的确是验证者 A。

（2）当被验证者 A 向验证者 B 证明他的身份后，验证者 B 不能获得被验证者 A 的任何秘密信息，因此验证者 B 不能模仿被验证者 A 向第三方证明他是被验证者 A。

（3）秘密参数必须安全存储。

举个简单的例子，用户 A 登录网站 B，用户 A 输入密码，网站 B 接受输入并进行某种特定运算，如 MD5 加密，然后与数据库中的密码进行比对，比对结果一样则身份认证成功。但是网站 B 的运营者并不能知道用户输入的密码是什么，因此他不能模仿用户 A 的身份登录。由于密码是加密以后存储在数据库中的，因此保证了密码的安全。

5.1.3 身份认证的方法

身份认证主要分为单向认证和双向认证。顾名思义，单向认证指通信的双方只需要一方认证。口令就是单向认证，即系统可以认证用户，而用户无法对系统进行认证。双向认证指通信双方需要互相认证。双向认证协议是最为常用的身份认证协议，它使得通信双方能互相认证对方的身份。DCE/Kerberos 是安全的双向身份认证技术。DCE/Kerberos 的身份认证强调客户机对服务器的认证，而其他大多数协议只解决了服务器对客户机的认证。

按照使用的密码技术进行划分，身份认证的方法可以分为基于对称密码的认证方法和基于公钥密码的认证方法。

身份认证的方法主要有口令认证、认证令牌、基于 IC 卡和 USB Key 的身份认证、基于数字证书的身份认证。PKI 可以实现强身份认证。

5.2 认证口令

口令是根据用户所知进行身份认证的方法，属于单因素身份认证。口令是最常用且最简单的认证方式，因为使用口令既不要求用户拥有特殊的硬件，又不需要专门的口令输入器。

口令认证方式要求每个用户都要预先在系统中注册一个用户名/口令，以后用户每次登录时，系统都要根据用户名/口令来验证用户身份的合法性。对于非法的口令，系统会拒绝该用户登录。

5.2.1 关键问题

1. 口令传输

明文口令通过 Internet 传输时会被截获，从而泄密，解决的办法是加密输入终端和认证系统之间的会话。事实上，很多的 Web 站点通过运行服务器端的 SSL 会话来简单地保护用户在 Web 浏览器中输入的口令的完整性。

2. 口令存储

无论是在客户端还是认证服务器端存储明文口令，都会产生严重的问题，具体如下。

客户端和认证服务器端都会成为攻击的首选目标。毕竟攻破它们可以获得各种各样的用户口令。系统管理员只要登录认证数据库，就能清楚地知道每一个用户的口令，不仅用户没有任何秘密，而且会给用户带来极大的安全隐患。如果认证服务器端不慎染上木马病毒，那么该木马病毒就有机会提取明文口令。因此，明文口令不能存储在任何地方。

这个问题的解决办法是使用 Hash 算法，如 MD4、MD5、SHA-1 等，计算出口令摘要。在认证过程中，无论是传输中的还是认证数据库中存储的，都是口令摘要。

尽管如此，还是会有新的威胁：重放攻击。

3. 重放攻击

如果通过搭线窃听等方法，能记录从客户端发送到认证服务器端的消息，那么可以把这些消息重放给认证系统，以获得对用户账户的访问。这种类型的攻击称为重放攻击。此时，攻击者并不知道用户的真正口令，但无关紧要，因为系统在看到正确的口令摘要后，就允许访问系统了，显然攻击成功了。

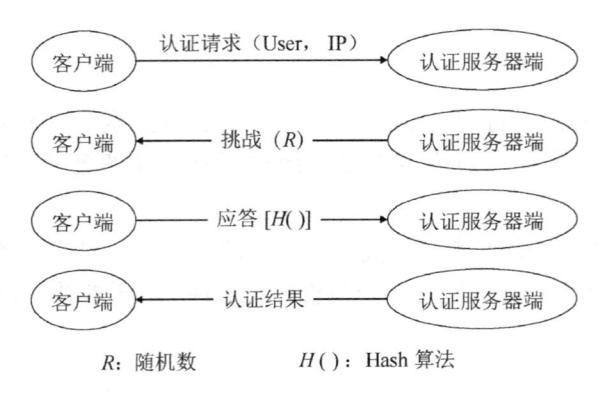

5.2.2 挑战/响应认证机制

挑战/响应认证机制是口令认证的基础。在挑战/响应认证机制中,挑战是在每次认证时,认证服务器端发送给客户端的一个不同的随机数。客户端对挑战的随机数进行加密处理,然后产生响应,最后将响应返回给认证服务器端。

挑战/响应认证机制的基本原理是引入一个变量,即随机数,从而使每次认证的会话都不一样。这样可以有效地防止重放攻击,提高安全性。挑战/响应认证机制的认证原理如图 5-2 所示。

```
客户端 ——认证请求(User,IP)——> 认证服务器端
客户端 <——挑战(R)—— 认证服务器端
客户端 ——应答[H( )]——> 认证服务器端
客户端 <——认证结果—— 认证服务器端
```

R:随机数 $H( )$:Hash 算法

图 5-2 挑战/响应认证机制的认证原理

挑战/响应认证机制的认证过程如下。

(1)用户在客户端输入自己的明文口令,明文口令用 Hash 算法(如 MD5)产生口令摘要,然后将口令从内存中删除,接着向认证服务器端发送认证请求。

(2)认证服务器端收到认证请求后,检查其是否为合法用户,若不是合法用户,则不做任何处理;若是合法用户,则认证服务器端产生一个新的随机数,即挑战。挑战用明文的方式从认证服务器端发送到客户端。挑战客户端向认证服务器端证明其拥有正确的用户口令。认证数据库中已预先存储了用户口令摘要的一个副本。

根据客户端产生响应的不同,挑战/响应认证机制有以下两种模型。

(1)加密/解密模型。客户端收到挑战后,将口令摘要作为对称加密密钥并对挑战进行加密,加密的结果称为响应。客户端把响应返回给认证服务器端。

认证服务器端从认证数据库中提取保存的用户口令摘要,并将其作为对称加密密钥进行解密而收到的响应,恢复初始挑战。如果恢复得到的挑战与先前产生的挑战匹配,那么认证服务器端断定客户端具有真实的用户口令摘要,而这个口令摘要是由用户输入的口令产生的,从而认证了用户并允许访问。否则,认证失败。

(2)并行密码计算模型。客户端收到挑战后,将挑战和用户口令摘要合并在一起,然后进行 Hash 运算,产生新的摘要,该摘要即响应。最后,客户端把响应返回给认证服务器端。

由于认证数据库中已存储了用户口令摘要的一个副本,因此认证服务器端和客户端一样,可以计算用户口令摘要和挑战共同产生的新的摘要,从而产生另一个响应。如果该响应与从客户端收到的响应匹配,那么认证成功,允许访问。否则,认证失败。

例如，Windows NT 4.0 口令认证采用了挑战/应答认证机制，用户口令摘要用 Hash 算法 MD4 产生，认证数据库为安全账号管理（Security Account Manager，SAM），挑战是 16 位的随机数。

5.3 认证令牌

令牌认证是根据用户所知（PIN 和用户所有）用令牌进行身份认证的方法。令牌认证属于双因素身份认证，并且是一次一密的，即每个令牌码只能使用一次。

5.3.1 术语

认证令牌中的常用术语如下。

令牌：通常是一个小巧的物理设备，由一个处理器、一个液晶显示屏（LCD）、一个实时时钟和一个电池构成。有些令牌可能还有一个可供输入信息的小键盘，其作用是生成一个伪随机数，然后通过液晶显示屏显示给用户。令牌输出的伪随机数通常是十进制数。

之所以称作伪随机数，是因为这些数值是在值域区间均匀分布的，虽然很像随机数，但其并非真正的随机数。这些数值是通过算法和一定的参数生成的，如果知道该算法和参数，那么可以计算出任何一个特定值。

令牌码：令牌产生的伪随机数。每个令牌码只能用于一次认证。

种子：每个令牌都有一个 64 位或 128 位的值作为生成令牌码的参数，由于其在令牌生成时保证了不同的令牌具有不同的种子，因此可确保每个令牌产生唯一的令牌码序列。

PIN：由令牌的使用者指定的字符串，用户需要保证其不被别人窃取。

密码：PIN+令牌码，在认证时需要用户输入。

令牌认证的原理：在访问受保护的资源时，用户输入用户名、令牌上显示的令牌码和 PIN。认证服务器端根据事先保存的用户令牌的种子和 PIN 计算令牌码，然后进行核对，以确定用户的合法性。

两类认证令牌：挑战/响应令牌和时间令牌。与挑战/响应令牌相比，虽然时间令牌实现复杂，但用户使用简单，因此其获得了广泛的应用。

5.3.2 时间令牌

1. 工作原理

每个令牌都有一个唯一的种子，认证服务器保存着这些种子的备份。厂家在生产令牌时会将种子和标准时间写入令牌。

时间令牌维护着一个实时时钟，其通过用种子作为加密密钥来对当前时间值进行加密和变换，并产生一个伪随机数，然后截取适当长度的数字作为令牌码。令牌码显示在令牌的液晶显示屏上。时间令牌能持续地产生令牌码。一般地，每隔 60 秒（该时间间隔可调）就能产生一个新的令牌码。

认证服务器也有一个时钟,当认证服务器收到令牌码后,其和令牌一样,通过用种子作为加密密钥来对当前时间值进行加密和变换,并产生一个伪随机数,然后截取相同长度的数字作为令牌码。如果这个令牌码与令牌产生的一样,同时认证服务器保存的用户 PIN 与收到 PIN 也一致,那么认证成功。

2. 时间窗口

认证令牌采用一次一密的方法,有效地保证了用户身份的安全性。但是如果令牌与认证服务器的时钟不能保持良好的同步,那么可能会发生合法用户无法通过认证的问题。

令牌和认证服务器时钟很难保证完全同步。令牌和认证服务器没有任何的连接关系,它们的时钟是完全独立的,由于晶振的误差,随着时间的推移,令牌时钟不可避免地会和认证服务器的时钟失去同步。

为了避免由于时钟不同步而使合法用户无法通过认证的情况,当基于时间的认证服务器发现令牌的令牌码不匹配时,它不会马上报告认证失败,而是会把它的时钟调快 1 分钟再尝试一下,如果仍然失败,那么它会把时钟调慢 1 分钟再试一下。如果再次失败,那么调整两分钟,以此类推。

通常的解决方法是:认证服务器通过以服务器时钟为基准,加上或减去 1 分钟、2 分钟……来进行尝试。减去的最大时间和加上的最大时间,这个范围称为时间窗口。如果认证服务器在时间窗口内匹配了令牌码,那么认证成功。与此同时,认证服务器也记住了令牌与认证服务器的时钟偏移量,当下次认证时,其会在当前时间的基础上加上时钟偏移量。

如果认证服务器在时间窗口内没有找到匹配的令牌码,那么可以选择一个更大的时间窗口,如加上或减去 10 分钟,然后进行尝试。如果令牌码在这个更大的时间窗口中得到匹配,那么认证服务器要求用户输入令牌上产生的下一个令牌码,以确保用户输入的令牌码不是猜测的。若第二个令牌码通过认证,则用户认证成功且认证服务器将保存新的时钟偏移量。

这些技术使得认证服务器可以跟踪每个令牌的时钟偏移,只要令牌经常被使用,就不会发生由时钟不同步造成合法用户无法认证的情况。

为了进一步提高安全性,每次认证成功后,认证服务器会记录令牌码对应的时间。对于任何新的认证,认证服务器只会检查该时间之后产生的令牌码,即认证服务器不允许令牌的时间滞后。

若时间令牌没有输入小键盘,则用户在客户端输入令牌码和 PIN 即可。

时间令牌是迄今为止最成功的认证令牌。

5.4 生物特征认证

生物特征包括指纹、掌纹、语音、视网膜、虹膜、人脸、签名等。由于生物特征独一无二,而且随身携带、难伪造、可信度高,因此生物特征认证是公认的最好的认证方法。

在所有的系统中,必须先创建生物特征模板才能进行生物认证。人们在进行身份认证时,会被要求出示个人身份特征,然后系统把新采集到的身份特征数据与数据库中的相应数据(如指纹)进行对比,如果匹配,那么用户得到授权。

1. 足够有效

生物特征认证是以"足够有效"的匹配思想为基础的。"足够有效"有以下两层含义。

（1）认证系统每次采集到的生物特征数据都存在一些小小的差异。以指纹为例，指纹的读取一般有两种方式，一种是读取设备拍下指纹的图像并对该图像进行一些处理，从而产生生物特征数据；另一种是通过传感器检测由指纹的凹凸呈现出来的电信号的微小差异来获取数据，然后对采集到的数据进行处理以创建生物特征数据。

每次把手指放到读取设备上产生的生物特征数据是不同的。这主要有几个原因，如不可能每次都把手指放在同一个位置上；有时手指比较脏或手指破了；有时读取设备发生故障等。

（2）认证系统没有生物特征的完整记录，因此生物特征数据是相当简洁的。以指纹为例，认证系统并没有指纹的完整图像记录，事实上，认证系统中存储的是指纹的一些特征点及其位置。在使用指纹认证时，系统通过定位一些特征点（如指纹的纹路始末端或出现弯曲的地方）来完成认证。一个指纹模板还不到 500 字节。

2. 生物特征模板

在认证系统中，用户必须先注册。注册是生物特征认证中最重要的一个阶段，其目的是采集生物特征数据，用于创建生物特征模板。

某一次的生物特征数据和另一次的生物特征数据的差异称为噪声。噪声具有随机性，但信号相对稳定。因此，通过多次采集生物特征数据，然后进行均匀化处理，噪声就能被抵消，而信号会得到加强。

如果希望创建最佳的生物特征模板，那么在注册过程中会要求用户多次出示生物特征，然后认证系统加工处理采集到的信息并生成生物特征模板。从安全和生物特征匹配的观点看，应收集尽可能多的生物特征数据，以产生一个有效的生物特征模板。然而，用户却希望注册过程越简单越好。因此，注册时出示生物特征的次数需要在易用性和安全性方面进行权衡。

一种权衡就是采取二次注册。首次注册很简单，一般只要求两次生物特征数据采集，这样得到的生物特征模板有很多不足。当用户使用认证系统时，如果认证成功，那么认证系统把当前收集的用户生物特征数据和存储在系统中的生物特征模板均衡化，并用新模板替换旧模板。通过这种方式，用户认证系统的注册次数越多，生物特征模板越有效。

3. 认证匹配

密码系统进行的是精确匹配，而生物特征认证系统则使用近似匹配。

在一个生物特征认证系统中，匹配软件把新收集到的生物特征数据与存储在数据库中的生物特征模板进行匹配，看结果是否在有效范围内。有效性取决于生物特征的类型和生物特征系统使用的匹配算法。生物特征系统至少要有 2 个可配置的参数，即错误接受比（False Accept Ratio，FAR）和错误拒绝比（False Reject Ratio，FRR）。

FAR 是衡量用户本该遭到拒绝却被系统接受的可能性。FRR 是衡量用户本该被系统接受却遭到拒绝的可能性。FAR 和 FRR 互相制约。如果减少系统拒绝合法用户的可能性，那么非法用户通过认证的概率将大大增加；如果使用更加严格的策略使非法用户进入系统的可能减小，那么合法用户被拒之门外的概率将随之上升。

匹配算法就是要在方便性、安全性、FAR、FRR、价格和性能之间进行权衡。因此，不同的匹配算法具有各自的特点。

4．易用性和安全性

易用性和安全性始终是矛盾的。为了达到易用性的目的，生物特征认证通常采用单因素认证方案。为了提高安全性，将生物特征与其他因素结合，构成双因素认证方案，如生物特征结合口令（用户所知）或利用生物特征激活智能卡（用户所有）等。此外，还可以进一步产生 3-因素认证方案，如生物特征（如指纹、人脸）、智能卡、用于开启智能卡的 PIN。3-因素认证方案确实增加了安全性，但是认证系统却变得复杂并难以使用。选择单因素、双因素认证方案，还是 3-因素认证方案，取决于强调安全性还是强调易用性。

5．存储特征模板

现在人们经常使用生物特征（如指纹、人脸）认证，如启动平板电脑、手机或笔记本电脑等。生物特征认证最大的好处就是方便，但也隐藏了安全性问题。如果系统启动仅需要出示指纹，那么系统中的 BIOS 软件必须访问明文的生物特征模板进行匹配。

若要系统正常工作，则生物特征模板或以明文方式存在，或以存储在计算机硬件上的静态口令进行加密存储，因为使用时用户既不用输入口令，又不必通过智能卡的其他方式提供密钥，如果除生物特征认证之外，用户还要提供 PIN 或口令，那么背离了易用性的设计原则。归根到底，生物特征模板是以明文方式存储在 BIOS 扩展区中的，这绝不是安全方案。

通常，只要用户出示生物特征进行认证，并且生物特征模板是存储在生物特征识别器中的生物特征认证系统中的，那么生物特征模板就是以明文或以静态口令进行加密存储的。

在大多数安全的生物特征认证方案中，生物特征模板被通常存储在第二方的一个后台认证服务器中。用户在客户端（通常是计算机）出示生物特征后，新采集的生物特征数据通道加密会话并（如服务器端 SSL）传到后台服务器，后台服务器再查找数据库中的用户生物特征模板进行匹配。如果匹配有效，那么客户端将收到认证成功的消息。出于安全的考虑，存储生物特征模板的数据库必须加密存储，而且其加密密钥应用智能卡或其他令牌保存。对数据库的保护可以根据实际情况采用不同的方案。

6．存在的问题

在生物特征认证领域还存在一些问题，具体如下。

（1）生物特征模板是极具个性化的信息，必须得到恰当的保护。例如，当采用加密存储时，尽可能使用一些可撤销生物特征模板的技术。

（2）某些用户群体不能使用生物特征。

（3）可能会遭受欺骗或重放攻击，因此需要某些机制的保护，如新鲜性检测或要求用户在每次认证时做一些不同的特定操作。

（4）面临的社会问题是多层面的。

（5）生物特征是不可撤销的凭证。

本章小结

身份认证是证实客户的真实身份与其声称的身份是否相符的过程，是电子商务安全的第一道防线，也是主动防御技术之一。

身份认证确定的是身份而不是一个人。秘密是电子认证的基础，通常表现为用户所知、用户所有、生物特征等。在进行身份认证时，使用秘密的个数称为因素，常用单因素或双因素认证，但 3-因素认证显然安全性更高，但是易用性最差。各种安全策略必须在易用性和安全性方面进行权衡，易用但不安全或安全到无法使用都没有任何意义。

认证系统必须确保秘密安全，安全的策略要求认证系统不能用明文存储、传输秘密，即使系统管理员也无法获知用户的秘密。换句话说，就是除用户自己以外，明文秘密不出现在认证系统中。

口令是单向认证，即系统可以认证用户，而用户无法对系统进行认证。DCE/Kerberos 是安全的双向身份认证技术。DCE/Kerberos 的身份认证强调客户机对服务器的认证，而其他产品只解决了服务器对客户机的认证。

口令是根据用户所知进行身份认证的方法，属于单因素身份认证。口令是最常用且最简单的认证方式，但是由于用户常常不按规则使用，因此口令容易泄露。

挑战/应答认证机制是口令认证的基础。它引入一个变量即随机数（挑战），从而使每次认证的会话都不一样，因此可以有效地防止重放攻击，从而提高安全性。

令牌认证是根据用户所知（PIN）和用户所有（令牌）进行身份认证的方法，属于双因素身份认证，并且是一次一密的。时间令牌是迄今为止最成功的认证令牌。

生物特征认证是公认的最好的认证方法，它以"足够有效"的匹配思想为基础，要解决的关键问题有生物特征模板的采集和存储、协调易用性和安全性等。然而，目前大多数方案都是明文存储生物特征模板的，这带来了极大的安全隐患。

身份认证的方法还有基于 IC 卡和 USB Key 的身份认证、基于数字证书的身份认证。PKI 是一个电子商务安全解决方案，可以实现强身份认证。

思考题

1．什么是身份认证？试说明身份认证的基本原理。
2．身份认证的基础是什么？
3．身份认证系统中的"因素"是什么？试分析 3-因素认证的利弊。
4．请举例说明口令认证系统的工作原理。
5．简述挑战/应答认证机制的工作原理。
6．试解释令牌认证中的术语：令牌、种子、令牌码、PIN、密码。
7．为什么说令牌认证是一次一密的？这样有什么好处？
8．请说明时间令牌的工作原理。
9．在令牌认证中，如何解决令牌与认证服务器时钟同步的问题？
10．请解释生物特征认证的"足够有效"的匹配思想。

第 6 章 访问控制技术

> **内容提要**
>
> 访问控制是对合法用户进行访问权限控制的。非法用户已经被身份认证挡在了系统之外,但并非身份合法就什么都可以做,还要根据不同的访问者,规定他们分别可以访问哪些资源,以及用什么方式访问这些资源。访问控制就是解决这个问题的。
>
> 本章阐述了访问控制的概念与原理,然后分别介绍了访问控制的结构、访问控制策略、访问控制模型。

6.1 访问控制的概念与原理

6.1.1 访问控制的概念

身份认证解决了访问者是否为合法者的问题,但并非身份合法就什么都可以做,还要根据不同的访问者,规定他们分别可以访问哪些资源,以及用什么方式访问这些资源(如读、写、删除等)。访问控制就是解决这个问题的。

访问控制是建立在身份认证的基础之上的,其目的是控制和管理合法用户访问资源的范围和访问方式,防止非法用户的入侵或合法用户对资源的误用或滥用,从而保证受控、合理地使用资源。访问控制是基于权限管理的一种非常重要的安全策略,也是实现信息系统安全的重要技术之一。

访问控制主要包含以下要素。

(1)主体(Subject):发起访问的一方,如用户、客户端;也可以是任何主动发出访问请求的智能体,如程序、进程、服务等。

(2)客体(Object):接受访问的一方,包括所有能被主体访问的资源,如程序、进程、数据、文件、内存、应用系统、设备、设施等。在不同应用背景下,客体可以有相当广泛的定义,如在操作系统中可以是一段内存空间;在数据库里可以是一个表中的记录;在 Web 上可以是一个页面。客体也可以是各种物理设备或设施,在这些设备或设施中运行着重要的应用系统或存储着机密的数据。

(3)访问控制策略:访问控制就是控制和管理主体对客体的访问;访问控制策略是对这些访问进行约束的一组规则,这些规则规定了主体用什么方式访问客体,从而保证主体对客体的使用是受控的。

(4)权限:主体对客体的访问方式称为权限,通常指对客体的一种操作,如读、写、修改、复制、删除、执行等。操作的具体方式取决于客体的类型，如请求分配一段内存空间、修改数据库中表的记录、浏览网页等。权限由访问控制策略制定。

（5）授权：设定主体访问权限的机制称为授权。

6.1.2 访问控制的原理

访问控制的基本原理如图 6-1 所示。

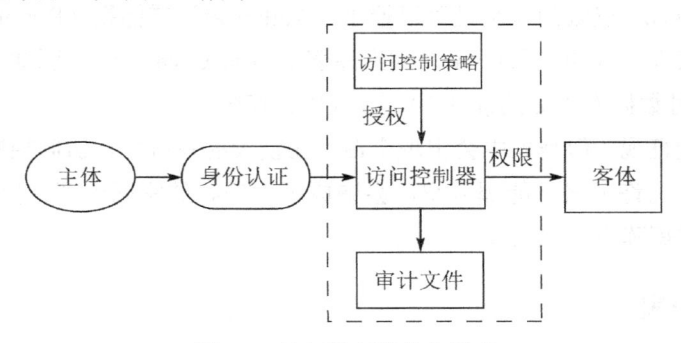

图 6-1 访问控制的基本原理

身份认证是电子商务系统的第一道防线，通过身份认证可识别出合法主体，并拒绝非法主体的访问请求。

访问控制器根据预先设定的访问控制策略对合法主体进行授权。通过授权，主体可以在一个规定的、受控的范围使用客体。访问控制器可实时监控主体对客体的每一次访问，并把相关的信息，如主体、客体、访问时间、操作权限等存入审计文件。

安全审计可创建主体活动的事件记录，通过这些记录可检查异常或可疑的活动。如果无法记录对访问控制策略的遵守程度，那么建立访问控制策略将毫无意义。因此，没有恰当的审计，就没有真正的安全。

通过访问控制使主体对客体的访问是可控的。访问控制不仅保护了客体的安全，而且维护了主体的利益，更重要的是建立了良好的电子商务秩序。访问控制是一个安全系统必须具备的能力。

6.2 访问控制的结构

对于单个主体和客体，可对访问控制进行单独的定义，但对于数量众多的主体和客体，就要设计一种合适的实现结构了。下面介绍几种常用的访问控制结构。

6.2.1 访问控制矩阵

访问控制矩阵也称为访问许可矩阵，它是二维控制矩阵。在二维控制矩阵中，每行代表一个主体，如用户；每列代表一个客体，即访问目标。行列交叉点上的值是主体对客体访问权限的集合。访问控制矩阵如表 6-1 所示。

表 6-1 访问控制矩阵

用　　户	数据库表 1	数据库表 2	数据库表 3
用户 A	Own，R，W	Own，R，W	
用户 B	R		Own，R，W
用户 C	R，W	R	R，W

在表 6-1 中，Own 权限的含义是可以授予（Authorize）或撤销（Revoke）其他用户对该资源的访问控制权限。例如，用户 A 对数据库表 2 具有 Own 权限，因此他可以授予或撤销用户 B 或用户 C 对数据库表 2 的读（R）、写（W）权限。

访问矩阵比较直观，但是表中会出现空白。在较大的系统中，访问控制矩阵将变得非常巨大，而且矩阵中的许多格可能都为空，会造成很大的存储空间浪费，因此在实际应用中，访问控制很少通过矩阵方式来实现。

6.2.2　访问能力表

能力（Capability）是受一定机制保护的客体标志，其标记了某一主体对某一客体的访问权限。某一主体对某一客体有无访问能力，表示该主体能不能访问那个客体；某一主体对某一客体具有什么样的能力，表示该主体能对那个客体进行一些什么样的访问。

访问能力表着眼于某一主体的访问权限，从主体出发描述控制信息，很容易获得一个主体被授权可以访问的客体及其权限。但要从客体出发获得哪些主体可以访问它，这就困难了。针对表 6-1，构造访问能力表，如图 6-2 所示。

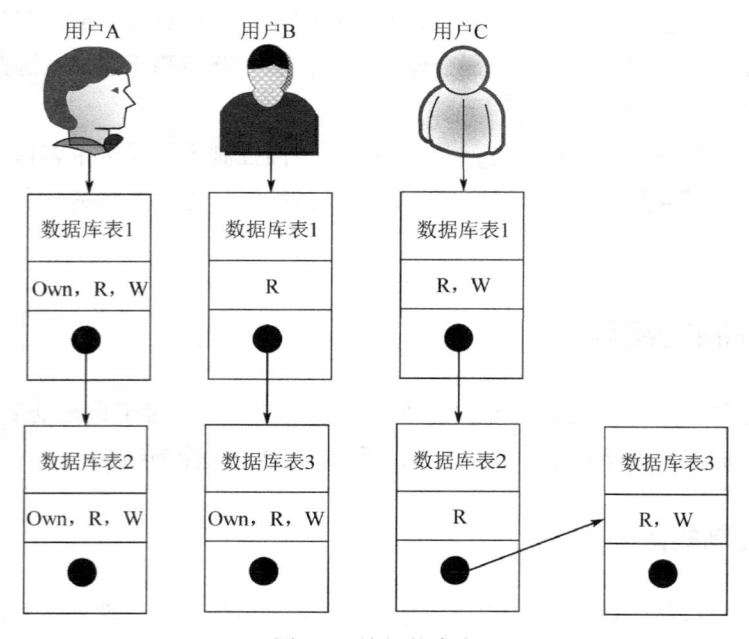

图 6-2　访问能力表

6.2.3 访问控制表

访问控制表（Access Control List）与访问能力表正好相反，它从客体出发描述控制信息，可以对某一资源指定任意用户的访问权限。图 6-3 是表 6-1 的访问控制表。

访问控制表的优点是，可以很容易地查出对某一特定资源拥有访问权的所有用户，以及有效地实施授权管理。访问控制表是目前应用最多的一种实现形式。

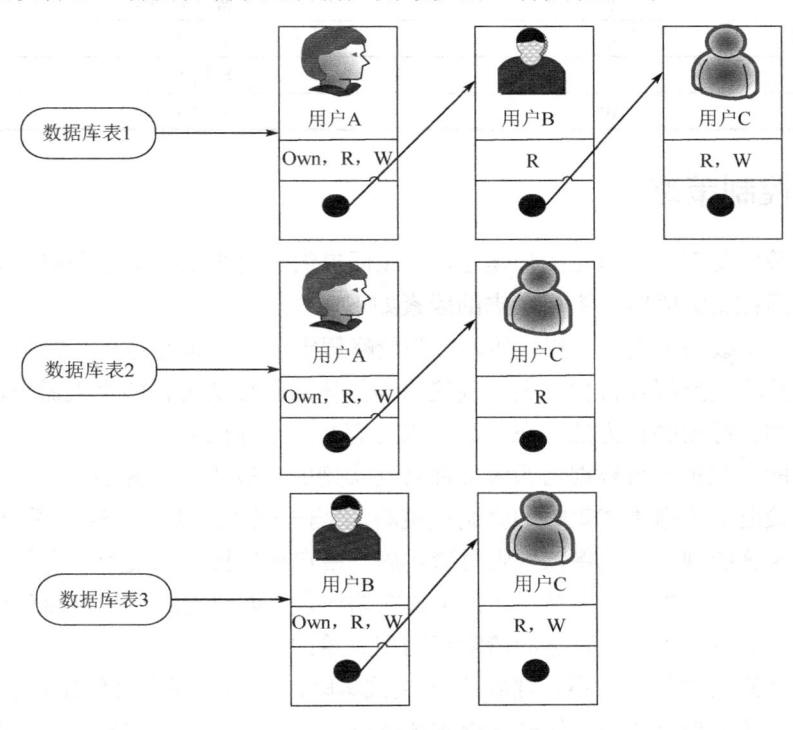

图 6-3 访问控制表

6.2.4 授权关系表

授权关系表（Authorization Relations List）描述了主体和客体之间各种授权关系的组合，便于使用关系数据库进行存储。按照主体进行排序，得到与访问控制表对应的二维表；按照客体进行排序，得到与访问能力表对应的二维表。表 6-2 是表 6-1 的授权关系表。

表 6-2 授权关系表

主 体	访 问 权 限	客 体
用户 A	Own	数据库表 1
用户 A	R	数据库表 1
用户 A	W	数据库表 1
用户 A	Own	数据库表 2
用户 A	R	数据库表 2
用户 A	W	数据库表 2
用户 B	R	数据库表 1

续表

主　体	访问权限	客　体
用户 B	Own	数据库表 3
用户 B	R	数据库表 3
用户 B	W	数据库表 3
用户 C	R	数据库表 1
用户 C	W	数据库表 1
用户 C	R	数据库表 2
用户 C	R	数据库表 3
用户 C	W	数据库表 3

6.3 访问控制策略

访问控制策略是在一个特定的环境里，为保证提供一定级别的安全保护而必须遵守的规则。在制定访问控制策略时，主要考虑的因素如下。

（1）在哪一个级别上进行授权决策。一些策略假定全部决策都是在有组织的级别上被控制的；而其他策略支持授权机构代表，决策由为具体的目标负责任的个人做出。

（2）用户和目标用哪种方法连在一起，以达到共同操作的目标。

（3）策略的哪些扩展可根据由系统部件自动实施的一般规则来陈述。

访问控制策略分为自主式策略和强制式策略。对于一个安全区域，通常采用强制式策略，其基于能自动实施的规则。为将该规则付诸实施，用户和目标必须使用一个很大的组。自主式策略为特定的用户提供访问信息。就自主式策略而言，如何将用户和目标分组有很大的灵活性，其范围可从单个用户和目标的清晰识别到大组的使用。

OSI 安全体系结构使用的不是强制式/自主式策略，而是用基于身份和基于规则的策略。在实际应用中，基于身份的策略等同于自主式策略，基于规则的策略等同于强制式策略。

6.3.1 基于身份的策略

基于身份的策略的目的是对数据或资源的访问进行筛选，即用户可访问资源的一部分（访问控制表），或者由系统授予用户特权标记或权力。在这两种情况下，数据项的多少会有很大变化。基于身份的策略分为基于个体的策略和基于组的策略。

（1）基于个体的策略。基于个体的策略用用户可以对一个目标实施哪一种行为的列表来表示。这等价于用一个目标的访问矩阵来描述。基于表 6-3 可以给出对目标的访问策略，如对目标数据库表 1，允许用户 A 读、写和管理；允许用户 B 读；允许用户 C 和用户 D 读和写。

表 6-3　访问控制矩阵

用　户	数据库表 1	数据库表 2	数据库表 3
用户 A	Own，R，W	Own，R，W	
用户 B	R		Own，R，W

续表

用 户	数据库表 1	数据库表 2	数据库表 3
用户 C	R，W	R	R，W
用户 D	R，W	R	R，W

基于身份的策略陈述总是依赖于一个暗含的或清晰的默认策略，而基于个体的策略是基于身份的策略的一种类型，因此基于个体的策略陈述也总是依赖于一个暗含的或清晰的默认策略。在表 6-3 中，假定的默认策略是所有用户被所有的许可否决。这是最常用的默认策略，这类策略遵循最小特权原则。最小特权原则要求最大限度地限制每个用户为实施授权任务所需要的许可集。这种原则的应用避免了来自偶然事件、错误或未授权用户的危险。

在一个公开的公告板环境中，默认策略也许是所有可得到的公开信息。另外，像在后面讨论的企业雇员的例子那样，多重策略可同时应用于一个目标。有效的默认策略也可能是某一别的策略，该策略可为某一用户或某些用户提供清晰的访问许可。由于这个原因，对确定的用户关于确定的目标，基于身份的策略通常也提供清晰的否认许可。

在一个企业中，一般的规则是允许雇员以读操作访问所有的专业技术信息。然而，有时也有例外。例如，一个雇员由于违纪行为不允许访问更多的敏感目标，则可通过保持一个简单的默认策略（许可读）来实现。

对于处理像窃取口令、偷窃个人认证器件这样的情况，否认限制是有价值的，其方法是对于关心的所有目标，在已存在的策略集之上简单地添加一个合适的否认限制。

（2）基于组的策略。基于组的策略是允许一组用户对一个目标具有同样的访问许可。例如，当许可被分配给一个队的所有成员或一个组织的一个部门的所有成员时，采取的就是基于组的策略。当将多个用户组织在一起并赋予他们一个共同的识别标识符时，可以把访问控制矩阵的多个行压缩为一行。例如，在表 6-3 中，如果用户 A 和用户 D 形成一个组，那么对目标数据库表的访问控制策略可通过以下陈述来表达。

① 用户组由用户 A 和用户 D 组成。
② 对目标数据库表 1，允许用户 A 读、写和管理，而允许用户组读和写。

其中，第①条陈述可被目标重复使用，如目标数据库表 1。再者，组的成员可以被改变但不会影响许可陈述（如第②条陈述）。这些特征往往使基于组的策略在表示和实现方面比基于个体的策略更容易和更有效。

6.3.2 基于规则的策略

基于规则的策略分为多级策略和基于间隔的策略。

（1）多级策略。多级策略广泛用于政府机密部门，也可以用于非机密部门。多级策略可自动控制执行，用于保护数据的非法泄露和数据的完整性。

一个多级策略分配给每个目标一个密级，密级层次表如表 6-4 所示。每个用户从相同的层次中分配一个密级。目标的密级反映了目标的敏感性。用户的密级反映了用户的可信程度。

表 6-4　密级层次表

密　级	英 文 对 照
绝密	TOP SECRET
秘密	SECRET
机密	CONEIDFNTIAL
限制	RESTRACTED
无密	UNCLASSIFIED

与多级策略有关的传统规则在美国可信计算机系统评估准则（Trusted Computer System Evaluation Criteria，TCSEC）中有具体描述。多级策略的基础数学模型是由 Bbll 和 LaPadula 得到的。这种模型定义了在用户和目标的安全级别之间的一种形式关系，称为统治关系，其对许可的只读访问和只写访问都有明确规定。

只读访问规则又称为简单安全条件，它规定一个拥有给定等级的用户只能读具有相同等级或更低等级的数据。只写访问规则通常称为"*"特性，它规定一个拥有给定等级的用户只能向具有相同等级或更高等级的目标写数据。制定这个规则是为了防止未授权用户无须授权就可以删除有密级的数据及防止特洛伊木马攻击。另外，当数据连接多个目标时，有一规则规定分配它们中的最高密级。Biba 提出了一个针对完整性情况的策略模型，应用这种模型，可为目标分配一个完整性密级和敏感性密级。

（2）基于间隔的策略。在基于间隔的策略中，目标集合关联安全间隔或安全类别，并通过它们来分离其他目标。用户需要给每一个间隔分配一个不同的密级，以便能访问该间隔中的目标。例如，在一个公司中，不同的间隔可能定义为合同和职员。一个间隔的等级不必指示相同等级的其他间隔的等级。此外，一个间隔的访问可能受控于特殊的规则。例如，在一个特定的间隔，两个被删除的用户为了恢复数据可能需要提出一个联合请求。

6.4　访问控制模型

若要实现严格的访问控制，则必须建立规范的访问控制模型。1985 年，美国公布了可信计算机系统评估准则，其中给出了两种著名的访问控制模型：自主访问控制（Discretionary Access Control，DAC）模型和强制访问控制（Mandatory Access Control，MAC）模型。1992 年，Ferraiolo 和 Kuhn 提出了基于角色的访问控制（Role Based Access Control，RBAC）模型，该模型广泛用于多用户企业信息系统。1997 年，Thomas 和 Sandhu 提出了基于任务的访问控制（Task-based Access Control，TABC）模型，用于解决在执行过程中，各工作之间因并行访问同一资源而产生的并发控制问题。

6.4.1　自主访问控制模型

自主访问控制模型是根据自主访问控制策略建立的一种模型，也是一种常用的访问控制方法。自主指主体能够自主地（或间接地）将访问权或访问权的某个子集授予其他主体，并允许合法用户以用户或用户组的身份访问规定的客体，同时阻止非授权用户访问客体。此外，某些用户还可以自主地把自己拥有的客体访问权限授予其他用户。简而言之，自主访问控制模型就是由拥有资源的用户决定另一个或另一组主体可以在什么程度上访问哪些资源。

为实现自主访问控制，访问控制矩阵内的内容必须以某种形式进行保存和管理。如果把整个矩阵保存下来，不仅实现起来不方便，而且效率很低。因此在具体实现时，通常采用访问控制表和访问能力表。

自主访问控制模型的最大特点是，由授权主体或特权主体（一般是系统管理员或高层领导）按照访问控制表赋予用户的权限，允许或限制其他用户访问某种客体资源。同时，某些特权用户还可以自主地把自己拥有的客体访问权限授予其他用户。用户权限的传递使没有访问权限的用户最终获得了访问权限，或者获得了需要的资源。由此可见，自主访问控制模型是一种任意访问控制，它的安全防护程度较低，不能给系统提供足够的安全保护。

自主访问控制模型的自主性决定了它是一种限制比较弱的访问控制策略。这种方式给用户带来了灵活性，也带来了更大的安全隐患。

6.4.2 强制访问控制模型

强制访问控制模型为所有的主体和客体指定安全等级，从高到低分为绝密、机密、秘密和无密。不同的等级标记了不同重要程度和能力的实体。不同等级的主体对不同等级的客体的访问是在强制的安全策略下实现的。

在强制访问控制模型中，将安全等级进行排序，如果按从高到低排列，那么可以规定高等级单向访问低等级，也可以规定低等级单向访问高等级。访问操作可以是读、写或修改。

主体对客体的访问方式主要有以下 4 种。

（1）向上读：当主体的安全等级低于客体信息资源的安全等级时，允许读操作。

（2）向下读：当主体的安全等级高于客体信息资源的安全等级时，允许查阅的读操作。

（3）向上写：当主体的安全等级低于客体信息资源的安全等级时，允许执行写操作。

（4）向下写：当主体的安全等级高于客体信息资源的安全等级时，允许写操作。

向上读、写的方式保证了信息流是单向的；上读下写的方式保证了数据的完整性；上写下读的方式保证了信息的秘密性。

为了保障信息的完整性，低等级的主体可以读高等级客体的信息（不保密），但低等级的主体不能写高等级的客体（保障了信息完整性），因此采用的是上读下写的策略，即属于某一安全等级的主体可以读本等级及本等级以上的客体，也可以写本等级及本等级以下的客体。例如，机密主体可以读绝密、机密的客体，也可以写机密、秘密、无密的客体。这样，低等级的用户可以看到高等级的信息，因此信息内容可以无限扩散，从而使信息的保密性得不到保障；但低等级的用户永远无法修改高等级的信息，从而保障了信息的完整性。

与保障信息完整性的策略相反，为了保障信息的保密性，低等级的主体不可以读高等级的信息（保密），但低等级的主体可以写高等级的客体（信息完整性可能破坏），因此采用的是下读上写策略，即属于某一安全等级的主体可以写本等级及本等级以上的客体，也可以读本等级及本等级以下的客体。例如，机密主体可以写绝密、机密的客体，也可以读机密、秘密、无密的客体。这样，低等级的用户可以修改高等级的信息，因此信息完整性得不到保障；但低等级的用户永远无法看到高等级的信息，从而保障了信息的保密性。

实体的安全等级用敏感标记（Sensitivity Label）表示。敏感标记简称标记，是表示实体安全等级的一组信息。在安全机制中，将标记作为强制访问控制决策的依据。当输入未加安全等级的数据时，系统应向授权用户要求这些数据的安全等级，并对收到的安全等级进行审计。

强制访问控制和自主访问控制最大的区别是，相应的安全策略是否允许用户改变自己所属对象的安全标志。但是，在强制访问控制下，所有的访问标志和访问权限变更处于一个集中的策略管理器的管理之下，用户甚至不能改变自己创建的对象的安全标签。强制访问控制进行了很强的等级划分，因此其常用于军事领域。在强制访问控制中，最著名的是多级安全系统，这种系统以敏感度来划分资源的安全等级。多级安全系统是通过对主、客体的安全等级和客体操作进行限制来实现的。

若自主访问控制较弱，而强制访问控制又太强，则会给用户带来许多不便。因此，在实际应用中，往往将自主访问控制和强制访问控制结合在一起使用，将自主访问控制作为基础的、常用的控制手段；将强制访问控制作为增强的、更加严格的控制手段。某些客体可以通过自主访问控制进行保护，而重要资源必须通过强制访问控制进行保护。

6.4.3 基于角色的访问控制模型

1996 年，Ravi Sandhu 等人提出了 RBAC96 模型；1997 年，他们进一步提出了 ARBAC97 模型，又称为分布式角色管理模型，其基本思想是利用 RBAC 模型本身进行 RBAC 模型的管理。2001 年 8 月，美国国家技术与标准局（National Institute of Standards and Technology，NIST）发表了 RBAC 建议标准。RBAC 建议标准综合了该领域众多研究者的共识，其包括两个部分：参考模型和功能规范。参考模型定义了 RBAC 模型的通用术语和模型构件，并且界定了标准讨论的 RBAC 领域范围，包括 4 部分：核心 RBAC（Core RBAC）、等级 RBAC（Hierarchal RBAC）、静态职责分离（Static Separation of Duty，SSD）、动态职责分离（Dynamic Separation of Duty，DSD）。功能规范定义了 RBAC 的 3 类管理操作：管理功能、系统支持功能和审查功能。

1. RBAC 模型的基本概念

主体（Subject）：能访问或使用客体的活动实体，通常指系统用户或代表用户进行操作的进程、作业或任务。

客体（Object）：被访问的对象。所有系统内的活动都可视为对客体的一系列操作。通常将客体形象化为一个文件，包括操作系统中的文件或目录，还有数据库系统中的列、行、表、视图或系统可以使用的资源，如打印机、磁盘空间等。

用户（User）：一个可以独立访问计算机系统中的数据或数据表示的其他资源的主体，可以是人、进程等，一般指人。

角色(Role)：一个组织中的某一特定的职能岗位，带有特定的任务范畴，如经理、会计、出纳、教师等。

权限（Permission）：对特定对象的操作模式的许可，表示对系统中的客体进行特定模式的访问操作，其与实现的机制密切相关。权限的本质取决于系统的实现细节，如操作系统中保护的对象是文件、目录、设备等资源，相应的操作模式有读、写、执行等，而在关系数据库管理系统中，保护的对象是关系、元组、属性、视图，相应的操作模式有查询、更新、删除、插入等。

用户-角色分配（User-Role Assignment）：为用户分配一定的角色，即建立用户与角色的多对多关系。

角色-权限分配（Role-Permission Assignment）：为角色分配一组访问权限，即建立角色与访问权限的多对多关系。通过角色将用户与访问权限联系起来，用户具有其拥有各角色的访问权限的总和。

会话（Session）：会话对应一个用户和一组激活的角色，表示用户的某种角色的激活过程。一个用户可以进行几次会话，在每次会话中可以激活不同的角色，这样用户也将具有激活的角色所具有的各种权限。用户必须通过会话才能激活角色。

2．RBAC 模型的基本思想

RBAC 模型是以角色为中介对用户进行授权控制的。系统安全管理员可根据需要定义各种角色，并为其设置合适的访问权限，然后根据用户担任的工作职责或级别分配相应的角色，从而使用户获得相关的权限集。其中，角色可以看成是一个表达访问控制策略的语义结构，它可以表示承担特定工作的资格，如外科医生、药剂师等，也可以体现某种权利与责任，如护士长、值班医生等。一个学校可以有教工、老师、学生和其他管理人员等角色；一个银行包含的角色可以有出纳员、会计师、贷款员等。他们的职能不同，拥有的访问权限也不同。RBAC 模型根据用户在组织内所处的角色做出访问授权与控制，但用户不能自主地将访问权限传给他人。例如，在医院里，医生这个角色可以开处方，但其无权将开处方的权力传给护士。

在引入角色的管理模式后，资源授权管理过程分成两个部分，即首先实现访问权限与角色关联，然后实现角色与用户关联，从而实现用户与访问权限的逻辑分离，如图 6-4 所示。

图 6-4　RBAC 模型的基本思想

RBAC 模型从控制主体的角度出发，根据管理中相对稳定的职权和责任来划分角色，并将访问权限与角色关联。这点与传统的强制访问控制模型和自主访问控制模型将权限直接授予用户的方式不同；RBAC 模型通过给用户分配合适的角色，让用户与访问权限关联。角色成了访问控制中访问主体和受控对象之间的一座桥梁。

同一个用户可以是多个角色的成员，即同一个用户可以扮演多个角色。例如，一个用户可以是老师，也可以是在职的学生。同样，一个角色可以拥有多个用户成员，这与现实是一致的。例如，一个人可以在同一部门中担任多种职务，而且担任相同职务的可能不止一人。因此，RBAC 模型提供了一种描述用户和访问权限之间的多对多关系。角色可以划分成不同的等级，并通过角色等级关系来反映一个组织的职权和责任关系。这种关系具有反身性、传递性和非对称性特点，通过继承行为形成一个偏序关系。RBAC 模型通过定义不同的约束规则来对模型中的各种关系进行限制，最基本的约束是相互排斥约束和基数限制约束，它们分别规定了模型中的互斥角色和一个角色可被分配的最大用户数。

RBAC 模型的优势在于它对管理能力的支持。一个 RBAC 模型建立起来后，其主要的管理工作是分配或取消用户的角色。当用户的职责发生变化时，赋予用户不同的角色，也就改变了用户的权限。当组织的功能发生变化或演进时，只要删除角色的旧功能，增加新功能或定义新角色，而不必更新每一个用户的权限设置。RBAC 模型不仅可以有效克服自主访问控制模型和强制访问控制模型存在的不足，而且可以减少授权管理的复杂性，降低管理开销，并为管理员提供一个较好地实现安全策略的环境。由于 RBAC 模型在目前大量存在的商业及政府部门系统安全需求方面显示出极大优势，因此 RBAC 模型已经成为传统访问控制方法的发展和补充。

本章小结

身份认证解决了访问者是否为合法者的问题，但并非身份合法就什么都可以做，还要根据不同的访问者，规定他们分别可以访问哪些资源，以及用什么方式访问这些资源。访问控制就是解决这个问题的。

访问控制根据预先设定的控制策略对合法主体进行授权。通过授权，主体可以在一个规定的、受控的范围使用客体。访问控制系统实时监控主体对客体的每一次访问，并把相关的信息，如主体、客体、访问时间、操作权限等存入审计文件。

安全审计用于创建主体活动的事件记录，因此其可以检查异常或可疑的活动。没有恰当的审计，就没有真正的安全。

访问控制的控制结构主要有访问控制矩阵、访问能力表、访问控制表。

访问控制策略主要包括基于身份的策略和基于规则的策略。

访问控制模型有自主访问控制模型、强制访问控制模型、RBAC 模型等。

思考题

1．什么是访问控制？访问控制的要素有哪些？请解释它们各自的含义。
2．访问控制的基本原理是什么？
3．访问控制策略有哪些？
4．什么是自主访问控制模型？什么是强制访问控制模型？什么是 RBAC 模型？说说它们之间的区别。
5．请论述 RBAC 模型的基本思想。

第 7 章　互联网安全技术

> **内容提要**
>
> 电子商务系统是以互联网为基础的。互联网为电子商务带来的最大好处是 24×7 小时不间断的服务,这既降低了经营的成本,又提高了信息交互的速度。然而,互联网是一个以资源共享为目的的、开放的、公共的网络,因此安全性是互联网最薄弱的环节。所以,建设一个安全的网络环境才能更好地推动电子商务的发展。
>
> 本章重点介绍了利用防火墙、入侵检测系统、虚拟专用网络、计算机病毒及其防护技术构建安全的网络环境。

7.1　网络安全概述

虽然互联网起源于军事网络,但是互联网的设计并未考虑安全性。原因是军方通常以密文传输重要的军事信息,军方构建网络的目的是提供多条路径以传输关键的军事信息,即提供众多的、冗余的传输通路。当一个或多个通信线路被切断时,信息仍然可以及时地传送到目的地。

互联网在不断发展演变的过程中,并没有增加安全机制。目前,互联网的安全性与最初相比没有太大的改变。在互联网上传输信息时,从起始节点到目标节点之间的路径是随机选择的,信息要通过许多中间节点才能到达最终的目标节点。即使在同一起始节点和目标节点之间发送信息,每次通过的路径都可能不同。用户根本无法控制传输路径,也不知道数据包经过的节点,所以在某个中间节点可能会被截获信息、读取信息、篡改信息或删除信息。在互联网上传输的信息都会受到机密性、完整性、可用性等威胁。

7.1.1　网络安全的概念

网络安全指网络系统的硬件、软件及系统中的数据受到保护,且不受偶然的或恶意的原因而遭到破坏、更改、泄露,系统连续可靠地正常运行,网络服务不中断。

网络由节点和通信链路组成,节点又分为端节点和转接节点。端节点是通信的源节点和目标节点,如用户主机或用户终端。转接节点是在网络通信过程中起控制和转发信息作用的节点,如交换机、集中器等。通信链路是传输信息的信道,如同轴电缆、光纤等。计算机网络的组成如图 7-1 所示。

因此,计算机网络安全包括计算机主机安全、网络通信信道安全和信息安全。

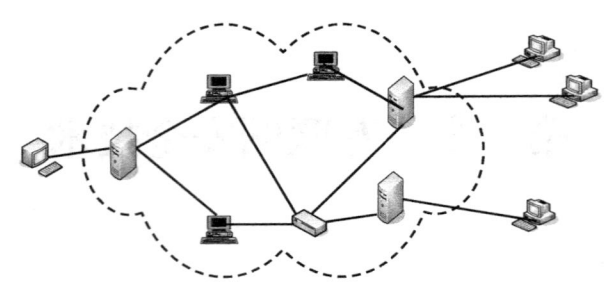

图 7-1 计算机网络的组成

（1）计算机安全：计算机安全是一种确定的状态，它使计算机中的数据、程序和文档不被非授权人员、计算机或程序访问、获取或修改。安全措施通常包括：物理隔离，即将要保护的计算机系统以物理的方式与非授权人员隔离开来；利用专用软件和口令等方式保护计算机系统；通过制定安全管理规范来保证计算机安全。

（2）网络通信信道安全：网络通信信道由转接节点和通信链路组成，因此网络通信信道安全可保证转接节点安全和通信链路安全。保护网络通信信道安全的措施主要有保护物理设备或物理区域的安全、保护软件及职员的安全，以及防止非授权的访问、偶发或蓄意的常规手段的干扰或破坏。

（3）信息安全：在保证信息可用性的同时，保护信息免遭偶发的或有意的非授权泄露、修改或破坏。

通常，凡是涉及网络中信息的机密性、完整性、可用性、真实性和可控性的相关技术和理论，都是网络安全研究的内容。

7.1.2 网络系统面临的威胁

威胁指对计算机网络安全的攻击。计算机网络系统潜在的安全威胁与网络应用环境密切相关。目前，网络应用环境通常分为以下 3 种。

（1）开放网络环境：主要指 Internet 中向公众开放的各种信息服务系统或网站。网站与 Internet 连接，信息内容完全开放，任何用户都可以通过 Internet 浏览网站上的信息。这种网络应用是开放的，它面临的安全威胁主要是 DoS 攻击、篡改网页内容等。

（2）专用网络环境：主要指基于 Internet 互连的专用网络，如企业内部网络、金融网络、证券网络等。专用网络通过防火墙与 Internet 连接，网络资源只向授权的用户开放，用户可以通过 Internet 访问专用网络上的信息资源。这种网络应用是半开放的，它面临的安全威胁主要是假冒合法用户获取信息，以及在信息传输过程中非法截获或篡改信息等。

（3）私有网络环境：主要指与 Internet 完全隔离的内部网络，如政务网络、军用网络等。私有网络与 Internet 是物理隔离的，网络资源只向授权的内部用户开放，而且用户只能通过内部网络来访问网络中的信息资源。这种网络应用是封闭的，它面临的安全威胁是内部用户的非授权访问，以及窃取机密信息、机密信息泄露和内部攻击等。

针对不同网络应用环境面临的安全威胁，必须通过采取适当的安全措施来增强网络系统的安全性。

7.1.3　网络安全的基本原则

每个网络应用环境都有一定程度的漏洞和风险，因此，绝对的网络安全是不存在的。网络安全策略实际上是设计一种平衡策略，使攻击者为破坏网络系统付出的代价远大于破坏之后所能得到的。根据国际著名的网络安全研究公司 Hurwitz Group 的结论，可从以下 5 个层面研究网络安全。

（1）网络层安全。网络层安全通过对网络的控制来实现，即对进入网络的用户地址进行检查和控制。每一个用户都会通过一个独立的 IP 地址来访问网络，用户的 IP 地址能够大致表明用户的地理位置和来源系统。目标网站通过分析 IP 地址，能够初步判断来自这一 IP 地址的数据是否安全。

（2）操作系统安全。在操作系统安全性问题中，主要防止病毒威胁、黑客侵入和破坏。

（3）用户安全。用户安全主要是识别合法用户，识别方法有身份认证和访问控制。通常根据不同的安全等级对用户进行分组管理，不同等级的用户只能访问与其等级相对应的系统资源和数据，然后采用强有力的身份认证，并确保密码难以被他人猜到。

（4）应用程序安全。应用程序安全指只有合法的用户才能对特定的数据进行合法的操作，其包括应用程序对数据的合法权限和应用程序对用户的合法权限。

（5）数据安全。与常用的加密方法保护机密数据。在数据的保存过程中，即使机密数据处于安全的空间，也要对其进行加密处理，以保证万一数据失窃，他人读不懂其中的内容。这是一种被动的安全手段，但往往能够收到最好的效果。

这 5 层安全体系并非孤立分散的，而是互相影响、互相关联的。

7.1.4　网络安全关键技术

网络安全是一个复杂的系统工程，需要从系统的观点出发，从多个环节入手，综合运用一系列网络安全技术和措施，以制定有效的安全策略或安全解决方案。网络安全关键技术和产品主要有防火墙、虚拟专用网络、入侵检测系统等。使用这些安全技术和产品可以在一定程度上保证网络安全，如防火墙最主要的功能是访问控制；虚拟专用网络可以实现加密传输；入侵检测系统可以实时检测并及时处理恶意入侵等。

（1）防火墙。在与 Internet 的连接中，防火墙已成为企业网络不可或缺的一部分，其也是企业网络安全的第一道防线。防火墙是一个或一组系统，用来在两个或多个网络间加强访问控制。通过防火墙，系统管理员可以设置哪些服务允许外部网络访问、允许哪些外部网络用户访问内部网络，以及允许内部用户访问哪些外部网络等。一方面，将未经授权的访问阻挡在受保护的内部网络之外，另一方面，限制容易受到攻击的服务出入网络。

（2）虚拟专用网络。虚拟专用网络（Virtual Private Network，VPN）是从增值网络（Value-Added Network，VAN）发展而来的，是用以代替私有 VAN 的一种广域网（Wide Area Network，WAN）技术。IP VPN 是 VPN 的一种，其通过开放的、公用的 Internet 建立专用的数据传输通道，从而方便、快捷、低成本地扩展企业内部网络的范围，而且使企业能够将地理位置分散的分支机构、移动办公人员、商业合作伙伴等连接在一起，并安全地进行通信。

（3）入侵检测系统（Intrusion Detection System，IDS）。入侵检测系统是一种积极主动的安全防护技术，其提供了对内部攻击、外部攻击和误操作的实时保护。入侵检测系统通过收集和分析计算机网络或计算机系统中若干关键点的信息，来检查计算机网络或计算机系统中是否存在违反安全策略的行为和被攻击的迹象。入侵检测系统在防火墙之后对网络活动进行实时检测，其还可以和防火墙及路由器配合工作。应用入侵检测系统能够及时检测到入侵攻击，并利用报警与防护系统驱逐入侵攻击；入侵攻击一旦发生，入侵检测系统能有效地减少入侵攻击造成的损失；在入侵攻击之后，入侵检测系统能收集入侵攻击的相关信息，并将其作为防范入侵攻击的知识添加到知识库中，以增强系统的防范能力。

（4）计算机病毒及其防护。计算机网络遇到的最大威胁是计算机病毒和黑客的攻击。各种互联网基础应用、计算机软件与硬件大都存在一定的安全薄弱环节，这为病毒提供了众多的入侵渠道。黑客和病毒制造者在强大的经济利益驱动下，以集团化、产业化的态势批量制造各类计算机病毒，黑客-病毒产业链形成并日趋完善，网络成为病毒传播的主要途径。因此，尽管病毒防护不是万能的，但不进行病毒防护是万万不行的。

7.2 防火墙

在网络经济时代，电子商务应用不断普及，由于黑客、恶意的竞争对手的攻击，以及病毒、木马等的蔓延，因此防火墙已经成为一个重要的安全工具。它不是可有可无的，而是网络或个人计算机的一个基本组成部分。防火墙是计算机网络管理员或个人计算机用户可以部署的非常有效的安全工具之一。

7.2.1 防火墙概述

在现实生活中，防火墙是用阻燃材料砌筑的墙，用来防止火灾蔓延。在网络中，防火墙是部署在不同网络或网络安全域之间的设施，如图7-2所示。防火墙将外部网络和内部网络隔离开，并通过预先制定好的安全规则检查进入内部网络的信息，其允许经过授权的通信通过，阻断未经授权的通信，从而保障内部网络的安全。

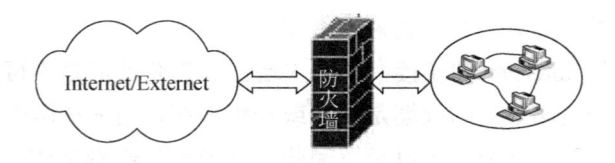

图7-2 防火墙的概念

从安全的角度出发，网络分为两种：内部网络（可信任网络）和外部网络（不可信任网络）。防火墙主要从以下几个方面保护内部网络。

（1）禁止不可信任的用户进入内部网络。

（2）允许可信任的用户进入内部网络，并以规定的权限访问网络资源。

（3）允许/禁止内部网络的用户访问某些外部网络/网站。

防火墙通常由专用的软件系统、硬件系统或软硬件组合的系统实现。防火墙可执行两个基本功能：数据包过滤和应用程序代理。一般采用以下两种安全策略实现防火墙功能。

（1）一切未被允许的都是禁止的。防火墙只允许用户访问开放的服务，未开放的服务都是禁止访问的。这种策略比较安全，因为允许访问的服务都是经过筛选的，但是这限制了用户使用的方便性，使用户不能随心所欲地使用网络服务。

（2）一切未被禁止的都是允许的。防火墙允许用户访问一切未被禁止的服务，除非明确禁止某项服务。这种策略比较灵活，可为用户提供更多的服务，但安全性稍差一些，因为在未被禁止的服务中可能存在着安全漏洞和隐患。

防火墙可以在不同的网络层次中工作，并以多种不同的方式保护内部网络，因此防火墙是有效的网络安全措施之一。OSI 七层参考模型和防火墙实现技术如表 7-1 所示。

表 7-1　OSI 七层参考模型和防火墙实现技术

OSI 七层模型序号	OSI 七层模型名称	防火墙技术	TCP/IP
7	应用层	代理服务器	应用层
6	表示层	加密	
5	会话层	SOCKS 代理服务器	
4	传输层		传输层
3	网络层	包过滤器、NAT	网络层
2	数据链路层	N/A	网络接口层
1	物理层	N/A	

从不同的角度对防火墙进行分类，如表 7-2 所示。

表 7-2　防火墙的分类

分 类 原 则	防火墙的类型
实现方式	软件防火墙、硬件防火墙、软硬件组合的防火墙
应用规模	企业防火墙、个人防火墙
应用环境	网络防火墙、主机防火墙
实现技术	无状态包过滤器、有状态包过滤器、代理服务器
系统结构	屏蔽路由器、双宿主机网关、屏蔽主机网关、屏蔽子网网关、反向防火墙

7.2.2　防火墙实现技术

1. 数据包过滤器

数据包是网络层的协议数据单元，即网络层数据传输的基本单位。网络层将要传送的信息分成大小相同的块，每一个块称为一个数据包。每个数据包都由报头和负载两部分构成，负载是真正要传送的数据信息。IPv4 和 IPv6 数据包格式如图 7-3 所示。报头包含了一些控制信息，如图 7-4 所示。

报头	负载

报头	扩展报头	上层协议数据单元

（a）IPv4 数据包　　　　　　　　　　（b）IPv6 数据包

图 7-3　IPv4 和 IPv6 数据包格式

0	3	4	7	8	15	16	18	23	24	31
版本		IHL		服务类型		报文总长度				
标识						标志		分段偏移量		
生存期				上层协议号		报头校验和				
源 IP 地址										
目的 IP 地址										
任选项+填充										

(a) IPv4 报头格式

0	3	4	7	8	15	16	18	23	24	31
版本		优先级		流标志						
负载长度						下一报头			跳数限制	
源 IP 地址										
目标 IP 地址										

(b) IPv6 报头格式

图 7-4 IPv4 和 IPv6 报头格式

数据包过滤器简称包过滤器，其工作在网络层。包过滤器仅检查数据包的报头信息，并将报头信息与已经制定好的安全规则进行比较，再决定是否让数据包通过防火墙。根据数据包过滤的方法不同，包过滤器又分为无状态包过滤器（静态数据包过滤器）和有状态包过滤器（动态数据包过滤器）。

1）无状态包过滤器

无状态包过滤不检查数据包的数据部分，也不关心通信连接的状态，仅检查数据包的报头信息。无状态包过滤器的基本工作原理：根据网络安全策略，在防火墙中事先制定数据包过滤规则，如表 7-3 示。对进入防火墙的数据包根据过滤规则，检查数据包的报头信息。通常需要检查的报头字段：源 IP 地址、目的 IP 地址、协议类型（TCP、UDP 和 ICMP）、源 TCP 端口和目的 TCP 端口、源 UDP 端口和目的 UDP 端口、ICMP 消息类型及段标记、输出数据包的网络接口等。

表 7-3 按目的 IP 地址和端口号制定过滤规则

协议	传输协议	源 IP 地址	源端口号	目的 IP 地址	目的端口号	动作
HTTP	TCP	任意	任意	202.117.0.26	80	允许
HTTPS	TCP	任意	任意	202.117.0.26	443	允许
FTP	TCP	202.116.2.23	任意	202.117.0.1	20	允许
TELNET	TCP	202.116.2.27	任意	202.117.0.5	223	允许

无状态包过滤器的基本过滤规则如下。

(1) 过滤规则按顺序排列。当一个数据包到达时，按过滤规则的顺序依次检查，若数据包与一个规则匹配，则不再继续检查其他规则。

(2) 若数据包与一个拒绝转发的过滤规则匹配，则阻止该数据包通过。

(3) 若数据包与一个允许转发的过滤规则匹配，则允许该数据包通过。

(4) 若数据包不与任何过滤规则匹配，则阻止该数据包通过，即遵循"一切未被允许的都是禁止的"的原则。

无状态包过滤器的优点是网络性能损失较小、可扩展性好、易于实现；缺点是容易受到 IP 欺骗的攻击。由于无状态包过滤器只在网络层对数据包报头进行过滤检查，而不检查数据包中的数据内容，因此无法感知具体的应用。一旦防火墙被攻破，入侵者就不受任何阻挡地直接进入内部网络了。

当需要完全阻止来自外部网络的通信时，无状态包过滤器是比较有用的。无状态包过滤型防火墙一般采用在路由器上设置无状态包过滤器的方法来实现。

2）有状态包过滤器

有状态包过滤器与无状态包过滤器一样，不检查数据包的数据部分，仅检查数据包的报头信息。但是与无状态包过滤器不同的是，有状态包过滤器可以维护数据包连接的状态。它从接收的数据包中提取并保存与安全规则相关的状态信息，形成一个状态表，并将其作为对后续连接请求的决策依据。有状态包过滤器的工作原理如图 7-5 所示。

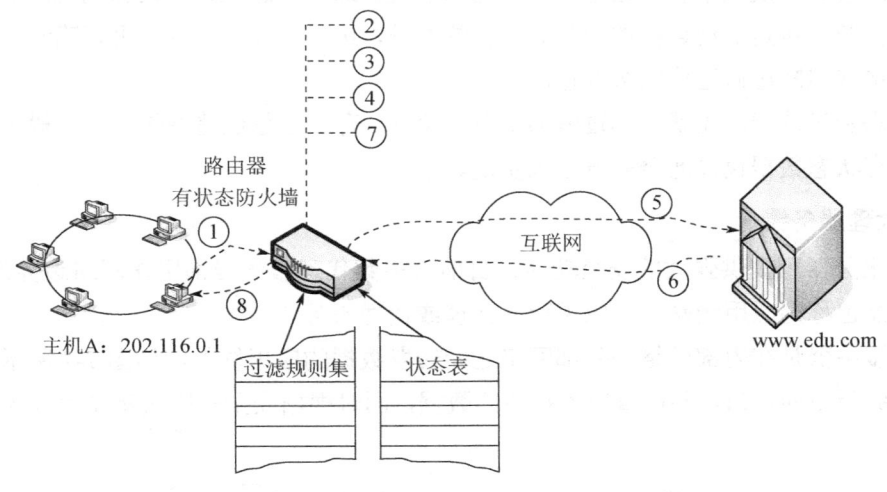

图 7-5 有状态包过滤器的工作原理

在图 7-5 中，内部网络的主机 A 欲访问网站 www.edu.com，路由器配置了有状态包过滤器，因此，路由器也是有状态防火墙。在有状态防火墙中，有一个过滤规则集和一个状态表。访问过程如下。

(1) 主机 A 发出连接 www.edu.com 的请求。

(2) 路由器检查状态表，因为无连接存在，所以在状态表中创建状态项，如图 7-6 所示。

(3) 将请求转发给过滤规则集，过滤规则允许主机 A 访问 TCP/80 端口。

（4）路由器允许数据包通过，并进行路由。
（5）www.edu.com 收到数据包并处理。
（6）回复数据包发回到路由器（同时是有状态防火墙）。
（7）防火墙根据过滤规则和状态表检测数据包的报头，允许通过。
（8）回复数据包转发给主机 A。

```
源 IP 地址：www.edu.com
源端口号：80
目的 IP 地址：202.116.0.1
协议：TCP
```

图 7-6　在状态表中创建状态项

在有状态包过滤器中，有一个数据包过滤规则和一个记录当前网络连接状态的状态表。在决策是转发还是阻断数据包时，不仅按过滤规则检查数据包报头信息，而且检查状态表。与状态表和过滤规则都匹配的数据包才允许通过，否则数据包被阻断。

网络连接状态反映了各网络层的历史通信状况。通过状态表，有状态包过滤器能够智能地判断哪些数据包是活动连接的一部分，哪些不是，进而转发数据包，再正确地回应已确定的通信连接或阻断虚假通信的数据包。

有状态包过滤器比无状态包过滤器更具安全性。有状态包过滤型防火墙一般采用在路由器上设置有状态数据包过滤器的方法来实现。

2．代理服务器

代理服务器可提供强大的安全功能，目前大多数代理服务器都用作网络边界的防火墙。代理服务器也称为应用级网关、应用程序代理或代理服务。

代理服务器是在内部网络和外部网络之间转发数据的应用软件，如图 7-7 所示。它监测每一项服务所用的端口，并检查出入端口的数据，同时根据安全规则决策是允许还是阻断出入的数据。

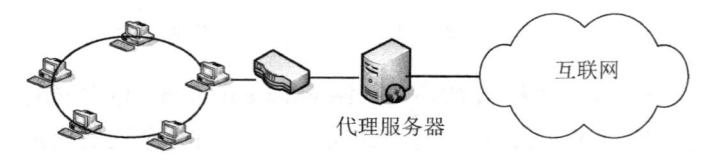

图 7-7　代理服务器是数据唯一的出入口

当外部用户访问内部网络的主机时，其连接的是代理服务器，而不是内部网络实际的主机，但是外部用户的感觉是访问了内部网络实际的主机。代理服务器隐藏了内部主机，使内部主机和外部主机不直接相连，因此其为内部网络提供了更好的保障。代理服务器根据安全规则对请求者的身份、服务类型、服务内容、域名范围、登录时间等进行检查，以确定是否接受用户请求。如果接受用户请求，那么代理服务器代替该用户向内部网络的主机发出请求，同时内部网络的主机返回的结果再由代理服务器转发给外部用户。如果不接受用户请求，那么代理服务器直接拒绝服务。

当内部网络的主机访问外部网络（如互联网）时，用户请求首先到达代理服务器，然后代理服务器根据安全规则检查数据包的报头和数据，如果不符合安全规则，那么代理服务器直接阻断通信；如果符合安全规则，那么代理服务器用自己的 IP 地址替换数据包的源 IP 地址，并将数据包发送到目的计算机。目的计算机显示数据包来自代理服务器而不是实际的内部网络的主机，返回的数据包同样被传送到代理服务器。代理服务器依据安全规则对数据包进行检查，如果数据包与安全规则匹配，那么代理服务器重建数据包目的 IP 地址，并将数据包转发给发出请求的内部网络的主机。此时，表明数据包来自外部网络的主机，而不是代理服务器。

每种网络应用都需要有相应的代理程序，如 HTTP 代理、FTP 代理及 Telnet 代理等。内部网络通过代理服务器向外部网络（如互联网）开放这些服务。

代理服务器的优点是安全性好，缺点是可伸缩性差、性能损失较大，因为每增加一种新的应用都必须增加相应的代理程序，并且代理程序会增加转发延迟时间，从而引起网络性能下降。代理服务器的另一个缺点是会引发单点故障，如果一个代理服务型网关或防火墙坏了，那么整个网络通信都将被禁止。

3. 防火墙实现技术比较

防火墙实现技术比较如表 7-4 所示。硬件和软件都能执行数据包过滤任务。路由器是最常见的包过滤器。操作系统中通常都内置执行数据包过滤的实用程序，如 Windows 的 TCP/IP Filtering、Linux 的内核包过滤器 IPchains。通常，个人软件防火墙使用无状态包过滤器。

表 7-4 防火墙实现技术比较

比较内容	无状态包过滤器	有状态包过滤器	代理服务器
网络层次	网络层	网络层	应用层
检查内容	检查数据包的报头	检查数据包的报头 连接状态	检查整个数据包 连接状态
数据包转发	原封不动地转发	原封不动地转发	重建数据包 IP 地址后再转发
源、目的主机的连接	直接连接	直接连接	不直接连接，隐藏内部网络的主机
日志文件	简单	较好	详细
安全性	一般	较好	好
单点故障	无	无	有
转发延迟	小	中	大

代理服务器既可以单独使用，又可以作为防火墙的一部分来使用。通常将代理服务器、包过滤器和防火墙一同使用，以提供更完善的安全方案。

7.2.3 防火墙结构

由于网络拓扑结构和安全需求等方面的差异，因此在使用和部署网络防火墙时，采用的防火墙结构也不相同。常用的防火墙结构及特点如表 7-5 所示。

表 7-5 常用的防火墙结构及特点

防火墙结构	结 构 特 点
屏蔽路由器	在内部网络和 Internet 之间的路由器上，通过安装包过滤器来实现
双宿主主机	在与 Internet 直接相连的客户主机上，通过安装代理服务器软件来实现
屏蔽主机网关	双重防火墙，一个是屏蔽路由器，另一个是堡垒主机
屏蔽子网网关	在非军事区中是公共服务器，单独设置为一个网段，内部网络有 3 道安全屏障：堡垒主机和两个屏蔽路由器
反向防火墙	检查、监控，进而阻断从本地网络发出的信息

1. 屏蔽路由器

在内部网络与外部网络（如互联网）之间设置一个路由器，在路由器中设置包过滤器，使路由器同时成为包过滤防火墙，然后执行数据包过滤的功能。屏蔽路由器（Screened Router）通常只采用单一的数据包过滤技术，要么将路由器配置成无状态包过滤型防火墙，要么将路由器配置成有状态包过滤型防火墙。路由器有两个网络端口，一个连接内部网络，一个连接外部网络（如互联网），每个网络端口都有自己唯一的 IP 地址，如图 7-8 所示。

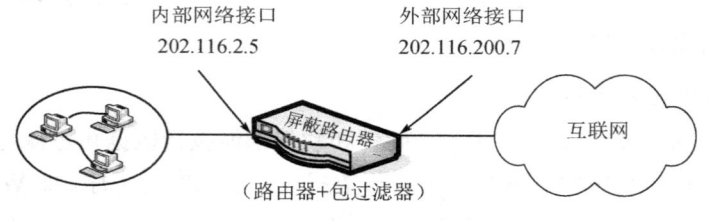

图 7-8 屏蔽路由器

屏蔽路由器是较简单的安全设备，其根据预先设置的安全规则对进入内部网络的数据包进行安全检查，然后转发匹配的数据包，阻断不匹配数据包的通信。

这种结构的防火墙也可以用单独的防火墙设备实现，此时防火墙设置在内部网络与路由器之间。

2. 双宿主主机

双宿主主机（Dual-Homed Host）指一台计算机配置了两块网卡，因此具有两个独立的网络端口，一个网络端口连接外部网络（如互联网），另一个网络端口连接内部网络。

这种应用模式唯一可以采用的防火墙实现技术是代理服务器。这种结构的防火墙是通过在双宿主主机上运行的代理服务器软件来实现的，如图 7-9 所示。双宿主主机将内部网络与外部网络分离开，使内部网络与外部网络不能直接建立连接，因此内部网络与外部网络之间的数据转发被禁止，内部网络用户只能通过代理的方式访问外部网络资源。

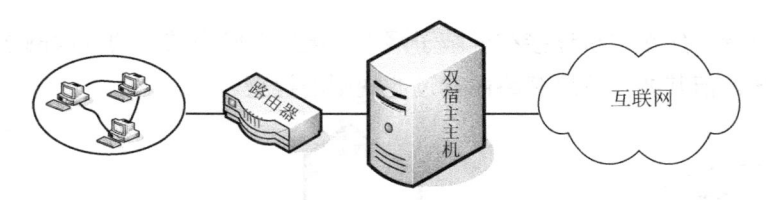

图 7-9　双宿主主机结构

这种应用模式的安全性略好一些，但仍比较脆弱，因为双宿主主机一旦被攻破，攻击便可直接进入内部网络。

3．屏蔽主机网关

屏蔽主机网关（Screened Host Gateway）也称为双宿主网关或堡垒主机。堡垒主机就是实际的屏蔽主机。堡垒主机是一台与外部网络（如互联网）相连的服务器，该服务器经过特别的安全强化和配置，设置了几乎所有必需的服务。

这种应用模式采用双重防火墙技术来实现。一个是屏蔽路由器，构成内部网络的第一道屏障；另一个是堡垒主机，构成内部网络的第二道屏障。屏蔽路由器位于网络的边缘，负责与外部网络连接，它只提供路由和数据包过滤功能，而不提供任何其他的网络服务。因此，屏蔽路由器被攻击的可能性较小，也较为安全。

如图 7-10 所示，由于屏蔽路由器构成了内部网络的第一道屏障，因此堡垒主机不直接与外部网络相连。堡垒主机是内部网络唯一可以连接到外部网络的主机，也是外部网络唯一可以访问的内部主机。内部网络用户只能通过堡垒主机中的代理服务器访问外部网络。外部网络用户首先与堡垒主机建立连接，并且只能通过堡垒主机访问内部网络的资源和服务。

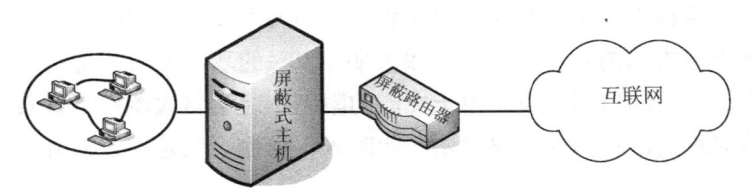

图 7-10　屏蔽式主机结构

屏蔽式主机结构由两种不同的防火墙构成，并设有两道安全屏障，可以优势互补并相互协调，具有较高的安全性，灵活性也较好。

4．屏蔽子网网关

屏蔽子网网关（Screened Subnet Gateway）在内部网络与外部网络之间设置一个屏蔽子网，称为非军事区。为了配置管理方便，并进一步提高内部网络的安全性，将内部网络中需要向外部网络提供服务的服务器放在一个单独的网段，这个网段便是非军事区，也称为停火区或服务网络，如图 7-11 所示。

在内部网络与屏蔽子网之间、屏蔽子网与外部网络之间设置一个防火墙。该防火墙采用屏蔽路由器结构，也称为三宿主防火墙或三叉式防火墙，并且配置了 3 块网卡，有 3 个独立的网络端口，分别连接 3 个独立的网络：外部网络（如互联网）、非军事区屏蔽子网和内部网络，如图 7-11 所示。堡垒主机连接在屏蔽子网上。堡垒主机是唯一的内部网络和外部网络都可以访问的系统，但其要接受屏蔽路由器过滤规则的检查。

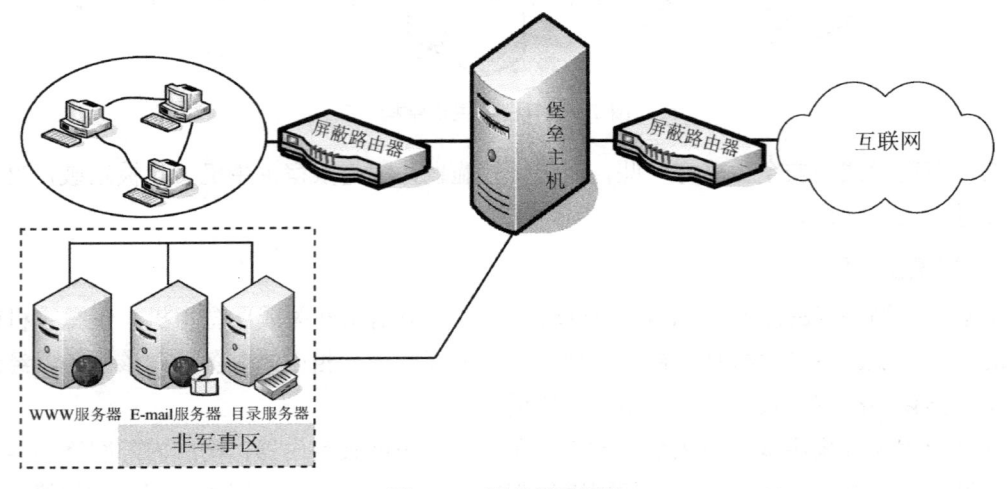

图 7-11　屏蔽子网网关

在这种模式中，内部网络有 3 道安全屏障：堡垒主机和两个屏蔽路由器。入侵者要攻破两个屏蔽路由器和堡垒主机是相当困难的。因此，该模式具有更高的安全性，比较适合保护大型网络，但成本比较高。

7.3　入侵检测系统

只从防护的角度构造网络安全系统是不够的，因为入侵者能够找到防火墙背后敞开的门。防火墙不能阻止来自内部的攻击，统计结果表明，50%的攻击来自内部。对于企业内部心怀不满的员工来说，防火墙形同虚设。由于性能的限制，通常防火墙不具备实时的入侵检测功能。为了有效地应对层出不穷的网络攻击，实时入侵检测至关重要。另外，防火墙对病毒束手无策。

因此，在互联网入口处部署防火墙只能在某种程度上保护网络安全。入侵检测系统可以弥补防火墙的不足，并为网络安全提供实时的入侵检测，同时采取相应的防护手段，如记录证据用于跟踪、恢复、断开网络连接等。

7.3.1　入侵检测系统概述

入侵检测是主动检测并发现入侵行为，同时保护系统免受攻击的一种网络安全技术。入侵检测能够在计算机系统运行过程中实时、动态地发现入侵行为或踪迹，包括检测外界的恶意攻击或试探，以及内部合法用户超越权限的非法操作。当它检测到攻击发生时，便及时采取适当的措施，如记录事件、发出警报、切断网络连接等，从而保护受攻击的系统。

入侵检测的基本原理是在计算机网络或计算机系统中的若干关键点采集数据并对其进行分析，从而发现计算机网络或计算机系统中违反安全策略的行为和被攻击的迹象。

实现入侵检测的硬件和软件构成了入侵检测系统。入侵检测系统是防火墙之后的第二道安全防线，其可以和防火墙、路由器协同工作，共同应对网络攻击，从而扩展系统安全管理能力。

入侵检测系统的主要功能如下。

（1）监测、分析用户和系统的活动。

（2）核查系统配置和漏洞。

（3）评估重要系统和数据文件的完整性。

（4）识别已知的攻击行为并采取适当的措施。

（5）统计分析异常行为。

（6）审计操作系统日志，识别违反安全策略的行为。

逻辑上，入侵检测系统由数据探测器、数据分析器和管理控制器 3 部分组成，如图 7-12 所示。

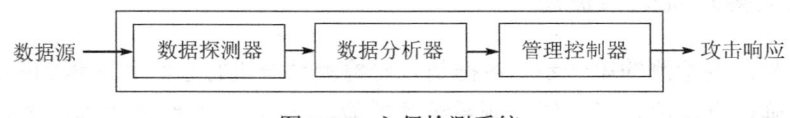

数据源 → 数据探测器 → 数据分析器 → 管理控制器 → 攻击响应

图 7-12　入侵检测系统

（1）数据探测器。数据探测器负责采集数据。数据采集是入侵检测的第一步，数据探测器的输入数据流包括任何可能包含入侵行为线索的数据。一个探测点的数据不足以判别入侵行为，通过比较多个探测点的信息一致性，可以比较准确地辨识可疑行为或入侵活动。因此，需要在网络系统中的关键点（不同网段和不同主机）上设置若干数据探测器进行数据采集，并尽可能地扩大探测范围，以提高探测精度。

数据采集机制的重要性不言而喻。就准确性、可靠性和效率而言，数据探测器采集到的数据是入侵检测系统进行检测和决策的基础。如果数据采集的时延太大，那么系统很可能在检测到攻击的时候，已经被入侵者长驱直入了；如果采集的数据不完整，那么系统的检测能力会大打折扣；如果采集的数据不正确，那么系统无法检测出某些攻击，从而给用户造成一种虚假的安全感，后果更是不堪设想。

（2）数据分析器。数据分析器通常又称为入侵检测引擎，它从一个或多个数据探测器接收数据，并通过分析数据来确定是否发生了非法入侵行为。数据分析器的输出是一系列指示信号，指示入侵行为是否发生及其相关证据信息。

（3）管理控制器。管理控制器是入侵检测系统的用户接口，可方便用户观察入侵检测指示信息，并实时处理入侵事件。

攻击响应的方法主要有以下几种。

（1）发出警报：当发现攻击事件或可疑行为时，立即将警报信息发送给管理控制器或通知相关人员。

（2）终止连接：当发现攻击事件或可疑行为时，立即终止该连接，尽量减少攻击带来的损失。

（3）断开链路：当发现系统正在遭受大规模网络攻击时，迅速断开该网络的物理链路，使系统迅速从攻击中解脱出来，将系统损失减小到最低。

（4）引入陷阱：当发现系统正在遭受网络攻击时，迅速将系统切换到一个"空"系统上，将攻击引入一个陷阱（有时也称为"蜜罐"），以便收集攻击者信息，并追踪攻击者的踪迹。

在这些攻击响应的方法中，常用的方法是发出警报和终止连接。绝大多数的入侵检测系统都提供了这两种攻击响应方法。

从不同的角度对入侵检测系统进行分类，如表7-6所示。

表7-6 入侵检测系统的分类

分 类 原 则	类　　　型
检测对象	主机入侵检测系统、网络入侵检测系统、分布式入侵检测系统
检测技术	异常检测系统、误用检测系统
检测定时	离线检测系统、在线检测系统

7.3.2 入侵检测系统的数据源

数据采集是入侵检测的第一步。数据是入侵检测系统进行检测和决策的基础，数据采集的可靠性和正确性直接决定了入侵检测系统的性能。入侵检测系统的数据源主要有以下4类。

1）系统日志文件信息

攻击者在攻击系统时，不管成功与否，都会在系统日志文件中留下踪迹和记录。因此，系统日志文件是入侵检测系统的主要信息来源。

通常，操作系统及重要软件模块会建立相应的日志文件，系统会自动地把系统中发生的异常事件、违规操作及系统错误记录在系统日志文件中，以作为日后安全审计和事件分析的依据。通过分析系统日志文件，可以发现系统是否有被入侵的迹象、系统是否发生过入侵事件、系统当前是否正在被入侵等。根据分析结果，激活入侵应急响应程序，并采取适当反应措施。

在系统日志文件中，记录有各种行为类型，每种类型又包含多种信息。例如，在用户活动类型的日志记录中，包含了系统登录、用户ID的改变、用户访问的文件、违反权限的操作和身份认证等信息内容。对用户活动来说，重复的系统登录失败、企图访问未经授权的文件及登录到未经授权的网络资源上等，都被认为是异常的或不期望的行为。

2）目录和文件的完整性信息

在网络文件系统中，存储着大量的程序文件和数据文件，其中包含重要的系统文件和用户数据文件，它们是攻击者破坏或篡改的主要目标。如果在目录和文件中发生了不期望的改变，如修改、创建和删除，那么意味着可能发生了入侵事件。

常用的攻击手法有获得系统访问权、安放恶意程序、破坏或篡改系统重要文件、修改系统日志文件、清除入侵活动痕迹等。这类入侵事件可以通过检查目录和文件的完整性信息检测出来。

3）程序执行中的异常行为

在网络系统中一般包括操作系统、网络服务和应用程序等，每个程序（进程）在具有不同权限的环境中执行，这种环境控制着进程可访问的系统资源、程序和数据文件等，不同进程所需的系统资源及权限不同。如果在一个进程中出现了异常行为，那么表明系统可能被入侵。例如，攻击者使用病毒干扰程序正常执行，出现用户不期望的操作，或者通过病毒程序创建大量的非法进程，以抢占有限的系统资源，导致系统拒绝服务。

4）物理形式的入侵信息

攻击者经常使用物理方法突破网络系统的安全防线，从而达到网络攻击的目的。例如，在支持拨号上网的网络中，若用户在访问远程网络的敏感信息时没有实施有效的保护（如信息加密或 VPN 等），则信息可能被黑客截取。这成为一种后门，黑客会利用这个后门访问内部网络，从而越过内部网络原有的防护措施。

7.3.3 入侵检测技术

入侵检测技术主要有两种：误用检测（Misuse Detection）和异常检测（Anomaly Detection）。随着研究的不断深入和相关技术的成熟，产生了许多新的入侵检测技术。目前提出的一些新的入侵检测技术主要有数据挖掘、免疫系统、软件 Agnet 等，这些技术提供了更具普遍意义的数据分析方法，都可以应用于误用检测和异常检测。

1. 误用检测

误用检测又称为滥用检测，其建立在已知的入侵行为和系统漏洞的基础上，研究入侵行为和系统漏洞的过程与特征，对已知的攻击或入侵行为做出确定性描述，并用一种模式表示出来，形成攻击特征库。当被审计的事件与攻击特征库中的某一模式匹配时，即确认发生了入侵攻击，应发出警报。

误用检测的原理简单，容易配置，可以清楚地描述攻击特征，具有较高的识别精度和执行效率，用户可以采取清晰明确的预防保护措施。

误用检测的缺点是，收集所有已知的入侵行为和系统漏洞信息是一项艰苦的工作；对未知或无先验知识的攻击模式无能为力，而且未知攻击模式的发现往往是以系统被攻击并造成严重损失为代价的；可移植性问题，由于关于网络攻击的信息绝大多数与主机的操作系统、软件平台和应用系统密切相关，因此带来的后果是入侵检测系统只能在某个特定的环境下生效；检测内部用户滥用权限的活动相当困难，因为通常这种行为并未利用任何系统缺陷。

误用检测的关键是如何表达入侵的模式，并把真正的入侵行为与正常行为区分开。因此学者们提出了各种数据分析技术，如特征分析技术、协议分析技术、状态协议分析技术、专家系统等。

1）特征分析技术

特征分析技术需要收集入侵行为的各种知识，然后将入侵行为抽象成一个事件序列、某种系统审计文件的数据样板模型或网络数据包中的数据样板模型，并建立攻击特征库。将探测到的数据与攻击特征库进行比较，从而发现违背安全策略的入侵行为。检测相关的数据集合并进行判断，可以减少系统占用，并且该技术已相当成熟，但检测准确率和效率需要提高。同时，该技术需要不断进行升级以应对不断出现的新攻击手法。

入侵检测系统中的特征通常分为多种，常见的入侵特征及识别方法如表 7-7 所示。

表 7-7 常见的入侵特征及识别方法

入 侵 特 征	识 别 方 法
连接保留的 IP 地址	检查 IP 报头的源地址
带有非法 TCP 标志联合物的数据包	对比 TCP 报头中的标志集与已知正确和错误标记联合物的不同点
含有特殊病毒信息的 E-mail	• 对比每封 E-mail 的主题信息和病态 E-mail 的主题信息 • 搜索特定名字的附件
在未登录情况下使用文件和目录命令访问 FTP 服务器	创建具备状态跟踪的特征样板，以监视成功登录的 FTP 对话、发现未经验证却发命令的入侵企图
查询负载中的 DNS 缓冲区溢出企图	• 解析 DNS 域及检查每个域的长度，识别利用 DNS 域的缓冲区溢出企图 • 在负载中搜索"壳代码利用"的序列代码组合
对 POP3 服务器发出上千次同一命令，导致 DoS 攻击	跟踪记录命令连续发出的次数，检查是否超过了预设上限，若超过了预设上限，则发出报警信息

2）协议分析技术

协议分析技术是在传统的特征分析技术的基础上发展起来的一种新的入侵检测技术。它充分利用网络协议的高度有序性，并结合高速数据包捕获、协议分析和命令解析等功能，可快速检测某个攻击特征是否存在。协议分析技术减少了计算量，即使在高负载的高速网络上，其也能逐个分析所有的数据包。

采用协议分析技术的入侵检测系统能够理解不同协议的原理、分析协议的流量、寻找可疑的或不正常行为。对于每一种协议，协议分析技术不仅基于协议标准，而且基于协议的具体实现，因为很多协议的实现偏离了协议标准。协议分析技术能观察、验证所有的流量，当流量不是期望值时，入侵检测系统就发出警告。协议分析技术能够找出任何偏离协议标准或期望值的行为，因此其能够检测到已知的和未知的攻击。但是，协议分析技术很容易被高级的黑客绕过，因为单一的连接请求或响应的流量可以做到非常小。于是就出现了状态协议分析技术。

3）状态协议分析技术

状态协议分析技术是在常规的协议分析技术的基础上，加入状态特性分析，即不仅检测单一的连接请求或响应，而且将一个会话的所有流量作为一个整体来检测。因为入侵行为可能隐藏在多个请求中，这时仅检测单一的连接请求或响应是很难检测到入侵行为的。此时，状态协议分析技术就显得十分必要了。

4）专家系统

专家系统主要运用规则进行分析。专家系统中包含一系列的描述入侵行为的规则，专家系统首先将审计数据抽象成可以理解的事实，然后应用推理机在事实和规则的基础上推出最后结论。采用专家系统的产品有 SRI 公司开发的入侵检测专家系统（Intrusion Detection Expert System，IDES），其系统结构如图 7-13 所示。由于处理速度等原因，专家系统目前常用于各种原型入侵检测系统的研究中。

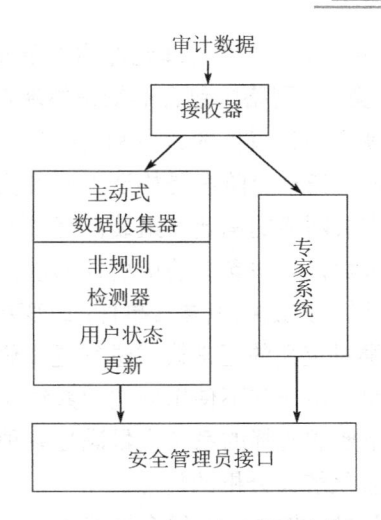

```
          审计数据
             ↓
          接收器
         ↙     ↘
  ┌──────────┐  ┌────┐
  │ 主动式   │  │ 专 │
  │ 数据收集器│  │ 家 │
  ├──────────┤  │ 系 │
  │ 非规则   │  │ 统 │
  │ 检测器   │  │    │
  ├──────────┤  │    │
  │ 用户状态 │  │    │
  │ 更新     │  │    │
  └──────────┘  └────┘
         ↘     ↙
      ┌──────────┐
      │安全管理员接口│
      └──────────┘
```

图 7-13　IDES 原型系统结构

2．异常检测

异常检测假设所有的入侵行为与正常行为不同，因此需要建立正常行为的标准。正常行为标准是从以往大量的历史活动中总结出来的，如登录时间和次数、CPU 使用率、内存使用率、网络活动、文件修改等。将当前活动与正常行为标准进行比较，如果发现当前状态偏离了正常状态，那么判定发生了入侵行为，发出警报。综上所述，任何不符合正常行为标准的行为都视为发生了入侵行为。

异常检测的优点是可以检测出已知的和未知的攻击，在某种程度上，异常检测较少地依赖特定的操作系统环境，因此其具有较好的可移植性。异常检测增强了检测内部用户超越权限活动的能力。

异常检测的缺点是较高的虚警率，因为系统的正常行为标准是逐步建立和完善的，而且系统的正常行为是不断变化的；检测时间较长，检测效率不高。

异常检测的关键问题是建立正常行为标准，常用的方法有统计分析技术、神经网络技术、数据重组技术、行为分析技术等。

1）统计分析技术

统计分析技术是按一定的时间间隔对系统或用户的当前行为进行采样、计算，并用一系列参数表示出来，再创建统计描述的。统计正常使用时的一些测量属性，如访问次数、操作失败次数和延时等；再将测量属性的平均值与网络、系统的行为进行比较，根据平均偏差检查当前活动是否超过某一阈值，若超过某一阈值，则认为有入侵行为发生。例如，用户一直是上午 9:00 登录，突然有一天在午夜 1:00 登录，则认为有入侵行为发生。统计分析技术的优点是可以检测到未知的入侵行为和更为复杂的入侵行为；缺点是虚警率高，并且无法适应用户正常行为的突然改变。

2）神经网络技术

神经网络技术使用自适应学习技术提取异常行为的特征，而且需要对训练数据集进行学习，以得出正常的行为模式。它要求用于训练的数据不包含任何入侵或异常的用户行为。

神经网络由大量的处理元件组成,这些处理元件称为单元(Units),单元之间通过带有权值的连接(Connections)进行交互。网络中包含的知识体现在网络结构(单元之间的连接、连接的权值)中,学习过程也就表现为权值的改变和连接的添加或删除。

神经网络技术包括两个阶段,第一个阶段是构造入侵检测系统的检测器,使用代表用户行为的历史数据进行训练,以完成网络的构建和组装;第二个阶段是入侵检测系统的实际运作阶段,网络接收输入的事件数据,并与参考的历史行为进行比较,然后判断两者的相似度或偏离度。在神经网络中,使用以下方法标识异常事件:改变单元的状态、改变连接的权值、添加连接或删除连接,同时提供对定义的正常模式进行逐步修正的功能。

神经网络技术具有很多优势:由于其不使用固定的系统属性集定义用户行为,因此属性的选择是无关的;神经网络也不要求选择的系统度量满足某种统计分布条件,因此与传统的统计分析相比,其具备了非参量化统计分析的优点。

神经网络技术也存在一些问题。例如,在很多情况下,系统趋向于形成某种不稳定的网络结构,因此不能从训练数据中学习特定的知识,而且目前尚不能完全确定这种情况产生的原因。同时,神经网络不会对行为异常的事件提供任何解释或说明信息,这使得用户无法确认入侵的责任人,也无法判定究竟是系统哪方面存在的问题导致攻击者得以成功入侵。另外,将神经网络技术用于入侵检测,其检测的效率问题也是需要解决的。

3)数据重组技术

数据重组技术是对网络连接的数据流进行重组再加以分析的,而不是仅分析单个数据包。当发现一段时间的数据流超过正常情况下的平均数据流时,则认为有入侵行为发生,应立即向管理人员发出警告。这一检测技术被认为是更加科学且容易接受的,因为单一通信的数据流不能全面反应整个系统的数据流状态。

4)行为分析技术

行为分析技术不仅可以简单分析单次攻击事件,而且可以根据前后发生的事件确认是否确有攻击发生,即攻击行为是否生效。由于算法处理和规则制定的难度很大,因此行为分析技术目前还不是非常成熟,但它是入侵检测技术发展的趋势。

7.3.4 入侵检测系统结构

根据系统结构和检测对象,入侵检测系统可以分为3种:基于主机的入侵检测系统(Host-based IDS,HIDS)、基于网络的入侵检测系统(Network-based IDS,NIDS)和分布式入侵检测系统(Distributed Intrusion Detection,DIDS)。

1. 基于主机的入侵检测系统

HIDS采用基于审计追踪的检测方法,通过分析和审计主机系统的日志文件来发现入侵行为。这里的主机系统泛指网络环境下的某一系统,如路由器、交换机、防火墙、服务器及客户机等。

日志文件中记录有主机系统的所有活动。在标准UNIX系统中,这些日志文件可根据系统管理员的设置,记录用户何时注册、在何处注册、要做什么,以及系统调用、程序运行结果等与安全性有关的操作信息。入侵检测系统根据一定的算法对日志文件中的审计数据进行分析。审计追踪机制主要采用模式识别和统计分析技术，如专家系统、模型推理和神经网络技术等。由于 HIDS 是一种"事后"分析及追踪技术，因此其对入侵行为反应迟钝，只能检测到已发生的入侵行为，一般用于系统的安全审计和事后追踪，而不适合在实时入侵检测场合下应用。

基于审计追踪的安全机制不仅提供了对入侵行为的检测功能，而且提供了用户行为的证明功能，其可以证明一个受到怀疑的人是否有犯罪行为。因此，基于审计追踪的安全机制不仅是一种技术手段，而且具有行为约束能力。HIDS 可以监视特定的系统活动，且部署时不需要额外的硬件。

2. 基于网络的入侵检测系统

NIDS 采用实时监测网络数据包的方法，动态地检测网络入侵行为。网络适配器可以在两种不同的模式下工作：正常模式和混杂模式。当在正常模式下工作时，网络适配器只接收共享网络中发向本机的数据包，而丢弃其他目标主机的数据包；当在混杂模式下工作时，网络适配器可以接收网络中传输的所有数据包，并提交给操作系统或应用程序进行分析。网络适配器的混杂模式为 NIDS 奠定了基础。NIDS 常用的入侵检测技术如下。

（1）模式、表达式或字节匹配。
（2）频率或穿越阈值。
（3）低等级事件的相关性。
（4）统计学意义上的非常规现象检测。

系统首先捕获和检查数据包报头及其内容，然后与已知的攻击模式进行比较，若检测到攻击行为，则立即响应攻击。NIDS 的优势如下。

（1）实时检测、实时响应。
（2）操作系统独立，与被监视的系统平台无关。
（3）证据转移困难。
（4）秘密进行入侵检测，被检测目标很难发现。
（5）能够检测未成功的攻击行为。

3. 分布式入侵检测系统

无论是 HIDS 还是 NIDS，在整个数据处理过程中，包括数据采集、数据分析，以及检测到入侵行为后采取的响应措施，都由单个监控设备或监控程序完成。然而，在面临大规模、分布式的应用环境时，这种传统的单机方式遇到了极大的挑战。

分布式的应用环境要求在大范围网络中部署有效的入侵检测系统，并且各入侵检测系统（监控设备或监控程序）之间能够实现高效的信息共享和协作检测。目前，实施 NIDS 的方法有对现有的入侵检测系统进行规模上的扩展，或者通过入侵检测系统之间的信息共享来实现。实施 NIDS 的方法具体可分为以下两种。

（1）分布式信息收集、集中式处理。
（2）分布式信息收集、分布式处理。由于该方法采用了分布式计算方法，不仅降低了对中心计算能力的依赖,而且减少了给网络带宽带来的压力,因此具有更好的发展前景。

NIDS 由于采用了非集中的系统结构和处理方式,因此具有一些明显的优势,具体如下。

(1) 检测大范围的攻击行为。

(2) 高检测准确度。

(3) 高检测效率。

(4) 协调响应措施。

尽管在理论上 NIDS 具有明显的优势,但在实施的过程中,其还需要解决以下关键问题。

(1) 事件产生及存储:安全事件应该在系统的什么位置产生和存储。

(2) 状态空间管理及规则复杂程度:如何在规则的复杂程度和审计数据处理要求之间取得平衡。

(3) 知识库管理:知识库存储检测规则。在分布式环境下,如何快速地实现知识库存储检测规则升级和分发。

(4) 推理技术:对事件审计数据的处理工作应该在系统的哪个部分进行。

7.4 虚拟专用网络

随着企业规模的不断扩大,企业总部和分支机构处在不同的地理位置,日常业务常常需要将两个或两个以上的局域网连接在一起,以简化企业内部网络的建设,并确保数据传输的安全性。互联网安全技术的成熟和广泛应用,为企业的这一需求提供了一个解决方案。

7.4.1 虚拟专用网络概述

1. 什么是虚拟专用网络

虚拟专用网络(Virtual Private Network,VPN)是利用互联网将物理上分布在不同地点的内部网络(局域网)安全地连接起来,或者将一个或多个远程用户与局域网安全地连接在一起,如图 7-14 所示。

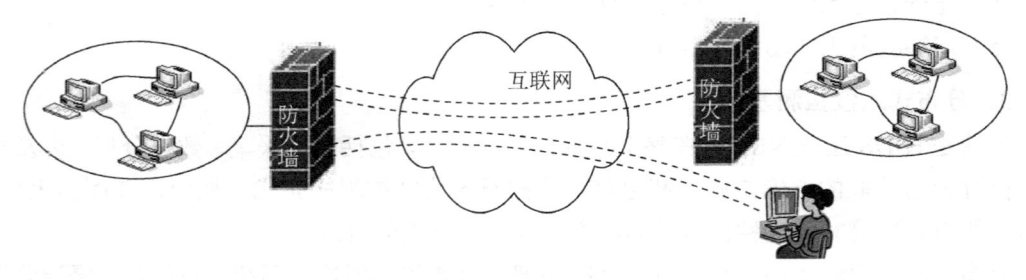

图 7-14　VPN

显然,VPN 不是真正的专用网络,却能够实现专用网络的功能。"虚拟"是相对传统专用网络而言的。在传统专用网络中,任意两个节点之间有专用的、独占的端到端的物理链路,因此能够保证数据传输的安全性。

VPN 建立在互联网之上,数据传输通过互联网来完成。当需要通信时,VPN 从公用互联网中独占一部分带宽,作为私有专用网络进行通信;当通信结束后,VPN 释放这部分私有专用网络带宽,归还给公用互联网。VPN 在互联网中建立了一条专用传输通路,因此公用互联网起到了"专用"的效果。事实上,这条"专用"的传输通路是利用互联网的资源动态组成的专用逻辑链路。在 VPN 中,任意两个节点之间没有专用的、独占的端到端的物理链路,物理链路是共享的。

2. 实现 VPN 的关键技术

实现 VPN 的关键技术:数据加密技术、隧道技术、身份认证技术和访问控制技术,如表 7-8 所示。

表 7-8　VPN 的关键技术

名　称	作　用
数据加密技术	保证数据的机密性
隧道技术	创建隧道,封装数据;保证数据的完整性;实现 VPN 的核心
身份认证技术	鉴别主机、端点的身份
访问控制技术	授权并监督用户访问数据的权限

(1)数据加密技术。从本质上说,VPN 工作于已知的非安全网络,如互联网。通过数据加密技术对数据进行加密,以确保数据的机密性,从而实现在 VPN 中安全地传输数据。在接入点传来的数据到达网络之前,VPN 对其进行加密;加密的数据在 VPN 中传输,其在到达目标用户之前,VPN 解密所有收到的数据流。

(2)隧道技术。隧道技术是利用一种协议传输另一种协议的技术。隧道技术通过 IP 封装来保护数据包,从而提供更高等级的保护。隧道技术的主要思想:首先,将待传输的原始数据进行加密及协议封装处理;然后,将数据嵌套装入另一种协议的数据包并送入网络,使其能够像普通数据包一样进行传输。经过加密和封装处理后,只有源端和目的端的用户能够对隧道中的嵌套数据进行解释和处理,而对其他用户而言,其只是无意义的数据。

(3)身份认证技术。在隧道连接开始之前,需要确认用户的身份,以便系统进一步实施资源访问控制或用户授权。

(4)访问控制技术。确定特定用户对特定资源的访问权限,可实现基于用户的访问控制,从而达到对信息资源进行最大限度的保护的目的。通常,由 VPN 服务的提供者与最终网络信息资源的提供者共同协商用户对特定资源的访问权限。

3. VPN 的主要优点

VPN 通过开放的互联网建立私有数据传输通道,可将移动办公人员、远程分支机构、商业合作伙伴等安全地连接在一起。VPN 的性价比高,可扩展性好,有广泛的应用空间和巨大的市场潜力。VPN 的主要优点如下。

(1)通信安全。VPN 的关键技术,如数据加密技术、身份认证和访问控制技术、隧道技术,从多个方面保证了在开放的互联网上传输数据的安全性。

(2)降低成本。VPN 将数据流转移到互联网上,不仅扩大了企业内部网络的范围,而且大幅度减少了用户花费在城域网和远程网络连接上的费用,从而降低了企业网络建设的成本。

（3）简化网络管理。随着企业业务的不断发展，需要更大范围的企业内部网络。VPN利用互联网在逻辑上扩大了企业内部网络的范围。企业也可以将IP VPN业务外包给运营商，从而将精力集中到自己的业务上，而不是网络上。

（4）可扩展性好。VPN可以根据需要动态地利用互联网扩展企业内部网络的范围，从而方便、快速地连接新的用户和网站。例如，帮助远程用户、分支机构、战略合作伙伴与企业的内部网络建立可信的安全连接，以保证数据传输的安全性。

7.4.2 VPN的分类

VPN的分类方式比较多，可从不同的角度对VPN进行分类。常用的VPN分类方式如表7-9所示。此外，VPN还有其他的分类方式，如按承建主体划分等。

表7-9 常用的VPN分类方式

分 类 原 则	VPN 的类型
实现方式	硬件VPN、软件VPN、硬件和软件组合VPN
接入方式	专线VPN、拨号VPN
服务类型	远程接入VPN、内联网VPN、外联网VPN
隧道协议	第2层隧道协议、第3层隧道协议
隧道建立方式	自愿隧道、强制隧道

1．按接入方式分类

按接入方式，VPN可分为拨号VPN（Virtual Private Dial Network，VPDN）、专线VPN。与用户上网接入方式类似，在互联网上组建VPN，用户计算机或网络需要建立到网络服务提供商（Internet Service Provider，ISP）的连接。

VPDN：使用拨号连接，如模拟电话、ISDN或ADSL等，再连接到ISP，是典型的按需连接方式，也是一种非固定线路的VPN。

专线VPN：通过固定的线路连接到ISP，如DDN、帧中继等都是专线连接。

2．按服务类型分类

按服务类型，VPN可分为远程接入VPN（Access VPN）、内联网VPN（Intranet VPN）和外联网VPN（Extranet VPN）。

远程接入VPN：用于实现移动用户（如出差的员工）或远程办公室（如在家办公的员工、远程分支机构等）通过公共网络（如互联网）安全地访问企业内部网络。移动用户通常是一台主机，而不是网络，因此远程接入VPN的拓扑结构是主机连接到网络。远程接入VPN能使用户随时、随地、随需地访问企业的内部资源，其实现方式可以是拨号VPN，也可以是专线VPN。

内联网VPN：用于组建跨地区的企业内部网络，在企业远程分支机构和总部之间，通过互联网建立VPN。内联网VPN的拓扑结构是从网络到网络以对等的方式建立的连接。内联网VPN扩展了企业内部网络的范围。

外联网VPN：用于企业与客户、合作伙伴之间建立互联网络，即将企业与供应商、合作伙伴及供应链上的其他组织，通过互联网安全地连接在一起。互联的每一个内部网络只开放部分资源，而不是开放全部资源给外联网用户，而且对不同的用户授予不同的访问权限。因此，外联网 VPN 的拓扑结构是从网络到网络以不对等的方式建立的连接。外联网与内联网的差别是安全策略不同。

3．按隧道协议分类

按隧道协议划分，VPN 可分为第 2 层隧道协议和第 3 层隧道协议。L2TP、MPLS 和 IPSec 是目前市场上比较流行的隧道协议。

（1）PPTP、L2F、L2TP 和 MPLS 属于第 2 层隧道协议。

（2）IPSec 和 GRE 属于第 3 层隧道协议。

根据具体的协议进一步划分 VPN 类型，如 PPTP VPN、L2TP VPN、IPSec VPN 和 MPLS VPN 等。

另外，还有第 4 层隧道协议，如 SSL。

4．按隧道建立方式分类

按隧道建立方式，VPN 可分为自愿隧道（Voluntary Tunnel）、强制隧道（Compulsory Tunnel）。

自愿隧道：也称为基于用户设备的 VPN。VPN 的技术实现集中在 VPN 用户端，隧道的起始点和终止点都位于 VPN 用户端，隧道的建立、管理和维护都由用户负责。ISP 只提供通信线路，而不承担建立隧道的业务。这种方式的技术实现较容易，但对用户的要求较高。这是目前最普遍使用的 VPN 组网类型。

强制隧道：也称为基于网络的 VPN 或服务器发起的 VPN，是由 VPN 服务提供商配置并创建的隧道。VPN 的技术实现集中在 ISP，VPN 隧道的起始点和终止点都位于 ISP，隧道的建立、管理和维护都由 ISP 负责。VPN 用户不承担隧道业务，且客户端无须安装 VPN 软件，VPN 隧道对用户是透明的。这种方式便于用户使用，增加了灵活性和扩展性，不过技术实现比较复杂，一般由电信运营商提供，或者由用户委托电信运营商实现。

7.4.3　隧道技术

1．隧道及组成

日常生活中的隧道是只在两端有出入口的路，如海底隧道、穿山隧道。VPN 中的隧道借用日常生活中的隧道来表明虚拟专用的含义。

隧道是利用一种协议传输另一种协议的技术。物理上，隧道是在互联网中建立的一条端到端的、专用的、独占的数据传输通道。一条隧道可以穿越多个公共网络。究其本质，隧道是一个逻辑概念，是在逻辑链路层上建立的全程封闭的、只在两端有出入口的、安全的链路连接。

隧道由 3 部分组成：隧道协议、隧道开通器和隧道终端器。

隧道开通器是隧道的起始点，其功能是在互联网中开出一条隧道。可作为隧道开通器的设备或软件有：

（1）个人计算机上的 Modem 卡和有 VPN 拨号功能的软件，这些软件已打包在操作系统中，如 Windows、Linux 等。

(2) 有 VPN 功能的路由器（在企业分支机构中或在网络服务商站点中）。

隧道终端器是隧道的终止点，指示隧道到此结束。可作为隧道终端器的设备或软件有：

(1) 专用的隧道终端器。

(2) 企业内部网络中的防火墙。

(3) 网络服务商路由器上的 VPN 网关。

隧道有点到点隧道和端到端隧道两种。在点到点隧道中，隧道由远程用户的个人计算机延伸到企业服务器，两边的设备负责隧道的建立及两点之间数据的加密和解密。在端到端隧道中，隧道连接两端局域网，起始/终止于防火墙等网络边缘设备。在数据包传输过程中，数据包可能需要通过一系列隧道才能到达目的地。

隧道可方便、灵活地设置。例如，一个远程用户通过 ISP 访问企业内部网络。隧道开通器可以是用户的个人计算机，也可以是被用户拨入的 ISP 路由器；隧道终端器一般是企业内部网络防火墙，这时的隧道是由用户的个人计算机到企业内部网络防火墙或由 ISP 路由器到企业内部网络防火墙的。如果通过 VPN 实现互相访问的两个企业内部网络分别使用不同的 ISP 服务，那么两个 ISP 公用网络之间也要建立相应的隧道。

2．隧道协议

协议在本质上是一套行为规则。隧道协议规定了如何在网络的不同层次实现数据封装。隧道技术制定了 3 种协议：隧道协议、承载协议和乘客协议。隧道协议的层次结构如图 7-15 所示。下层协议将上层协议当作自己的数据进行传输，从而实现数据的封装。隧道协议中的封装关系如图 7-16 所示。

| 乘客协议 |
| 隧道协议 |
| 承载协议 |
| 底层传输协议 |

图 7-15　隧道协议的层次结构

承载协议	隧道协议	乘客协议
（IP/ATM）	（IPSec）	（TCP，UDP）

图 7-16　隧道协议中的封装关系

可以通过采用高层协议、高层与底层协议结合的方法来实现 VPN。图 7-17 示意了与 TCP/IP 协议栈对应的 VPN 隧道协议栈。

应用层	SET/SMIME/IKE
传输层	SSL/SOCKS/TLS
网络层	IPSec（AH/ESP）/GRE
网络接口层	PPTP/L2F/L2TP/MPLS

图 7-17　VPN 隧道协议栈

网络接口层即第 2 层隧道协议，其先把各种网络协议封装到 PPP，再把整个数据包装入隧道协议，最后靠第 2 层隧道协议进行传输。第 2 层隧道协议可以支持多种路由协议，如 IP、IPX 和 AppleTalk，也可以支持多种广域网技术，如帧中继、ATM、X.25 或 SDH/SONET，还可以支持多种局域网技术，如以太网、令牌环网和 FDDI 网等。

网络层即第 3 层隧道协议，如 IPSec、GRE、VTP 等。第 3 层隧道协议把各种网络协议直接装入隧道协议，形成的数据包依靠第 3 层隧道协议进行传输。

第 2 层和第 3 层隧道协议的区别主要是在网络协议栈的第几层封装用户数据。

7.4.4 常用的隧道协议

常用的隧道协议如表 7-10 所示。

表 7-10 常用的隧道协议

序 号	协 议 名 称
1	点到点隧道协议（Point-to-Point Tunneling Protocol，PPTP）
2	第 2 层隧道协议（Layer 2 Tunneling Protocol，L2TP）
3	多协议标记交换（Multi-protocol Label Switching，MPLS）
4	IP 中的 IP（IP in IP）
5	IP 安全（Internet Protocol Security，IPSec）
6	通用路由封装（Generic Routing Encapsulation，GRE）
7	安全套接层（Secure Sockets Layer，SSL）
8	SOCKS v5

1．PPTP

1996 年 6 月，Microsoft、Ascend、3Com 和 ECI 公司等在 PPP 协议的基础上开发了 PPTP（RFC2637）协议。

PPP 是 IETF 的一个开放的国际标准协议（RFC1661），也是一种对称的对等协议，其支持在一条点到点的全双工串行链路上对数据包流进行封装和管理，通信双方的任何一方都可以发起或终止一条 PPP 连接。PPP 支持多种网络协议，可把 IP、IPX、AppleTalk 或 NetBEUI 的数据包封装在 PPP 包中。PPP 可以运行在多种不同类型的串行线路上，如以太网、帧中继、ATM 等，同时支持同步和异步方式。

PPTP 对 PPP 本身没做任何改动，只是使用 PPP 建立拨号连接，然后获取 PPP 数据包，再将整个报文封装在 PPTP 包中，最后嵌入 IP 报文（或帧中继、ATM）中进行传输。PPTP 可以工作在被动模式或主动模式下，在被动模式下，其不需要在客户机上安装任何相关的 PPTP 软件，而是由位于 ISP 处的前端处理器建立与客户端相连的 PPTP 隧道。ISP 为用户提供所有的服务。这种模式的优点是对客户的要求低，缺点是限制了用户访问 Internet 的其他部分。在主动模式下，由客户建立一个与网络另一端服务器直接相连的 PPTP 隧道。主动模式下的 ISP 只提供透明的传输通道，这种模式的优点是客户完全控制 PPTP，缺点是对客户要求高，需要在客户端安装支持 PPTP 的软件。VPN 服务器执行所有的安全检查和验证，并启用数据加密功能，使得在不安全的网络上发送信息变得更加安全。PPTP 用 PPP 协议的 PAP

或 CHAP（MS-CHAP）进行安全检测和认证；支持 Microsoft 的点到点加密技术（MPPE）。PPTP 最适合用于远程访问 VPDN，还可以使用 PPTP 建立专用局域网到局域网的网络。

2. L2TP

1999 年 8 月，IETF 根据 Microsoft、Cisco 等公司的建议，经过多次修改，最终制定了开放的国际标准 L2TP（RFC2661）。目前，L2TP 已经成为工业标准的 Internet 隧道协议。

L2TP 综合运用了 PPTP 和 L2F 协议的优点，定义了在包交换方式的公共网络基础设施（如 IP 网络、帧中继或 ATM 网络等）中，封装链路层 PPP 协议的方法。L2TP 是封装协议，被封装的是链路层 PPP 协议，承载协议首选网络层的 IP 协议，也可以采用链路层的 X.25、帧中继或 ATM 等。L2TP 利用 PPP 协议的特点，支持多种拨号用户协议，如 IP、IPX、AppleTalk 或 NetBEUI 等，并且可以使用保留 IP 地址。L2TP 使用新的网际协议安全机制（IPSec）进行身份认证和数据加密。L2TP 本身不提供安全机制，需要与 IPSec 结合共同完成。L2TP 的安全性依赖于：

（1）PPP 协议的 PAP 或 CHAP（MS-CHAP）进行安全检测和认证。
（2）PPP 提供的链路层加密，如使用 DES 的 ECP 或 Microsoft 的点到点加密技术。
（3）IPSec 的保护。

L2TP 特别适合建设远程访问 VPDN。

3. IPSec

1998 年，IETF 制定了一组基于密码学的安全、开放的 IP 安全体系结构——IPSec（RFC2411）。IPSec 是第 3 层隧道协议，其为 IP 层及其上层协议提供保护。IPSec 提供数据源认证、数据机密性检查、数据完整性检查、重放保护、密钥管理等安全服务。IPSec 最适合可信的局域网到局域网之间的 VPN，即内联网 VPN。

IPSec 体系结构如图 7-18 所示。

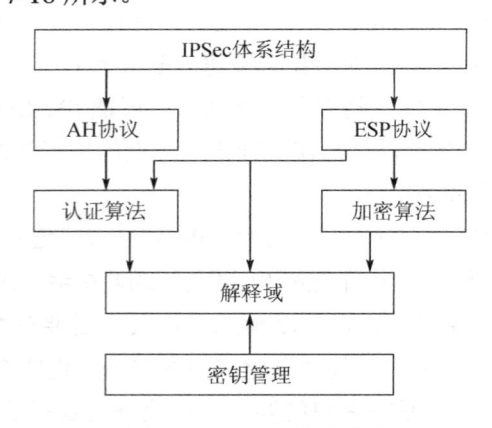

图 7-18　IPSec 体系结构

（1）认证头（Authentication Header，AH）协议：提供数据源认证、数据完整性检查和重放保护。数据完整性检查由 MAC（如 MD5）生成的校验和来实现；数据源认证由经过数据中心认证的共享密钥来实现；重放保护由 AH 中的序列号来实现。

（2）封装安全负载（Encapsulation Security Payload，ESP）协议：提供数据机密性检查、数据源认证、数据完整性检查和重放保护。虽然 ESP 协议和 AH 协议都能提供数据源认证、数据完整性检查和重放保护，但只有 ESP 协议能加密。当 ESP 协议用于数据源认证时，使用 AH 算法。ESP 协议和 AH 协议能够组合或嵌套。

（3）AH 协议和 ESP 协议既可以单独使用，又可以配合使用。当应用组合方式时，可以在两台主机、两台安全网关（防火墙和路由器），或者主机与安全网关之间配置多种灵活的安全机制。

（4）解释域（DOI）：将所有的 IPSec 协议捆绑在一起，构成 IPSec 安全参数的主要数据库。

（5）密钥管理：由网际密钥交换（Internet Key Exchange，IKE）协议和安全联盟（Security Association，SA）来实现。两台 IPSec 计算机在数据交换之前，必须先建立某种约定，这种约定称为安全联盟。SA 对两台 IPSec 计算机之间的策略协议进行编码，并指定它们使用哪些加密算法和什么样的密钥长度，以及实际的密钥本身。IKE 协议的主要任务是生成和管理密钥、集中管理安全关联、减少连接时间。

IPSec 工作模式有传输模式和隧道模式两种。

传输模式为上层协议提供安全保护，如图 7-19 所示。传输模式使用原始明文 IP 头，并且只加密数据，通常用于两台主机之间的通信，如客户机与服务器之间或两台工作站之间。

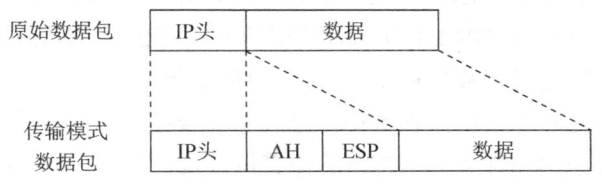

图 7-19 传输模式

隧道模式为整个 IP 包提供安全保护，如图 7-20 所示。隧道模式通常用于至少有一端是安全网关的架构中。例如，装有 IPSec 的路由器或防火墙。若使用隧道模式，则防火墙内的主机可以使用内部地址进行通信，而且不需要安装 IPSec。

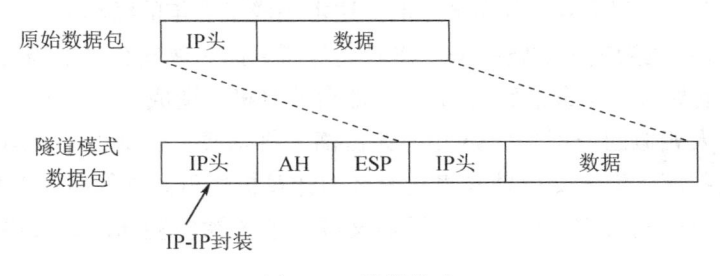

图 7-20 隧道模式

4．SOCKS v5

SOCKS v5 由 NEC 公司开发，是建立在 TCP 层上的安全协议。SOCKS v5 的功能是对连接请求进行认证和授权，其解决了访问控制问题。SOCKS v5 是一个需要认证的防火墙协议，它在客户机和主机之间建立一条虚电路，从而监视并控制授权用户的访问操作。

SOCKS v5 可以方便地为与特定 TCP 端口相连的应用建立隧道，也可以协同 IPSec、L2TP、PPTP 等一起使用。当 SOCKS v5 同 SSL 协议配合使用时，可以建立高度安全的 VPN。目前，IETF 建议将 SOCKS v5 协议（RFC1928）作为建立 VPN 的标准，尽管还有一些其他协议，但 SOCKS v5 协议得到了一些著名公司如 Microsoft、Netscape、IBM 等的支持。

基于 SOCKS v5 的 VPN 适用于客户机到服务器的连接模式，以及建立外联网 VPN。

7.5 计算机病毒及其防护

7.5.1 计算机病毒的产生和发展

在计算机科学和网络通信领域，有很多值得纪念的时间，如图 7-21 所示。

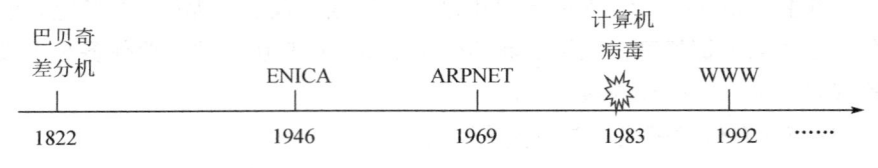

```
巴贝奇                              计算机
差分机         ENICA    ARPNET      病毒        WWW
  |─────────────|──────────|─────────|──────────|──────→
 1822          1946       1969      1983       1992   ……
```

图 7-21 值得纪念的时间

1822 年，英国人查尔斯·巴贝奇设计了第一台差分机；1946 年，第一台电子数字计算机 ENICA 问世；1969 年，ARPNET 建成，它是真正可行的组织间的网络，是 Internet 的雏形；1983 年，验证并确定了计算机病毒的存在；1992 年，万维网（WWW）问世，Web 使 Internet 图形化，以便更易于使用，它支持信息发布和传播，推动了电子商务的发展。

其他的时间令人欣喜，但说到 1983 年的计算机病毒，则是一种别样的心情。从那时起，人们就不断地与计算机病毒进行斗争。如今，随着计算机技术和网络技术的发展和进步，制造和传播计算机病毒的速度越来越快，计算机病毒产生的危害也越来越大。

在计算机的发展史上，冯·诺伊曼曾提出一种可能——现在称为病毒，但没引起注意。1975 年，美国科普作家约翰·布鲁勒尔在他的《震荡波骑士》中，第一次描写了在信息社会中，计算机成为正义与邪恶双方斗争的工具。这本书成了当年的畅销书之一。1977 年，科幻小说《P-1 的春天》成为美国的畅销书，作者托马斯·捷·瑞安在书中描写了一种可以在计算机中互相传染的病毒，病毒最后控制了 7000 台计算机，造成了一场灾难。

历史总有惊人相似的一幕。1983 年，弗雷德·科恩博士研制出了在运行过程中可以复制自身的破坏性程序，伦·艾德勒曼将它命名为计算机病毒。该程序在 VAX11/750 计算机系统上运行，第一个病毒实验成功，一周后又进行了 5 次实验演示，最终验证了计算机病毒的存在。

1986 年年初，在巴基斯坦的拉合尔，巴锡特和阿姆杰德兄弟经营一家个人计算机商店，销售 IBM 个人计算机及其兼容机。1987 年，为了防止盗拷软件，他们编写了 C-BRAIN 程序并随计算机一起销售。只要盗拷他们的软件，C-BRAIN 程序就会发作，将盗拷者剩余的硬盘空间消耗掉。

C-BRAIN 程序是业界公认的、具备完整特征的计算机病毒的始祖。后来一些人士以 C-

BRAIN 为蓝图，制作了一些变形的计算机病毒。从此，各种计算机病毒层出不穷。

1988 年 3 月 2 日，一种苹果机的病毒发作，受感染的苹果机停止工作，且只显示"向所有苹果电脑的使用者宣布和平的信息"，以庆祝苹果机生日。

1988 年 11 月 2 日，莫里斯蠕虫病毒发作，计算机病毒首次入侵计算机网络，造成 Internet 不能正常运行。美国政府立即做出反应，美国国防部成立了计算机应急行动小组。在此事件中，遭受攻击的包括 5 个计算机中心和 12 个地区节点，它们连接着政府、大学、研究所的约 250 000 台计算机，直接经济损失达 9600 万美元。

1988 年年底，我国国家统计部门发现了小球病毒。小球病毒是国内发现的第一个计算机病毒。1989 到 1991 年是计算机病毒在我国迅速发展的阶段。在这一时期，"广州一号"和"毛毛虫"等各种病毒纷纷登场。

从此，计算机病毒不再神秘。随着技术的进步及电子商务的发展，计算机病毒层出不穷。蠕虫、木马、后门程序等病毒轮番上阵，攻击互联网、盗窃机密信息。人们已经从恐惧计算机病毒到理性地认识计算机病毒了。

7.5.2 计算机病毒及其类型

1. 什么是计算机病毒

计算机病毒借用了生物医学上病毒的概念，因为它与生物医学上的病毒一样，具有传染和破坏的特性。但不同的是，计算机病毒不是天然存在的，而是利用计算机软硬件的固有缺陷编写的具有特殊功能的程序。

广义上讲，凡能够引起计算机系统故障、破坏数据的程序统称为计算机病毒。因此，逻辑炸弹、蠕虫、木马、后门程序、间谍软件、钓鱼软件、流氓软件、僵尸网络等都属于计算机病毒。

1994 年 2 月 18 日，我国正式颁布实施了《中华人民共和国计算机信息系统安全保护条例》（以下简称《条例》），在《条例》第二十八条中明确指出："计算机病毒指编制或在计算机程序中插入的破坏计算机功能或毁坏数据，影响计算机使用，并能自我复制的一组计算机指令或程序代码。"此定义具有法律性、权威性。

通常，计算机病毒具有以下基本特征。

（1）传染性：计算机病毒能自我复制，从而传播自己，以感染更多的目标。

（2）破坏性：计算机病毒可对计算机系统的软硬件及数据产生不同程度的破坏。

（3）隐藏性：通常用户感觉不到计算机病毒的存在。

（4）潜伏性：计算机病毒一般不会立刻发作。

（5）可激活性：计算机病毒因某个事件或数值的出现而发作。

（6）针对性：计算机病毒的编制者往往有特殊的破坏目的。

2. 计算机病毒的类型

最初的计算机病毒是单机病毒，病毒通过软盘、光盘等存储介质进行传播。当用户交换数据时，隐藏在其中的计算机病毒就从一台计算机转移到了另一台计算机。

如今，计算机病毒主要是网络病毒。互联网已成为计算机病毒传播和攻击的主要途径。下载资料、浏览网页和收发电子邮件的时候，都可能被计算机病毒感染。若网络中的一台主机被计算机病毒感染，则其有可能通过网络感染同一网络中的所有计算机，从而使网络瘫痪。互联网将世界连在一起，也将计算机病毒送往世界各地。

计算机病毒的主要类型如表7-11所示。

表7-11　计算机病毒的主要类型

类型	特征	实例
蠕虫	不需要"宿主"便可自动复制传播、大量消耗内存、突发性、主动攻击、传播速度快	莫里斯蠕虫、尼姆达、熊猫烧香、震荡波
木马	一种基于远程控制的黑客工具、非授权性、盗窃信息	灰鸽子、网银大盗
后门程序	软件漏洞、黑客攻击的主要手段	CIH病毒：利用Windows 95系统的一个漏洞来实现
流氓软件	强制安装、浏览器劫持、无法（彻底）卸载、干扰其他软件运行	3721上网助手、一搜工具条、网络猪
僵尸网络	具有一对多控制关系、廉价地实施DDos攻击、控制大量的资源、黑客攻击的主要手段	

（1）蠕虫：不占用除内存以外的任何资源，不修改磁盘文件，利用网络功能搜索网络地址，将自身向下一地址进行传播，有时也在网络服务器和启动文件中存在。

蠕虫是一种通过网络传播的恶性计算机病毒，其主要目的是消耗计算机系统和网络资源（内存或网络带宽），使计算机系统和网络瘫痪，从而实施DoS攻击。蠕虫是黑客常用的攻击手段。典型的蠕虫有熊猫烧香、震荡波等。

蠕虫除具有计算机病毒的一些共性，如传染性、隐蔽性、破坏性以外，其还有自身的特点。

① 普通计算机病毒通过传染"宿主"程序或文件进行自我复制，而蠕虫不使用"宿主"程序或文件就能够在计算机系统之间进行自我复制，因此蠕虫一旦潜入计算机系统，受感染的计算机就会被他人远程控制。

② 普通计算机病毒主要传染计算机内的文件系统，而蠕虫的传染目标是互联网内的所有计算机。计算机一旦感染蠕虫，蠕虫即可自行传播，即将自己从一台计算机复制到另一台计算机。局域网环境中的共享文件夹、电子邮件、恶意网页、存在着漏洞的服务器等，都可以成为蠕虫传播的良好途径。蠕虫可以在几个小时内蔓延整个网络，造成网络瘫痪。蠕虫的主动攻击性和突然爆发性使得人们手足无措。

（2）木马：借用希腊神话中的"特洛伊木马"命名，指表面上是有用的，但实际目的却是危害计算机系统安全并严重破坏程序或文件，是一种基于远程控制的黑客工具，具有欺骗性、隐蔽性、非授权性的特点。

隐蔽性指木马的设计者为了防止木马被发现，会采用多种手段隐藏木马，这样服务端即使发现感染了木马，也难以确定其具体位置。

非授权性指一旦控制端与服务端连接后，控制端将窃取服务端的很多操作权限，如修改文件、修改注册表、窃取信息，以及控制鼠标、键盘等。

一旦感染了木马，系统可能会门户大开，毫无秘密可言。

木马与一般计算机病毒的主要区别是：木马不具有传染性，它并不能像一般计算机病毒那样复制自身，也不会"刻意"地去感染其他文件，它主要通过将自身伪装起来，然后吸引用户下载执行。木马中包含能够在触发时导致数据丢失甚至被窃的恶意代码，要使木马传播，必须在计算机上有效地启用这些程序。例如，打开电子邮件附件或将木马捆绑在软件中并放到网络上吸引人下载执行等。现在的木马一般主要以窃取用户相关信息为主要目的，相对其他计算机病毒而言，可以简单地说，其他计算机病毒破坏信息，木马窃取信息。典型的木马有灰鸽子、网银大盗等。

（3）后门程序：那些绕过安全性控制而获取对程序或系统访问权限的程序方法。在软件的开发阶段，程序员常常会在软件内创建后门程序，以便可以修改程序设计中的缺陷。但是，如果这些后门程序被其他人知道，或者在发布软件之前没有删除后门程序，那么它就成了安全风险，容易被黑客当成漏洞进行攻击。

（4）流氓软件：介于计算机病毒和正规软件之间的软件。流氓软件同时具备正常功能（如下载、媒体播放等）和恶意行为（如弹广告、打开后门等），可给用户带来实质危害。流氓软件的主要特点：强制安装、浏览器劫持（自动在 IE 中添加按钮和菜单）、无法卸载或无法彻底卸载、诱导用户安装广告程序、干扰其他软件运行等。根据不同的特征和危害，流氓软件主要有以下几类。

① 广告软件：未经用户允许下载并安装在用户计算机上，或者与其他软件捆绑，通过弹出式广告等形式牟取商业利益的程序。此类软件往往会强制安装并无法卸载；通过在后台收集用户信息来牟利，危及用户隐私安全；频繁弹出广告，消耗系统资源，使其运行变慢等。

② 间谍软件：一种能够在用户不知情的情况下，在其计算机上安装后门、收集用户信息的软件。用户的隐私数据和重要信息会被后门程序捕获，并发送给黑客、商业公司等。这些后门程序甚至能使用户的计算机被远程操纵，并组成庞大的僵尸网络。这是目前网络安全的重要隐患之一。

③ 浏览器劫持：一种恶意程序，通过浏览器插件、浏览器辅助对象（BHO）、Winsock LSP 等形式对用户的浏览器进行篡改，使用户的浏览器配置不正常，并将用户强行引导到商业网站。用户在浏览网站时会被强行安装此类插件，普通用户根本无法将其卸载，浏览器被劫持后，用户只要上网就会被强行引导到其指定的网站，严重影响正常上网浏览。

④ 行为记录软件：未经用户许可，窃取并分析用户隐私数据、记录用户使用计算机的习惯及网络浏览习惯等个人行为的软件。该类软件危及用户隐私安全，而且可能被黑客利用起来进行网络诈骗。

⑤ 恶意共享软件：某些共享软件为了获取利益，采用诱骗、试用陷阱等方式强迫用户注册，或者在软件内捆绑各类恶意插件，未经允许即可将其安装到用户计算机中。软件集成的插件可能会造成用户浏览器被劫持、隐私被窃取等。

（5）僵尸网络：采用一种或多种传播手段（如主动漏洞攻击、电子邮件病毒、各种计算机病毒与蠕虫的联合等），将大量主机感染僵尸程序，从而在控制者和被感染主机之间形成一个可一对多控制的网络，如图 7-22 所示。

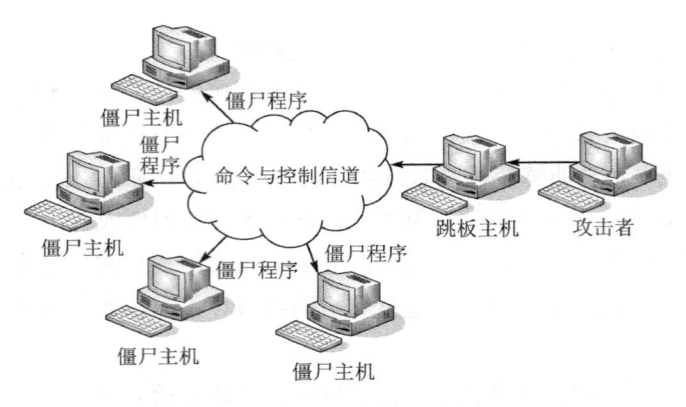

图 7-22　僵尸网络

僵尸程序：实现恶意控制功能的程序。

僵尸主机：被植入僵尸程序的计算机。

僵尸网络具有一定的分布性，随着僵尸程序的不断传播，不断有新位置的僵尸主机添加到网络中来。

僵尸网络最主要的特点是可以一对多地执行相同的恶意行为，如可以同时对某目标网站实施 DDos 攻击，同时发送大量的垃圾邮件等。此时，僵尸网络成了攻击的平台，因此僵尸网络不同于蠕虫或木马。正是这种一对多的控制关系，使得攻击者能够以极低的代价高效地控制大量的资源为其服务，这也是僵尸网络攻击模式得到黑客青睐的根本原因。

7.5.3　计算机病毒防护

根据国际计算机安全联盟（International Computer Security Association，ICSA）的统计，目前，网络是计算机病毒传播的主要渠道，包括电子邮件、网页、QQ 等。鉴于此，计算机病毒防护应从网络入手，在企业网络的关键部位部署计算机防病毒系统，包括硬件防毒墙或防病毒软件等。只有把计算机病毒传播滋生的渠道完全堵死并不断维护，才能保证系统的真正安全。

（1）部署硬件防毒墙。企业内部网络边缘是计算机病毒防护体系结构中的最外层，在网络边缘部署硬件防毒墙并进行全面扫描，可避免计算机病毒进入网络后消耗大量的人力和物力。一般硬件防毒墙支持 HTTP、FTP、SMTP、POP3、MSN 和 IMAP 协议等查杀病毒。

（2）文件服务器的计算机病毒防护。文件服务器是企业内部网络中最常见的服务器，其经常会遭到大量引导型病毒、DOS 病毒、宏病毒等的攻击。由于文件服务器为网络中所有工作站提供文件资源共享，因此其成了计算机病毒理想的隐身潜伏场所，一旦条件具备，计算机病毒将轻易地在网络中传播，并感染所有工作站。

（3）网络工作站的计算机病毒防护。网络工作站的计算机病毒防护位于企业防毒体系中的底层，对企业计算机用户而言，这是最后一道查、杀、清、防病毒的要塞。

（4）邮件服务器的计算机病毒防护。随着电子邮件应用日益普及，电子邮件已成了计算机病毒入侵的重要渠道。根据 ICSA 统计，因使用电子邮件而中毒的事件比率正在持续升高。电子邮件病毒会使企业邮件服务器关闭、企业内重要资料丢失。因此，保护企业邮件服务器免受计算机病毒的攻击十分重要。

查、杀病毒软件在计算机病毒的防护中起到非常重要的作用。尽管杀毒软件不是万能的，但是没有杀毒软件是万万不能的。目前，国内外杀毒软件技术都非常成熟，而且性能稳定，可以实时在线升级，还有企业网络版、个人用户版及各种专杀工具。国内著名的杀毒软件有金山毒霸、瑞星杀毒软件、江民杀毒软件、趋势杀毒软件等。国外著名的、被誉为世界三大杀毒软件的是卡巴斯基、诺顿、MacAfee。

在与计算机病毒的斗争中，人们总是被动的。计算机病毒总是先出现，随后才有相应的杀毒措施。人们不断地升级杀毒软件、更新计算机病毒库，但依靠杀毒软件防范计算机病毒，本身就是被动的方法。

要想拥有一个安全的网络环境，首先要提高网络安全意识，做到预防为主，查杀为辅。普通计算机病毒、一些蠕虫、所有的木马是无法自我传播的，感染的途径通常是运行了被感染计算机病毒的程序，或者上网冲浪、浏览邮件时，计算机病毒利用浏览器的漏洞而自动下载运行。因此，预防计算机病毒首先要提高警惕，不要轻易打开来历不明的文件、网站、邮件等；其次，及时为系统打好补丁；最后，安装实时监控的防火墙和杀毒软件并及时升级计算机病毒库。如果做好这几点，那么基本可以防止绝大多数计算机病毒的入侵。

由于计算机病毒防护总是被动的，因此，即使防护策略十分严密周到，也会有被计算机病毒攻击的可能。所以，要掌握计算机中毒后的处理方法，将损失降到最低。

首先，在杀毒之前，先备份重要的数据文件和硬盘的主引导信息。这样，一旦杀毒失败，还有机会恢复计算机系统的原貌，再用反病毒软件进行修复。

其次，启动反病毒软件，对硬盘的所有分区进行查毒。注意对计算机"内存"、"压缩文件"和"邮件"进行检查。

如果一些文件在被计算机病毒感染时已经受到破坏，那么此时应尽量隔离这些文件，并尽快将其送到反病毒软件厂商的研究中心，以供分析。

本章小结

随着网络和通信技术的成熟和发展，计算机网络成了重要的基础设施，推动了网络经济和电子商务的发展。但是互联网从设计之初就没有考虑过安全问题，其主要目的是提供冗余的通信链路。因此，各种网络安全技术不断推陈出新。本章介绍了网络安全的概念，分析了网络面临的安全威胁。

防火墙部署在网络边界，是网络安全的第一道防线。防火墙执行两个基本功能：数据包过滤和应用程序代理。防火墙可以工作在不同的网络层次，并以多种不同的方式保护内部网络，因此防火墙是有效的网络安全措施之一。

防火墙不能阻止来自内部的攻击，而入侵检测系统可以弥补防火墙的不足。因此，入侵检测系统是防火墙之后的第二道安全防线，它能够主动、实时地检测网络并及时采取相应的防护手段，还可以与防火墙、路由器协同工作，共同应对网络攻击，从而扩展系统安全管理能力。

VPN在公共的互联网中开辟了一条私有的专用通道，既保证了传输信息的安全，又降低了成本。实现VPN的关键技术：隧道协议用于创建隧道，是实现VPN的核心技术；数据加密技术保证了数据的机密性；身份认证和访问控制保证了合法用户按照规定的权限访问数据。

计算机病毒已不再神秘，人们已经从恐惧计算机病毒到理性地认识计算机病毒了。随着电子商务的发展，计算机病毒层出不穷，蠕虫、木马、后门程序等轮番上阵，攻击互联网、盗窃机密信息。在与计算机病毒的斗争中，人们总是被动的，要想有一个安全的网络环境，首先要提高网络安全意识，做到预防为主，查杀为辅。

思考题

1. 请谈谈你对网络安全的理解。
2. 请简述计算机网络面临的主要威胁。
3. 网络安全的关键技术有哪些？简述各自的作用。
4. 与软件防火墙相比，硬件防火墙有哪些好处？
5. 请说明有状态包过滤防火墙的工作原理。
6. 请说明代理服务器的工作原理。
7. 请比较防火墙的实现技术，并完成表 7-12。

表 7-12 防火墙的实现技术比较

比较内容	无状态包过滤器	有状态包过滤器	代理服务器
网络层次			
检查内容			
数据包转发			
源主机、目的主机的连接			
日志文件			
安全性			
单点故障			
转发延迟			

8. 请安装一个个人计算机防火墙，并记录安装步骤、配置选项。
9. 解释下列术语：

   VPDN、Access VPN、Intranet VPN、Extranet VPN、隧道、L2TP

10. 入侵检测系统有哪些功能？
11. 入侵检测系统通常由哪几部分构成？每个部分的作用是什么？
12. 请说明异常检测的基本工作原理，并分析其优缺点。
13. 按系统结构，入侵检测系统分为哪几种类型？说明各自的工作原理。
14. 什么是计算机病毒？它有哪些特征？
15. 解释下列术语，并比较它们的异同：

    蠕虫、木马、流氓软件、后门程序、僵尸网络

16. 如果发现文件中带有计算机病毒，那么把这些文件删除是否能彻底解决问题？

第8章 电子商务安全协议

内容提要

本章的目的是让学生理解网络安全是实现电子商务的基础,而一个通用性强、安全可靠的网络协议是实现电子商务安全交易的关键技术之一,同时它会对电子商务的整体性能产生很大的影响。

本章重点对 SET 协议、SSL 协议和 HTTPS 协议进行介绍和分析。通过本章的学习,使学生掌握 SET 协议在电子商务安全中的作用、SET 协议的工作原理及交易流程、SET 协议的安全体系;掌握 SSL 协议结构、分析比较 SSL 协议与 SET 协议,加深对前述协议的理解;掌握 HTTPS 协议结构、工作原理和安全机制。

8.1 电子商务安全协议概述

安全协议也称为安全密码,是以密码学为基础的网络信息交换协议。电子商务安全协议由买方、卖方、第三方及它们之间约定的电子交易条款组成,其是完成信息安全交换的共同约定的逻辑操作规则,也是保证网上交易的机密性、数据完整性、身份的合法性和不可抵赖性的重要技术。

经过多年的发展,已经产生了许多电子商务安全协议,如表 8-1 所示。电子商务安全协议包括:SET(安全电子交易)协议、SSL(安全套接层)协议、STT(安全交易技术)协议、S-HTTP(安全超文本传输)协议、EDI(电子数据交换)协议和 IPSec(IP 安全)协议等。本章重点对 SET 协议、SSL 协议和 HTTPS 协议进行介绍和分析。

表 8-1 电子商务安全协议

协议/标准	说明
S-HTTP	安全超文本传输协议,保证 Web 站点间的交易信息传输安全
SSL	安全套接层协议,保证 Web 上信息传输安全
SET	安全电子交易协议,安全的信用卡交易
STT	安全交易技术协议,由微软公司开发,将认证和解密在浏览器中分开,用以提高安全控制能力,微软公司在 IE 中采用这一技术
iKP	安全电子支付协议,从 1KP、2KP 到 3KP,其安全性和复杂性递增,由 IBM 公司开发
IBS	电子支付协议,由卡内基梅隆大学开发
NetBill	网络支付协议,由卡内基梅隆大学开发
First Virtual	网上信用卡的安全电子支付协议,用电子邮件通信体系的安全性和完整性保障安全,由 First Virtual 公司开发
Zhou-Gollmann	在信道不可靠条件下签订电子合同

续表

协议/标准	说明
IPSec	IP 数据包的安全性,用于创建 VPN
OpenPGP	开放式的邮件加密协议,为电子邮件和数据文件提供安全性服务
PPTP	点对点隧道协议,用于创建 VNP
S/MIME	安全电子邮件协议,实现电子邮件的机密性、完整性、认证性和不可抵赖性,依赖于 PKI 技术
Secsh	安全外壳工作组,实现安全远程访问

8.2 SET 协议

8.2.1 SET 协议概述

在开放的 Internet 上处理电子商务事务,首要问题就是保证买卖双方传输数据的安全。为了满足电子交易日益增长的安全需求,Visa International、MasterCard International 两大信用卡公司与 IBM、Microsoft、Netscape、GTE、VeriSign、SAIC、Terisa 等厂商联合推出了基于信用卡在线支付的电子商务系统的安全协议——SET 协议,并于 1997 年发布了 SET Specification Version 1.0。SET 协议主要用于 B2C 电子商务系统,且完全针对信用卡来制定,其内容包含了信用卡在电子商务交易中的交易协定、信息保密、资料完整等各个方面。

SET 协议是目前广泛使用的一种网络银行卡付款机制,也是进行在线交易时保证银行卡安全支付的一个开放协议。它是保证在开放网络上进行安全支付的技术标准,也是专为保护持卡人、商家、发卡银行和收单银行之间,在 Internet 上进行信用卡支付的安全交易协议。目前,SET 协议已成为电子商务交易领域的工业标准。

SET 协议是一个基于可信的第三方 CA 的方案,它要实现的主要目标如下。

(1) 保证信息及交易过程安全:确保网络上传输信息的机密性及完整性;提供对交易各方(包括持卡人、特约商店、收单银行)的身份认证;保证电子商务参与者信息的相互隔离;定义安全服务需要的算法及相关协定。

(2) 支持应用的互操作性:提供一个开放式的标准,促使不同厂家开发的软件具有兼容性和互操作功能,确保不同厂商开发的应用程序可共同运作,促成软件互通;允许在任何软硬件平台上的执行,使标准达到相容性与接受性的目标;保证网上交易的实时性,使所有支付过程都是在线的。

(3) 实现可推广性:SET 协议应该是一个具备易用性和可实施性的标准,特约商店、持卡人在实施 SET 协议时,不需要对自身系统做出较大修改;允许在目前使用者的应用软件下,嵌入付款协定的执行,对收单银行与特约商店、持卡人与发卡银行之间的关系,以及信用卡组织的基础构架改变最少。

因此,SET 协议的主要目的是实现网上交易的机密性、数据的完整性、交易的不可抵赖性和交易各方的身份认证。

此外,SET 协议还对证书的管理和交易处理过程等制定了严格的规定。

8.2.2 SET 协议交易的参与者

在 SET 协议的交易过程中，需要 6 个角色的参与，分别是持卡人、发卡银行、商家、支付网关、收款银行和 CA。

（1）持卡人。持卡人指使用信用卡进行电子商务交易的买主。在电子商务环境中，持卡人通过计算机访问商家，并购买商品。持卡人使用发卡银行发行的支付卡，并从 CA 获取数字签名证书。

（2）商家。在采用 SET 协议的电子商务环境中，商家指互联网上的商店。通常商家将自己提供的商品和服务的详细信息通过 Web 网页等形式展示给客户（持卡人），客户可以任意地挑选所需的商品。商家必须与相关的收款银行达成协议，确保能够接收持卡人的信用卡付款，实现商家和持卡人之间的安全电子交易。

（3）发卡银行。发卡银行是一个金融机构。发卡银行为持卡人建立账户，并能向持卡人发行支付卡。发卡银行必须保证只对经过授权的交易进行付款。

（4）收款银行。收款银行是一个金融机构。它能够为参与电子商务交易的持卡人和商家建立相关账户，同时能够对信用卡进行认证，并处理付款授权和付款结算。

（5）支付网关。支付网关是银行专网和互联网之间的接口，其主要作用是将不安全的互联网上的交易消息传给安全的银行专网，起到隔离和保护银行专网的作用。它通过一组服务器设备和相应的系统，将互联网上传输的数据转换为金融机构内部的数据，这些数据是处理电子交易时的支付数据及买主的支付请求。

（6）CA。CA 是一个负责发放和管理数字证书的权威机构。它通常采用一种多层次的分级结构，各级的 CA 类似于各级行政机关，上级 CA 负责签发和管理下级 CA 的证书，最下一级的 CA 直接面向最终用户。在 SET 协议中，CA 负责发放和撤销持卡人、商家和支付网关的数字证书，让持卡人、商家和支付网关之间通过证书相互认证。

8.2.3 SET 协议的相关技术

SET 协议中采用的相关技术包括加密技术和身份认证技术。其中，加密技术是 SET 协议中的核心技术，主要有对称密码技术、非对称密码技术、消息摘要技术、数字签名技术、数字信封技术、双重签名技术、数字证书技术等。SET 协议中的身份认证主要是通过数字证书技术来实现的。下面依次介绍涉及 SET 协议的相关技术。

1. 对称密码技术

在对称密码技术中，加密密钥和解密密钥是相同的。如果加密密钥和解密密钥不同，那么必须保证可以从其中一个密钥通过特定的算法演算出另一个密钥。

对称密码技术加解密的方式：发送方用对称密钥和对称密钥加密算法将明文加密为密文，并将密文发送给接收方；接收方收到密文后，使用与加密相同的密钥和对称密钥解密算法将密文还原为明文，完成数据的加密传送。

在使用对称密码技术时，关键是保证密钥的安全，进行通信的交易各方必须确保对称密钥在使用过程中的任何阶段都不曾发生泄露。

对称密码技术的加解密算法的运算速度快，因此其广泛应用于大量数据处理的应用环境中。在众多的对称密码算法中，影响最大的是 DES 算法和 AES 算法。

2．非对称密码技术

非对称密码技术的密钥是成对出现的，每对密钥中都包括公钥和私钥两部分。非对称密码技术的密钥对具有一一对应的关系，当用一个公钥将明文加密为密文后，只有用与之对应的私钥才能将该密文解密为明文，反之亦然。

非对称密钥对生成后，公钥可以采用任何方式对外公开发布，同时必须确保私钥在使用过程中的任何阶段都不被泄露。

任何用户要想向公钥发布者发送加密数据，可以轻易地获得公钥发布者的公钥，再使用该公钥加密明文为密文。加密后的密文即使加密者本人也无法将密文解密为明文。加密者将密文发送给该公钥的发布者，发布者收到密文后，使用与公钥对应的私钥对密文进行解密，然后得到明文，完成数据的加密传输。

最有影响的公钥加密算法是 RSA 算法，足够位数的 RSA 算法能够抵抗到目前为止已知的所有密码攻击。

3．消息摘要技术

消息摘要技术是把一个任意长度的数据当作输入值，再通过特定的算法，产生一个长度固定的值。其中，使用到的算法是一个伪随机的算法，即 Hash 函数。

消息摘要技术的主要特点如下。

（1）输入的消息长度是可变的，而计算出来的消息摘要的长度总是固定的。由于输入的消息长度可能会大于计算出来的消息摘要的长度，因此，在理论上存在不同输入值，但输出值相同的情况。通常认为，消息摘要的最终输出长度越长，这种情况出现的概率越小，而消息摘要算法越安全。

（2）消息摘要是伪随机的。一方面，消息摘要是随机产生的，消息摘要与消息原文在表面上没有任何的关联关系；另一方面，消息摘要不是真正随机的，用相同的算法对相同的消息求两次摘要，其结果必然相同，如果是真正随机的消息，那么是无法重现相同结果的。

（3）在通常情况下，只要输入的消息不同，对其进行摘要以后产生的消息摘要也必不相同。

（4）消息摘要函数是单向函数，即只能进行正向的消息摘要，而无法从消息摘要中恢复出任何原始消息，甚至根本找不到任何与原始消息相关的信息。

MD5 的全称是 Message-Digest Algorithm 5（消息-摘要算法），该算法以任意长度的消息作为输入值进行计算，产生一个 128 比特的指纹或报文摘要。两个不同的消息产生相同报文摘要的概率相当小，从一个给定的报文摘要逆向产生原始消息更加困难。

4．数字签名技术

数字签名技术是消息摘要技术和非对称密码技术结合的产物。在数字签名技术中，非对称密码技术被反向运用，即用私钥加密消息，而用公钥解密消息。如果一个消息可以由特定的公钥解密，那么可以肯定这个消息是由与之匹配的私钥加密的，因为每一个公钥只有一个与之匹配的私钥。

实现数字签名技术的主要步骤如下。

（1）报文发送方以报文文本为输入，采用消息摘要技术生成一个固定长度的报文摘要。

（2）报文发送方用自己的私钥对这个报文摘要进行加密，得到的密文就是发送方的数字签名。

（3）报文发送方将数字签名作为报文的摘要发送给接收方。

（4）报文接收方首先采用与报文发送方相同的方法，从接收到的原始报文中计算出报文摘要；然后报文接收方使用报文发送方的公钥解密报文发送方的数字签名，得到报文摘要。如果两个报文摘要相同，那么报文接收方能确认该数字签名是发送方发送的，且原始报文未被修改过。

数字签名技术能够实现以下功能。

（1）完整性：通过数字签名能够判断消息是否已被修改。

（2）不可抵赖性：在消息已被签名并发送之后，发送方不能否认已对这个消息进行了签名，因为这个消息是由发送方的私钥进行加密的。

5．数字信封技术

数字信封技术是非对称密码技术和对称密码技术结合的产物，其主要功能是实现只有规定的特定收信人才能阅读通信的内容。

在数字信封技术中，信息发送方采用对称密码技术将信息内容加密；然后将加密信息的对称密钥用接收方的公钥进行加密。用接收方的公钥加密过的对称密钥称为数字信封。发送方将数字信封和加密后的信息一起发送给接收方，接收方先用相应的私钥解密数字信封，得到加密信息的对称密钥，然后使用该密钥解开加密信息，得到信息原文。这种加密方法具有极高的加密强度。

数字信封技术结合了对称密码技术和非对称密码技术的优点，解决了以下两个问题：一是它克服了私钥加密中私钥分发困难的问题；二是它克服了公钥加密中加密时间长的问题。

6．双重签名技术

双重签名技术是数字签名在 SET 协议中的一个重要应用。在电子商务交易过程中，持卡人不允许商家获得其信用卡信息，同时不希望银行跟踪及得到购买商品的信息，但是又不能影响商家和银行对持卡人所发信息的合理验证。在 SET 协议中通过双重签名技术来解决这一问题。

如图 8-1 所示，假设持卡人 C（Customer）从商家 M（Merchant）购买商品，他既不希望商家看到他的信用卡信息，又不希望银行 B（Bank）看到他购买的商品的有关信息。C 生成订购信息 OI（Order Information），并将其发给 M，同时 C 生成支付信息 PI（Payment Information），并将其发送给 B。

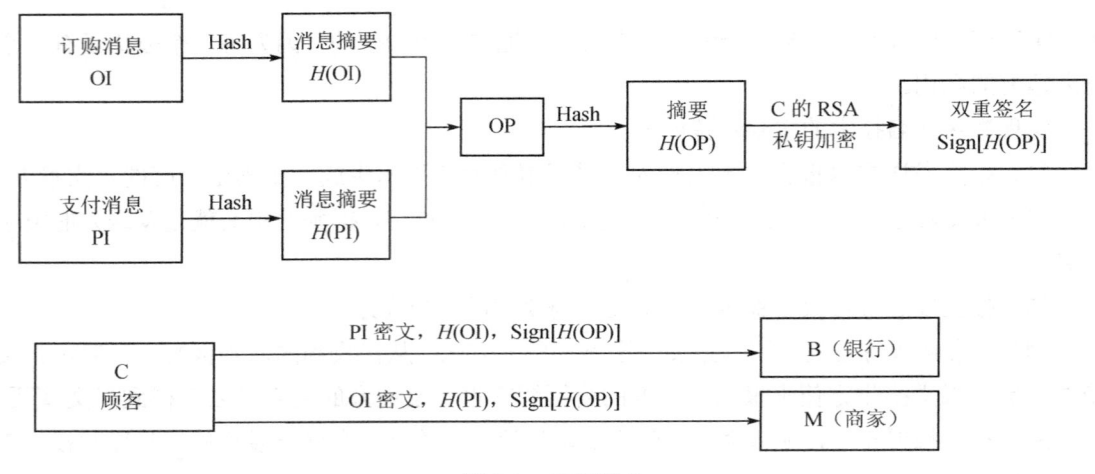

```
┌─────────┐       ┌─────────┐
│ 订购消息 │ Hash  │ 消息摘要 │
│   OI    │──────▶│  H(OI)  │─┐
└─────────┘       └─────────┘ │    ┌────┐ Hash  ┌────────┐ C 的 RSA  ┌──────────────┐
                              ├───▶│ OP │──────▶│ 摘要    │ 私钥加密  │   双重签名    │
┌─────────┐       ┌─────────┐ │    └────┘       │ H(OP)  │──────────▶│ Sign[H(OP)]  │
│ 支付消息 │ Hash  │ 消息摘要 │ │                 └────────┘           └──────────────┘
│   PI    │──────▶│  H(PI)  │─┘
└─────────┘       └─────────┘

┌─────────┐   PI 密文, H(OI), Sign[H(OP)]    ┌──────────┐
│    C    │──────────────────────────────────▶│ B（银行）│
│  顾客   │   OI 密文, H(PI), Sign[H(OP)]    ├──────────┤
│         │──────────────────────────────────▶│ M（商家）│
└─────────┘                                   └──────────┘
```

图 8-1　双重签名

OI 的消息摘要是 $H(OI)$，PI 的消息摘要是 $H(PI)$。连接 $H(OI)$ 和 $H(PI)$ 得到 OP，再生成 OP 的消息摘要 $H(OP)$，用 C 的私钥签名 $H(OP)$，得到 $Sign[H(OP)]$，称为双重签名。

C 将消息{OI 密文，$H(PI)$，$Sign[H(OP)]$}发送给 M，将{PI 密文，$H(OI)$，$Sign[H(OP)]$}发送给 B。在验证双重签名时，接收者 M 和 B 分别创建消息摘要，M 生成 $H(OI)$，B 生成 $H(PI)$，再分别将 $H(OI)/H(PI)$ 与接收到的消息摘要 $H(PI)/H(OI)$ 连接，生成 OP 及其摘要 $H(OP)'$，接收者 M/B 用 C 的公钥解开 $Sign[H(OP)]$，得到 $H(OP)$。比较 $H(OP)'$ 与 $H(OP)$ 是否相同，如果相同，那么表示数据完整且未被篡改；否则丢弃数据。

这样就实现了商家只能看到和处理订购信息，而银行只能看到和处理支付信息。

7．数字证书技术

数字证书是由权威机构——CA 发行的，其是在互联网上进行身份认证的一种权威性电子文档。在数字证书的认证过程中，CA 是权威的、公正的、可信赖的第三方，同时数字证书必须具有唯一性和可靠性。

数字证书技术是通过非对称密码技术来实现的，用户的私钥用于解密和签名，公钥用于加密和验证签名。

数字证书的颁发过程：首先用户产生自己的密钥对，并将公钥及部分个人身份信息发送给 CA；然后 CA 在核实身份并确认请求确实由用户发送而来后，发放给用户一个数字证书，该证书包含用户的个人信息及公钥信息，以及 CA 的签名信息。

8.2.4　SET 协议的交易流程

SET 协议解决了持卡人、商家和银行之间通过信用卡支付的交易问题。采用 SET 协议的电子商务交易分为以下 3 个阶段。

（1）持卡人与商家协商交易的商品列表及所用的支付方式。

（2）持卡人发送付款指令，商家与银行核实并付款。

（3）商家向银行出示所有交易细节，之后银行以适当方式向商家转移货款。

SET 协议的交易流程（见图 8-2）如下。

（1）持卡人首先确认商家的合法性；然后浏览商品明细列表，并选择要购买的商品。

（2）持卡人填写订单，并选择付款方式；然后将完整的订单及要求付款的指令发送给商家。其中，订单和付款指令由持卡人进行数字签名，同时利用双重签名技术保证商家无法获得持卡人的账号消息，并且银行无法获得持卡人的订单消息。

（3）商家接到订单后，向持卡人的收款银行发出支付请求；支付请求通过支付网关到达银行，再到发卡银行进行确认，银行批准交易后，返回确认消息给商家。

（4）商家向持卡人发送订单确认消息。

（5）商家向持卡人交付货物。

（6）商家向银行请求付款。

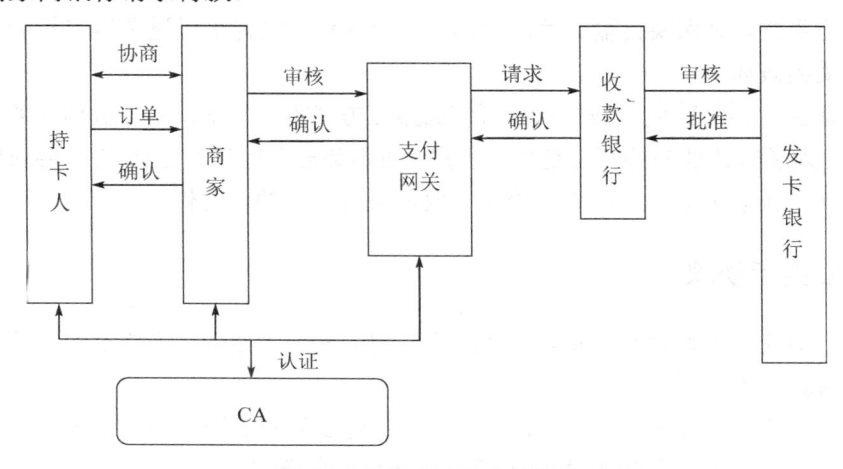

图 8-2 SET 协议的交易流程

8.3 SSL 协议

8.3.1 SSL 协议概述

SSL 协议是由网景（Netscape）公司设计的一套基于 Web 应用的 Internet 数据安全协议。该协议向基于 TCP/IP 的客户机/服务器应用程序提供了客户机和服务器的鉴别、数据完整性及信息机密性等安全措施。该协议通过在应用程序进行数据交换前交换 SSL 初始握手信息来实现有关安全特性的审查。在 SSL 初始握手信息中，采用了 DES、MD5 等加密技术来实现信息机密性和数据完整性，并采用 X.509 的数字证书进行鉴别。SSL 协议已广泛地用于 Web 浏览器与服务器之间的身份认证和加密数据传输。

SSL 协议位于 TCP/IP 与各种应用层协议之间，其为数据通信提供安全支持。SSL 协议可分为以下两层。

SSL 记录协议（SSL Record Protocol）：建立在可靠的传输协议（如 TCP）之上，可为高层协议提供数据封装、压缩、加密等基本功能的支持。

SSL 握手协议（SSL Handshake Protocol）：建立在 SSL 记录协议之上，用于在实际的数据传输开始前，通信双方进行身份认证、协商加密算法、交换加密密钥等。

SSL 协议在作为目前保护 Web 安全和基于 HTTP 的电子商务交易安全的事实上，被许多世界知名厂商的 Intranet 和 Internet 网络产品支持，包括 Netscape、Microsoft、IBM、Open Market 等公司提供的支持 SSL 协议的客户机和服务器产品，如 IE 和 Netscape 浏览器，以及 IIS、Domino Go WebServer、Netscape Enterprise Server 和 Appache 等 Web 服务器。

SSL 协议将对称密码技术和非对称密码技术结合，提供了以下 3 种基本的安全服务。

（1）秘密性。SSL 协议客户机和服务器之间通过密码算法和密钥的协商，来建立起一个安全通道。以后在安全通道中传输的所有信息都经过加密处理，网络中的非法窃听者获取的信息都将是无意义的密文信息。

（2）完整性。SSL 协议利用密码算法和 Hash 函数，再通过对传输信息特征值的提取来保证信息的完整性，确保要传输的信息全部到达目的地。这样可以避免客户机和服务器之间的信息内容受到破坏。

（3）认证性。利用数字证书技术和可信的第三方 CA，可以让客户机和服务器相互识别对方的身份。为了验证证书持有者是合法用户（而不是冒名用户），SSL 协议要求证书持有者在握手时相互交换数字证书，以通过验证来保证对方身份的合法性。

8.3.2　SSL 握手协议

SSL 握手协议是用来协商在安全信道中要使用的安全参数的。这些参数包括要采用的协议版本、加密算法和密钥等。

SSL 握手协议用于实现数据的加密传输。为了建立加密的数据传输通道，首先需要通过 SSL 握手协议来协商建立加密参数，包括客户端与服务器采用的一组用于加密数据的算法；这些算法使用的加密密钥。此外，还可以选择在此阶段对客户端进行认证。

SSL 握手协议的工作步骤（见图 8-3）如下。

（1）客户端将其 SSL 握手协议的版本信息、支持的加密算法列表及一个用于产生密钥的随机数组成一个客户端 Hello 消息，并发送给服务器。

（2）服务器从客户端支持的加密算法列表中选择一种加密算法，并将其与包含服务器公钥的服务器证书发送给客户端；该证书包括用于认证目的服务器标识，同时服务器提供一个用于产生密钥的随机数。

（3）客户端提取服务器的证书和公钥，并用服务器的证书验证服务器的合法性。客户端产生 pre-master secret 对称密钥，并用服务器的公钥对其进行加密，同时将加密后的信息发送给服务器。

（4）服务器用私钥解密收到的信息，得到 pre-master secret 对称密钥，从而完成加密算法和算法使用的加密密钥的协商。

（5）客户端与服务器根据自身发送的所有握手信息产生一个 change cipher spec 消息，然后双方交换 change cipher spec 消息。如果 change cipher spec 消息与本地计算获得的 change cipher spec 消息不匹配，那么断开 SSL 链接。

第（5）步的目的是防止 SSL 握手协议本身遭到篡改。假设一个攻击者要控制客户端与服务器使用的算法，那么客户端可提供多种加密算法，而且某些强度弱，某些强度强，以便能够与仅支持弱强度算法的服务器进行通信。攻击者可以删除客户端在第（1）步提供的所有高强度算法，这迫使服务器选择一种弱强度的算法。第（5）步的 change cipher spec 消息交换能够阻止这种攻击，因为客户端的 change cipher spec 消息是根据原始消息计算得出的，而服务器的 change cipher spec 消息是根据攻击者篡改过的消息计算得出的，这样经过检查会发现不匹配。

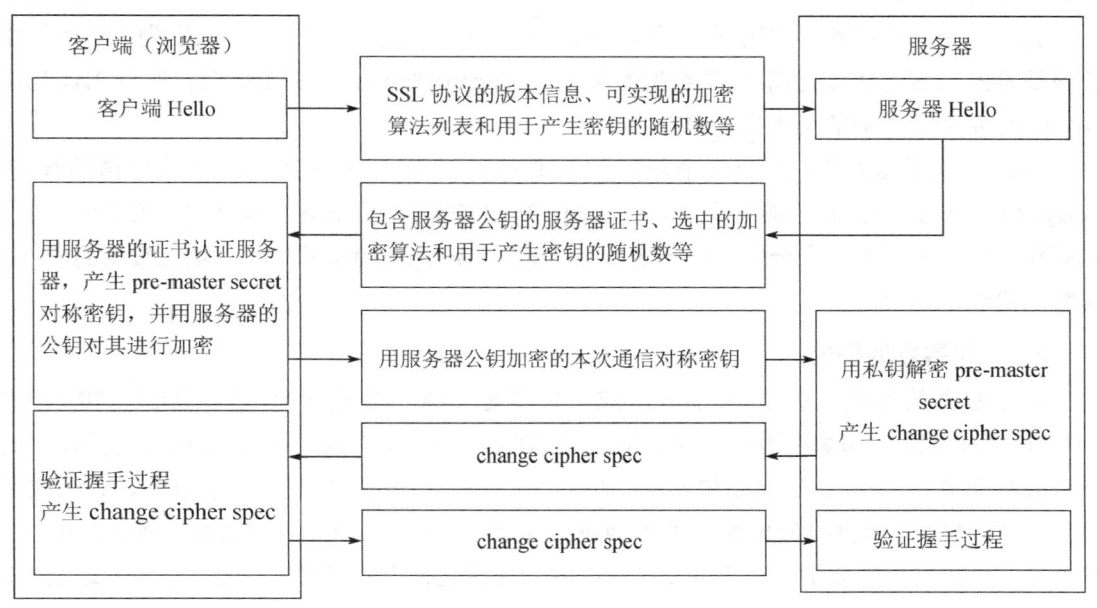

图 8-3 SSL 握手协议

8.3.3 SSL 记录协议

SSL 记录协议将数据流分割成一系列的片段，并对每个片段单独进行保护和传输。在接收方，对每条记录单独进行解密和验证。这种方案使得数据一经准备好就可以从连接的一端传送到另一端，并在接收方即刻加以处理。

SSL 记录协议为数据传输提供了通信、身份认证功能，它是一个面向连接的可靠传输协议。SSL 记录协议建立在可靠传输基础之上，其为高层协议提供数据封装、压缩、加密等基本功能。SSL 握手协议的报文要求必须放在一个 SSL 记录协议的记录里，但应用层协议的报文允许占用多个 SSL 记录来传送。SSL 记录协议规定了所有发送和接收数据的打包格式，也就是说，在 SSL 协议中，实际的数据传输是通过 SSL 记录协议来实现的。

一个记录由两部分组成：记录头和非零长度的数据。

1. 记录头

记录头可以是 2 个或 3 个字节长的编码。记录头包含的信息有记录头的长度、记录数据的长度，以及记录数据中是否有填充数据。其中，填充数据是在使用块加密（Blocken-

Cryption）算法时，填充实际数据，使其长度恰好是块的整数倍。当记录头的最高位为 1 时，不含填充数据，记录头的长度为 2 个字节，记录数据的最大长度为 32767 个字节；当记录头的最高位为 0 时，含有填充数据，记录头的长度为 3 个字节，记录数据的最大长度为 16383 个字节。

当记录头的长度为 3 个字节时，次高位具有特殊的含义。当次高位为 1 时，表示传输的记录是普通的数据记录；当次高位为 0 时，表示传输的记录是安全空白记录（被保留并用于将来协议的扩展）。

记录头中的数据长度编码不包括数据头占用的字节长度。当记录头的长度为 2 个字节时，记录数据的长度的计算公式：记录数据的长度=((Byte[0]&0x7f)<<8)|Byte[1]。其中，Byte[0]、Byte[1]分别表示传输的第 1 个、第 2 个字节。

当记录头的长度为 3 个字节时，记录数据的长度的计算公式：记录数据的长度=((Byte[0]&0x3f<<8))|Byte[1]。其中，Byte[0]、Byte[1]分别表示传输的第 1 个、第 2 个字节。判断传输的记录是否是安全空白记录的计算公式：(Byte[0]&0x40)!=0。填充数据的长度为传输的第 3 个字节。

2. 记录数据的格式

记录数据的格式一般由 3 部分组成，分别是 MAC 数据（MAC-DATA）、实际数据（ACTUAL-DATA）和填充数据（PADDING-DATA）。其中，MAC 数据是消息识别码，用于检查数据完整性。若使用 MD2 和 MD5 算法，则 MAC 数据长度是 16 个字节。MAC 数据的计算公式：MAC 数据=Hash(密钥,实际数据,填充数据,序号)。其中，密钥由传递消息的对象和加密类型决定。当会话的客户端发送数据时，密钥是客户的写密钥，此时服务器通过读密钥来验证 MAC 数据；当会话的客户端接收数据时，密钥是客户的读密钥，此时服务器通过写密钥来产生 MAC 数据。序号由一个递增计数器产生。实际数据是实际需要被传送的数据，这部分数据是加密的。填充数据是采用分组码时需要的数据。

8.3.4 SSL 协议与 SET 协议的比较

SSL 协议和 SET 协议都提供了在互联网上进行电子交易支付的手段，且两者都被广泛使用。但它们之间各有各的特点，下面分别进行介绍。

SSL 协议实现简单、使用方便、成本较低，它独立于应用层协议，大部分内置于浏览器和 Web 服务器中，运行机制简单灵活，易普及推广。SET 协议实施成本较高，依赖于可信赖第三方 CA，运行机制复杂。

SSL 协议是一个面向连接的协议，可通过数字签名技术和数字证书技术实现浏览器和 Web 服务器双方的身份验证，但不能实现多方认证。SET 协议能够对所有的参与者进行身份认证。

SET 协议规范了整个商务活动的流程，对参与者之间的信息流必须采用的加密、认证制定了严密的标准，从而最大限度地保证了安全性、商务性、服务性、协调性和集成性。而 SSL

协议只对客户端与服务器之间的信息交换进行加密保护，因此其可视为用于传输的那部分的技术规范。

SSL 协议和 SET 协议处在网络协议的不同层次位置。SSL 协议是基于传输层的通用安全协议，而 SET 协议主要位于应用层。由于这两种协议所处的网络层次不同，并且为电子商务提供的服务也不相同，因此在实践中可以根据具体情况来选择两种协议或配合使用。

由于 SET 协议的安全机制接近完美，并且对网络和计算机处理要求较高，因此其性能不及 SSL 协议。SSL 协议配置简单，传输性能较高。

在应用领域方面，SSL 协议主要应用于 Web 应用，其能够胜任只通过 Web 或电子邮件就可完成的电子商务应用。而 SET 协议能够为信用卡交易提供安全，应用更为广泛。

8.4 HTTPS 协议

8.4.1 HTTPS 协议概述

1. HTTP 协议的安全缺陷

HTTP 协议是互联网上既重要又常见的应用层协议之一，也是 Web 服务数据的传输通道。随着网络交易、网上银行等电子商务的兴起，Web 服务的安全性问题日益突出。因此，对作为 Web 服务数据的传输通道的 HTTP 协议的安全性要求也达到了一个新的高度。

HTTP 协议虽然应用广泛，但该协议存在两个主要的安全缺陷。

（1）数据的明文传送。在 HTTP 协议数据传输过程中，所有的数据均不采用加密或数字签名的方式，而是以明文的方式进行传输。针对明文传输的信息，攻击者最常用的方法是在传输过程中分析敏感数据，以获取用户的私密信息，包括用户名、密码、身份证号、信用卡号等，这将导致严重的安全事故。

（2）数据的完整性检测。在 HTTP 协议数据传输过程中，对数据完整性的检验仅在报文的头部包含本次传输数据的长度，而不对该数据的内容进行确认。攻击者可以在传输过程中修改客户端与服务器的传输数据，甚至插入恶意代码，或者在客户端或服务器植入木马程序。

HTTP 协议的这两种安全缺陷，导致其不能满足电子商务应用中网络交易的安全性要求。因此，为了增强 Web 服务的安全性，Netscape 提出了 HTTPS 协议，以解决 HTTP 协议中的安全性问题。

2. HTTPS 协议的安全性

HTTPS 协议是以安全为目标的 HTTP 通道。它是由 Netscape 开发并内置于其浏览器中的，用于对数据进行压缩和解压操作，以及返回网络上传送回来的结果。该协议通过应用 Netscape 的安全套接层（SSL）作为 HTTP 应用层的子层，并充分结合与利用对称密码算法的快速性与公钥密钥算法的安全性，在 Web 服务数据的传输通道 HTTP 上，创造性地运用公钥密码算法，实现了对称加密密钥的安全传输，从而保证了该通道内数据的安全性和机密性。

HTTPS 协议在通信的安全性方面，对 HTTP 协议进行了一定程度的增强，其基本保证了客户端与服务器的通信安全，因此被广泛用于互联网上敏感信息的通信，如网上银行账户、电子邮箱账户及交易支付等各个方面。具体可从以下几个方面增强安全性。

（1）实现了客户端与服务器的双向身份认证。客户端与服务器在传输 HTTPS 数据之前，需要对双方的身份进行认证，认证过程通过交换各自的 X.509 数字证书的方式来实现。

（2）保证了传输数据的机密性。客户端与服务器在传输 HTTPS 数据之前，需要根据公钥密码算法协商在传输过程中需要使用的加密密钥，并在随后的数据传输过程中使用该密钥进行对称加密。

（3）实现了数据的完整性检验。HTTPS 协议通过信息验证码的方式对传输数据进行数字签名，当发生内容篡改时，由于对应 Hash 值的改变，因此攻击行为会被发现。

8.4.2　HTTPS 协议结构

HTTPS 协议是提供互联网上 Web 服务通信隐私性的安全协议。该协议允许客户端与服务器应用之间进行防窃听、防篡改及防伪造的安全 Web 服务通信。HTTPS 协议的结构如图 8-4 所示。

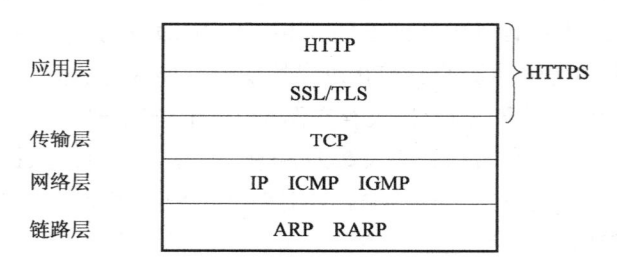

应用层	HTTP	} HTTPS
	SSL/TLS	
传输层	TCP	
网络层	IP　ICMP　IGMP	
链路层	ARP　RARP	

图 8-4　HTTPS 协议的结构

TCP/IP 是整个互联网上数据传输和通信使用的最基本的控制协议。

HTTP 作为应用层协议，其位于 TCP 之上，是用于从服务器传输超文本到本地浏览器的传送协议，而 SSL 位于 TCP/IP 与 HTTP 之间，其作为一种数据安全协议而存在，可以保证超文本文件的认证性、机密性和完整性。

HTTPS 是两种协议的有机结合，通过作为子层的 SSL 来加强安全性，实现 HTTP 数据的安全传输，有效地避免 HTTP 数据被窃听、篡改及伪造。在传输过程中，HTTPS 的两个子层 HTTP 与 SSL 各司其职。其中，上层的 HTTP 只负责提供或接收 HTTP 数据包，数据的加密/解密工作对其是透明的，且均由 SSL 负责。

8.4.3　HTTPS 协议的工作原理

HTTPS 协议的工作原理：当客户端向服务器发出 HTTPS 请求后，服务器会响应该请求并提供相应内容给客户端。其中，服务器响应该请求的文字和 HTML 文档会在 HTTP 提供的传输通道中，并由会话层套接字（Socket）的连接来传送。Socket 使两台远程的计算机能通过 Internet 虚拟互连，并进行通话。服务器的内容在传送出去前，通过本地的 SSL 协议自动加密，其在被客户端接收后，在客户端上被解密。对没有解密密钥的攻击者来说，整个过程的资料是无法阅读的。

由此可见，HTTPS 协议的安全基础是 SSL 协议。

8.4.4　HTTPS 协议的安全性分析

HTTPS 协议是基于 SSL 协议的 Web 服务传输协议，其通过介于应用层与传输层之间的 SSL 协议对明文传输的 HTTP 数据进行加密通信，以确保信息传递的安全性。在发送数据时，HTTP 数据在经过 SSL 时被加密，并通过 TCP/IP 进行传输。在接收数据时，被 SSL 加密的 HTTP 数据在通过 SSL 时被解密，同时验证 HTTP 通信双方的身份。SSL 协议提供的安全机制可以保证 HTTP 数据在传输时不被窃听、伪造和篡改。

1. SSL 协议的安全机制

在 SSL 协议中，分别采用对称密码技术、公钥加密技术和数字签名技术。公钥加密技术用于对 SSL 协议进行初始化连接，对称密码技术用于连接后的安全通信。在 SSL 协议的安全机制下，以下 3 部分内容处于核心的位置。

（1）SSL 协议采用的加密算法和会话密钥。SSL v2 及 SSL v3 协议支持的加密算法包括 RC4、RC2、IDEA 及 DES，而加密算法所用的密钥由 Hash 函数 MD5 产生。其中，RC4、RC2 均由 RSA 定义，分别适用于块加密和流加密模式。

（2）SSL 协议的身份认证模式。SSL 协议提供两种基本的身份认证模式，一种是只针对服务器认证的认证服务器匿名客户端（Named-Server Anonymous-Client）模式；另一种是针对客户端和服务器均进行认证的认证服务器认证客户端（Named-Server Named-Client）模式。在实际应用中，出于对资金、效率及规模的考虑，第一种模式是更为常用的方式。

（3）高质量的随机数。SSL 协议是基于高质量的随机数进行加密的。在 SSL 握手协议中，多处都用到随机数。

第一，客户端和服务器都需要产生握手随机数，但是这种随机数大部分是无须安全产生的，因为它们是公开的。

第二，客户端和服务器需要产生随机数来完成密钥交换。

第三，服务器的私钥及可选的客户端的私钥都需要随机产生。

第四，如果使用 DSA 进行签名，那么必须为每个签名产生一个随机数。

高质量的随机数对基于 SSL 协议的 HTTPS 协议十分重要。通常，有两种产生随机数的方法：一种是通过某种随机或几乎是随机的物理过程来获得真正的随机性，另一种是使用能产生看似是随机数序列的算法来获得伪随机性。在大多数 SSL 协议的实现中，使用的都是基于伪随机数发生器（Pseudo-Random Number Generators，PRNG）软件。PRNG 是一种提供不可预测（尽管不是随机的）数字序列的算法。为了产生高质量的随机数，必须给 PRNG 提供一些随机数据作为种子。种子数据通常是通过网络通信采样、系统内部变量、用户输入计时等内容来收集的。

2. 针对 HTTPS 协议的攻击

HTTPS 协议是为了保证电子商务过程中涉密信息安全的，它是电子商务本身受网络攻击最频繁的一个领域。因此，自 HTTPS 协议诞生起，多种攻击类型或攻击方法都是针对 HTTPS 协议及 SSL 协议的。作为 HTTPS 协议安全基础的 SSL 协议，其自身也存在漏洞及安全问题。针对 HTTPS 协议的典型攻击方法如下。

（1）通信业务流分析。HTTPS 协议由底层的 SSL 协议提供通信消息的保密性和完整性，在选择适当的密码算法的基础上，所有在网络中传输的消息都被加密，并且使用加密 MAC（消息认证码）对消息的完整性进行保护。如果常规的攻击失败，那么攻击者可能会转向更复杂的攻击。

通信量分析是一种恶意的被动攻击，它的目标在于通过检查包中未加密的域及属性，来获得受保护会话的机密信息。虽然通信过程中的会话数据是加密的，但是在 SSL 协议的记录协议中，记录头的许多域是没有被保护的。通信业务流分析试图通过检查被保护的会话中未进行保护的某些域或会话的属性来发现有价值的信息。例如，通过检查没有经过加密的 IP 数据包的源地址、目的地址、TCP 端口等内容，能够获得有关通信双方的 IP 地址、正在使用的网络服务等信息，在某些特定情况下，有时甚至可以获得有关商业或个人关系方面的有价值的信息。

上述弱点之所以出现，是因为密文长度暴露了明文的长度。SSL 协议在块加密模式中支持随机填充，而在流加密模式中却不支持。

（2）百万消息攻击。百万消息攻击是针对 SSL 协议中使用的 RSA 算法进行攻击的，这种攻击可能会导致使用 RSA 算法的 SSL 协议版本受到影响。这种攻击可以帮助攻击者恢复给定会话的次密钥 pre_master_key。密钥生成主要依赖于主密钥 master_key 的安全性，而主密钥 master_key 的安全性主要依赖于次密钥 pre_master_key 的安全性。因此，一旦次密钥 pre_master_key 被攻破，则整个通信都将掌握在攻击者手中。百万消息攻击基于加密的次密钥 pre_master_key 产生一系列消息，然后选择一系列整数进行计算：

$$c'=cs^e \bmod n$$

式中，c 是用于加密的次密钥 pre_master_key，e 是 RSA 的公共指数。

攻击者使用被攻击者的服务器作为启发器，并使用生成的一系列消息进行刺探与检查响应。攻击者与服务器初始化握手并在 Server_Key_Exchange 消息中发送 c'。当服务器对 c'进行解密时，攻击者恢复一条新的消息 m'，可以从数学上证明 m'就是 m，m 就是原消息。这种攻击的关键是，攻击者可以使用被攻击者的服务器作为获取消息 m'的启发器，攻击者还可以使用这些消息获得 m 的精确描述。这种攻击的依据就是消息 m 具有正确的 RSA 格式。

（3）HTTPS 中间人攻击。这种攻击主要是在 HTTP 数据传输过程中，在客户端与服务器之间架设一台虚拟主机，通过中间人的方式截获客户端和服务器发送的 HTTPS 数据；再利用已知的消息或协议的漏洞对数据进行分析、修改和伪造，通过获取握手协议产生的加密密钥或降低协议安全级别的方式来截获客户端的私密信息，同时保持无缝接入；攻击者面对客户端自称是服务器，面对服务器自称是客户端，然后在服务器和客户端进行消息篡改和转发，从而实现自己的攻击目的。

本章小结

本章介绍了几个主要的电子商务安全协议，重点论述了 SET 协议、SSL 协议和 HTTPS 协议。本章介绍了 SET 协议的工作原理及涉及的关键技术，分析了 SET 协议的交易流程，研究了 SET 协议的安全体系；还介绍了 SSL 协议的结构，对比分析了 SET 协议与 SSL 协议；同时介绍了 HTTPS 协议，描述了 HTTPS 协议的结构及工作原理，重点分析了 HTTPS 子层 SSL 协议，并给出了 HTTPS 协议的安全性分析，总结了 HTTPS 提供的安全机制及可能受到的攻击。

思考题

1. 请阐述电子商务安全协议在电子商务系统中的地位和作用。
2. 请说明 SET 协议双重签名的原理和主要作用。
3. 在 SET 协议的交易流程中，如何保护持卡人的隐私信息？
4. SSL 协议中的握手协议和记录协议分别起到什么作用？
5. 请说明 SET 协议和 SSL 协议的主要区别和联系。它们的主要应用环境是什么？
6. 试分析 HTTP 协议的安全性。
7. HTTPS 协议是从哪几个方面增强其安全性的？
8. HTTPS 和 HTTP 的主要区别是什么？

第 9 章 移动电子商务安全

> **内容提要**
>
> 移动电子商务因其快捷方便、无处不在的特点，已成为电子商务发展的新方向。移动电子商务能在任何地方、任何时间，真正解决做生意的问题。但是对于任何通过无线网络进行商务活动、金融交易的企业和个人，安全和隐私问题无疑是关注的焦点。由于移动电子商务的特殊性，移动电子商务的安全问题尤为重要。本章主要介绍移动电子商务受到的威胁，学习无线通信协议，并重点分析无线通信协议的安全机制。

9.1 移动电子商务

移动电子商务指将移动通信设备和无线网络技术相结合，构成一个电子商务系统。移动通信设备包括手机、掌上电脑、笔记本电脑等。移动电子商务中的"移动"是手段，"商务"是目的。对传统的电子商务而言，移动电子商务可以真正地实现任何人、任何时间、任何地点的商务活动。

移动电子商务不仅是电子商务的简单拓展，其特点主要体现在以下 4 个方面。

（1）便捷性。无线终端设备小巧、方便随身携带，使得商务活动不再受地域限制。移动电子商务便捷的访问方式能够提高商务活动的效率。例如，在排队或塞车的时候，利用手机等移动设备访问网络或处理日常工作事务。各种移动服务应用为移动电子商务的便捷性提供了条件，如手机邮箱、移动即时通信、文件共享等。

（2）位置相关性。定位技术使得与位置相关的各种移动服务应用得到迅速发展。通过 GPS 可以识别电话的所在地，从而为用户提供相应的个性化服务。与有线商务相比，定位技术赋予了移动电子商务无可比拟的优势。利用这项技术，移动电子商务提供商能够更好地与特定地理位置上的用户进行信息交互。例如，在查询旅游信息的时候，服务商除给用户提供预定的信息之外，还可以提供与位置相关的其他信息。位置相关性最重要的应用在于急救，当用户需要急救而不知自己所处的位置时，救护人员可以通过定位技术迅速到达现场并实施抢救。

（3）无所不在。与传统的固定电话和电子商务不同，在移动通信方式下，用户可以在任何时间、任何地点进行移动电子商务。这个特性对用户的某些特定需求非常有价值，如用户需要实时关注股票价格、拍卖信息等。对于时间和位置敏感的行业，如金融业和旅游业，其也能从该特性中获得巨大的收益。

（4）私人化。无线终端设备是非常私人化的工具，移动通信设备和手机号码通常都是被一个用户唯一使用的，任何一个使用移动服务应用的用户都拥有唯一标志的智能卡（如 SIM 卡）。该卡充当了移动数据库的功能，用户使用的服务项目、资费等信息均会被运营商记录并存储下来，这些私人化的信息为开展客户定制服务提供了保证。

由以上移动电子商务的特点可知，对用户而言，移动电子商务可以提高个人生活的方便性、个性化；对企业而言，企业移动电子商务可以实现 7×24 小时开展商务活动。

9.2 移动电子商务的安全威胁

移动电子商务面临的安全威胁主要来自以下方面：移动通信系统威胁、移动设备自身隐患、外部因素的威胁及 Internet 的安全风险等。这些威胁和风险主要包括终端窃取与假冒、无线链路威胁、DoS 攻击和交易抵赖、移动设备的隐患等。

9.2.1 移动通信系统威胁

移动网络是移动电子商务向用户提供服务的基础，是必不可少的通信基础设施。与传统的有线通信网络不同，无线通信网络可以不受地理环境和通信电缆的限制，实现开放的、可移动的通信。正是由于移动网络具备这样的优点，因此才能为移动电子商务的用户带来更加灵活、自由的体验。但是移动网络也存在潜在的安全问题。

（1）无线链路威胁。移动通信的短信息数据大都采用明文传输，这使得通过无线设备进行信息窃听变得更加简单和容易。移动通信是使用无线信道传输通话内容的，包括用户身份、用户位置、数据信息等，其他人可以通过适当的无线终端设备来窃听在无线信道上传输的信息，而且这种窃听很难被发现。

（2）交易抵赖。在电子商务的交易过程中，双方都参与了相应的交易过程，但很可能会出现一方否认参与交易的情况。其中可能同时存在两种抵赖情况：一种情况是客户在收到商品之后进行抵赖，即不承认收到商品而拒绝支付货款；另一种情况是商家收到货款后进行抵赖，即否认已收到货款并拒绝交付商品。

（3）假冒攻击。由于无线网络信号的漫游性，因此攻击者可以利用无线设备对无线网络中传送的信息进行截取和窃听，之后通过分析截取到的这些信息来得到用户的合法信息。攻击者可以利用这个合法信息来进行攻击和欺骗。

（4）DoS 攻击。DoS 攻击指攻击者通过对服务主机或通信网络进行干扰，使用户数据没有办法及时传递。此外，攻击者还可以通过重复发送大量假冒网络信息单元来阻塞合法用户的业务数据、信令信息或控制数据等，从而使其他用户无法接受正常的网络服务。

9.2.2 移动设备自身隐患

移动设备的特点是具有移动性，其隐患主要包括移动设备数据的安全性、移动设备硬件的弱处理性和移动设备通信的安全性等。

（1）移动设备数据的安全性。移动设备的硬件资源的处理能力低、内存容量小、数据传输速率因受地理位置等的限制而速度较慢，使得其在现有的条件和环境下开展移动支付和交易业务存在较大的限制和隐患。因此，提高移动设备存储能力和处理能力有助于处理交易数据和移动电子商务的开展,但由于移动设备自身的特点,因此计算机病毒传染也更加容易。这意味着企业数据或个人数据容易泄露,也使得攻击者可以通过获取来的移动设备上的数据资源,如数字证书、机密数据等,非授权访问企业内部网络的系统资源或破坏移动设备中的数据完整性,从而造成企业或个人的损失。

(2)移动设备硬件的弱处理性。如果采用手机实现移动电子商务交易,那么手机中的重要信息都存储在 SIM 卡中,因此 SIM 卡是用于标识移动设备用户的一个重要设备。一旦手机丢失,则他人可以通过复制 SIM 卡中的这些重要信息来进行攻击和欺骗。如果在电子商务交易中使用移动设备来进行用户鉴权,那么 SIM 卡丢失后,非法窃取者还可能伪装成真正用户,再参与到移动电子商务的活动中来。另外,移动设备需要依靠电能进行工作,如果移动设备持续传输大量数据,那么会导致网络带宽饱和及设备电池耗尽,从而使设备性能降低或掉电停用。这些都是移动设备需要考虑的问题。

(3)移动设备通信的安全性。移动设备上的蓝牙接口可以用来接入它周边的设备,然后通过网关及利用现有连接进入专用网络/内联网。入侵者还可以通过射频扫描设备对公共射频进行扫描,从而捕获其中传输的数据,然后利用加密算法中的弱点来解密数据,从而导致用户信息的泄露。此外,移动电子商务提供了基于位置的服务,但由于移动设备通信安全的问题,因此基于位置的服务也会给用户带来信息泄露的问题。

9.2.3 外部因素的威胁

在移动电子商务活动中,消费者只能从图片和文字描述中了解和判断商品,而对于产品的原材料、成分的真实性等情况无法进行深入了解,同时售后服务有时也不能得到及时解决。交易双方信息不对称,造成商家对消费者的欺诈行为屡见不鲜,消费者权益得不到有力保障,与此同时,造成移动电子商务市场混乱和交易双方不信任。例如,虚假信息描述,消费者购买商品与实际商品不符;商家提供虚假经营者信息资料等不法行为。

移动电子商务平台运营管理漏洞也容易产生安全问题。随着移动电子商务的发展,移动电子商务平台林立。大量移动电子商务平台对如何进行管理、如何进行安全等级划分、如何确保安全运营等问题普遍缺少经验。在移动电子商务平台设计和建设中做出的一些技术控制和程序控制的安全思考,急需在运营实践中进行修正和完善,更需把技术性安全措施和运营管理中的安全措施,以及交易中的安全警示和安全思考进行整合,以形成一个整合的、增值的移动电子商务安全运营和防御战略,确保使用者免受安全威胁。

在移动电子商务应用过程中,还存在许多安全威胁因素,主要表现在以下 6 个方面。

(1)法律法规不完善、不健全。

(2)信用意识淡薄。

(3)互联网自身存在的安全隐患。

(4)移动设备,特别是智能手机终端的手机病毒等。

(5)无线网络本身的开放性。

(6)降低了安全性等原因。

9.3 IEEE 802.11 协议及其安全机制

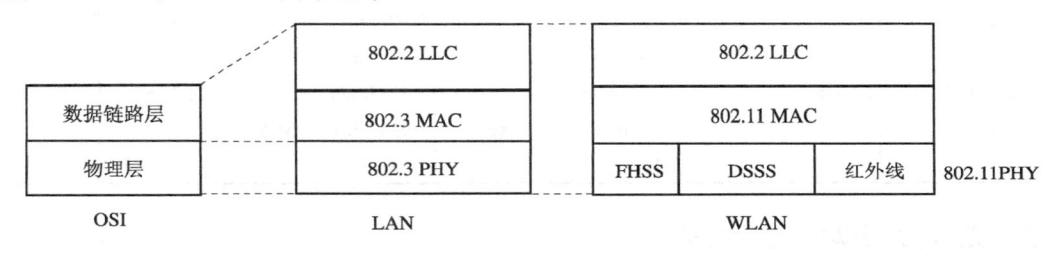

9.3.1 IEEE 802.11 协议

IEEE 802.11 协议是国际电工电子工程学会（IEEE）为无线局域网（WLAN）定义的一个无线通信网络的工业标准。IEEE 802.11 协议定义了物理层和媒体访问控制规范，其允许无线局域网及无线设备制造商建立互操作网络设备。IEEE 802.11 协议体系结构如图 9-1 所示。IEEE 802.11 协议只包含 OSI（Open System Interconnection）七层协议的物理层和数据链路层的介质访问控制子层（Media Access Control，MAC）。物理层采用跳频序列扩频（Frequency-Hopping Spread Spectrum，FHSS）与直接序列扩频（Direct Sequence Spread Spectrum，DSSS），支持 1 Mbit/s 与 2 Mbit/s 两个速率。

图 9-1 IEEE 802.11 协议体系结构

由于标准的 IEEE 802.11 在速率和传输距离上都不能满足人们的需要，因此，IEEE 相继推出了 802.11a 、802.11b 等一系列新标准。经过不断开发和研制，IEEE 802.11 实际是一个协议族，称为 802.11x 系列标准，其包含了一系列无线局域网的协议标准，如图 9-2 所示。在实际应用中，802.11b 已成为无线局域网的主流标准，且被多数厂商采用。802.11x 系列标准的参数如表 9-1 所示。

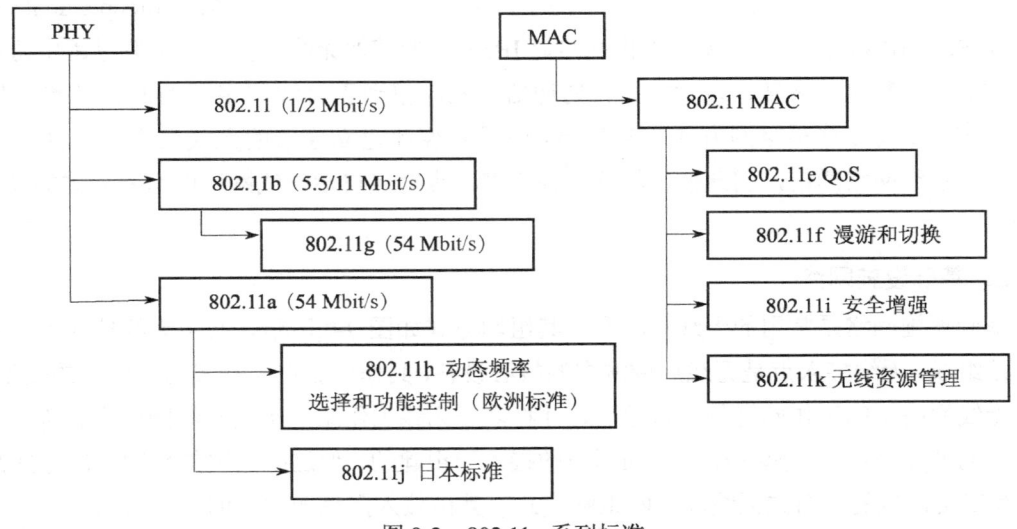

图 9-2 802.11x 系列标准

表 9-1 802.11x 系列标准的参数

协议	发布年份	Op.标准频宽	实际速率（标准）	实际速率（最大）	半径范围（室内）	半径范围（室外）
802.11a	1999 年	5.15～5.35 GHz 5.47～5.725 GHz 5.725～5.875 GHz	25 Mbit/s	54 Mbit/s	约 30 m	约 45 m
802.11b	1999 年	2.4～2.5 GHz	6.5 Mbit/s	11 Mbit/s	约 30 m	约 100 m
802.11g	2003 年	2.4～2.5 GHz	25 Mbit/s	54 Mbit/s	约 30 m	约 100 m
802.11n	2009 年	2.4/5 GHz	300 Mbit/s（20MHz×4 MIMO）	600 Mbit/s（40MHz×4 MIMO）	约 70 m	约 250 m
802.11p	2009 年	5.86～5.925 GHz	3 Mbit/s	27 Mbit/s	约 300 m	约 1000 m
802.11ac	2011 年	5 GHz	433Mbit/s 867Mbit/s （80/160MHz 可选）	867Mbit/s 1.73 Gbit/s 3.47 Gbit/s 6.93 Gbit/s（8 MIMO，160MHz）	约 35 m	

9.3.2 无线局域网的组网方式

无线局域网主要由无线工作站（Wireless Station）、无线接入点（Wireless Access Point，WAP）、计算机及其相关设备组成。

IEEE 802.11 协议定义了两种常用的无线网络：点对点自治无线网络和基础设施网络（Infrastructure Networks）。

1．点对点自治无线网络

点对点自治无线网络中的无线工作站组成一个独立基本服务集（Independent Basic Service Set，IBSS）。每一个无线工作站与该 IBSS 中的其他无线工作站在关联过程中协商彼此通信的一些物理层参数，以建立直接的通信方式，相当于有线网络中的两台计算机用网线直接连接起来。这种组网方式非常简单，但只有彼此建立连接的无线工作站之间才能通信，而不能跨网络通信，因此使用的情况并不多。点对点自治无线网络的组网方式如图 9-3 所示。

2．基础设施网络

基础设施网络是常用的无线局域网，其组网方式如图 9-4 所示，其由无线接入点和无线工作站组成。无线接入点是无线局域网中的核心设备，其作用类似于有线局域网中的交换机，可为无线网络中的工作站提供接入服务，并将多个无线工作站连接到有线网络中。传统的无线局域网是为企业或家庭内少量移动用户的接入而组建的，但这类网络的典型组网方式是胖AP+有线交换机的分布式无线局域网组网模式，其由接入点完成用户的无线接入、用户权限认证、用户安全策略的实现。

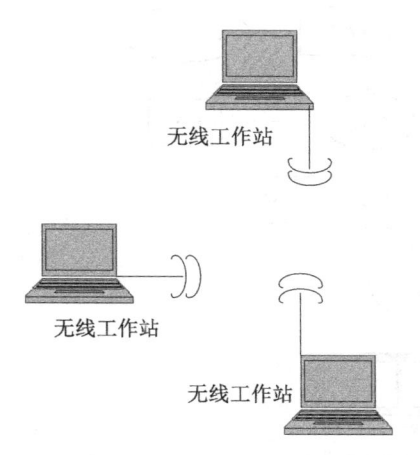

图 9-3　点对点自治无线网络的组网方式 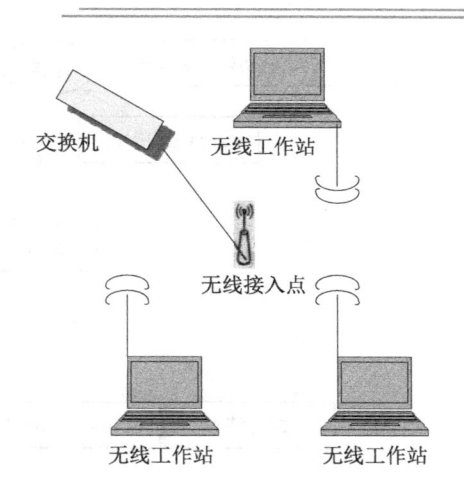　　　　图 9-4　基础设施网络的组网方式

9.3.3　IEEE 802.11 协议的安全机制

IEEE 802.11 协议的安全机制主要通过有线等效加密（Wired Equivalent Privacy，WEP）协议、用户认证和 MAC 地址过滤来实现。

1．WEP 协议

WEP 协议是 IEEE 802.11 协议定义的一种数据链路层安全协议，它为用户提供了 64/128 比特两种 WEP 通信模式，其通过 RC4 算法产生的密钥对数据进行加密，从而保证无线局域网的安全。有线等效指无线局域网用户可以通过 WEP 协议来获得与有线局域网等同的安全保障。RC4 算法是一种对称密码算法，其在加密和解密过程中使用相同的密钥。WEP 协议在数据加密、网络访问控制和确保数据完整性 3 个方面发挥作用。

WEP 协议的原理和运行过程如图 9-5 所示。

（1）用户设置的密钥（40 比特或 104 比特）与一个 24 比特的初始化矢量（Initialization Vector，IV）连接，加在一起得到长 64 比特或 128 比特的密钥。系统工作时为每一个发送的数据包指定一个 IV，这样在密钥设置基本不变的情况下，可使每个数据包有不同的 RC4 密钥。

（2）将得到的 RC4 密钥输入 RC4 伪随机数发生器，产生与输入相同长度的密码序列。

（3）在对文本或数据进行加密前，先进行 CRC 编码，接收端通过这个附加的 CRC 编码进行校验，以确保数据的完整性。

（4）将 CRC 编码后的数据信息与密码序列逐位进行异或运算，生成经加密的数据。

（5）将 IV 附在加密数据后一起发出，接收端用它重建与发送端相同的密码序列，用于解密操作。

IEEE 802.11 协议并没有指出具体形式的密码管理方法，这意味着厂家可以自己确定密码管理的方案。实际上，长度为 40/104 比特的 WEP 密码一般由用户或管理员手动配置。

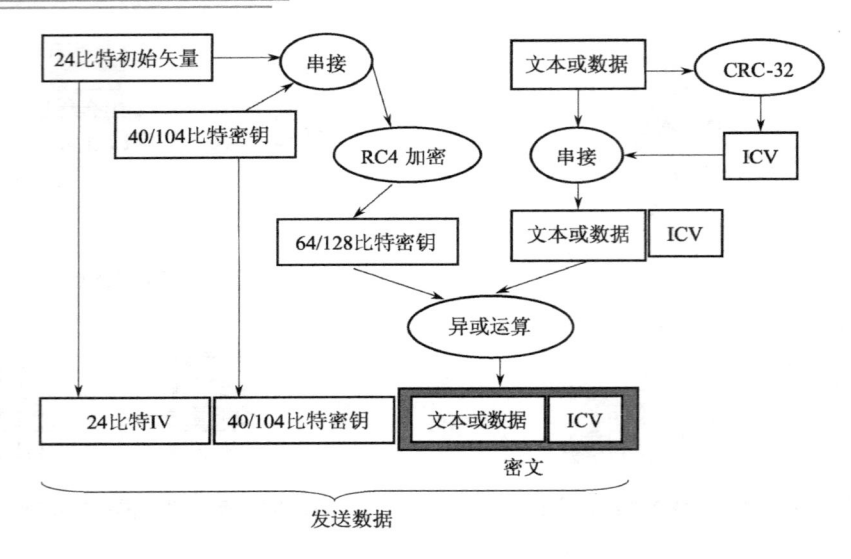

图 9-5　WEP 协议的原理和运行过程

2. 用户认证

一个无线用户在访问网络之前，必须先经过用户认证并与一个 AP 建立联系。所谓联系，就是将该无线用户和某个 AP 进行绑定。IEEE 802.11 协议提供两种认证方式：开放系统认证和共享密钥认证。

开放系统认证是 IEEE 802.11 协议必选的认证方式。该方式是在用户提出接入请求时，比较用户的服务集识别号（SSID）是否与 AP 的 SSID 一致，若二者一致，则用户才能与 AP 建立联系，否则请求被拒绝。SSID 最初是用来在逻辑上区分多个无线子网的，它实际上是一个子网名称，其在安装时进行设置并且可以更改。在这里，SSID 作为一种安全机制使用，一个无线子网中的所有用户必须设置与 AP 相同的 SSID，只有这样，它们才能与 AP 建立联系，并且接入网络。

共享密钥认证是通过一个共享密钥来控制用户对网络资源进行访问的。由于使用的认证密钥与 WEP 算法的密钥相同，因此，要想获得共享密钥认证，必须使用 WEP 算法。共享密钥认证过程如下。

（1）用户向 AP 发出请求。

（2）AP 返回一个随机字符串，如 A2B%UMC98。

（3）用户用自己的共享密钥对收到的这个字符串进行加密，并将结果返回 AP，如 E(A2B%UMC98)。

（4）AP 解密用户发来密文，如果其与开始时发出的字符串一致，即 $D\,[E(\text{A2B\%UMC98})]$ = A2B%UMC98，那么说明共享密钥一致，用户被允许接入。

3. MAC 地址过滤

MAC 地址即网卡的硬件地址，任何一个网卡都有一个全球唯一的长度为 48 比特的 MAC 地址。许多厂家的 AP 产品提供 MAC 地址过滤功能，其通过建立访问控制地址列表（ACL）来控制用户接入，以增强安全性。MAC 地址过滤允许在 ACL 中预先指定 MAC 地址的用户认证并接入。这种方式确实增强了安全性，但是手动配置地址列表非常耗费时间，且容易出错，因此只适合变动不大的小型网络。

本章小结

本章阐述了移动电子商务的优势，并从移动通信系统、移动设备自身及外部因素 3 个方面分析了移动电子商务受到的安全威胁；同时深入分析了无线通信协议 IEEE 802.11 协议的结构、组网方式和安全机制。

思考题

1．请简要说明移动电子商务的特点。
2．请列举移动电子商务受到的安全威胁。
3．请分析 IEEE 802.11 协议体系结构与 OSI 和 LAN 之间的关系。
4．无线局域网由哪几部分组成？
5．IEEE 802.11 协议定义了两种常用的无线网络：点对点自治无线网络和基础设施网络，请分析这两种无线网络的结构。
6．IEEE 802.11 协议的安全机制主要包括哪几个方面？
7．请说明 WEP 协议的加密过程。
8．请说明 IEEE 802.11 协议的安全机制中用户认证的方法。

第 10 章　数据高可用技术

> **内容提要**
>
> 　　在电子商务领域，数据安全问题必须提到相当的高度。因为一旦数据安全出现异常情况，如由火灾、水灾或人为因素造成的破坏使数据丢失，整个业务系统将无法正常运行，造成的损失将不可估量。本章主要介绍数据备份和恢复技术、数据容灾的概念及技术。数据容灾是保证数据高可用的必要手段。所谓数据容灾，就是在灾难发生时，全面、及时地恢复整个系统。数据备份是数据容灾的基础，没有备份的数据，任何容灾方案都没有现实意义。但光有备份是不够的，容灾也必不可少。容灾系统的衡量有两个主要指标：恢复点指标和恢复时间指标。
> 　　数据是电子商务系统中最宝贵的财富，许多因素都可能导致数据丢失和数据被非授权地篡改。例如，外部攻击、软件或硬件故障等。由于任何原因造成的数据丢失和数据被非授权地篡改都有可能带来无法弥补的损失，因此可靠的数据访问是电子商务系统及其应用的先决条件。任何公司或机构都不能置数据安全风险于不顾，因为由安全问题带来的损失远远超过在安全解决方案上的投资。

10.1　数据备份和恢复技术

　　数据备份与恢复技术指采用某种技术手段保存源数据的副本，当源数据由于某种原因遭到破坏时，将保存的数据副本恢复，再重新加以利用的过程。对数据进行备份已经是电子商务系统的一个必需的工作。数据备份的根本目的是当源数据遭到破坏时，数据可恢复，无法恢复的数据备份是毫无意义的，安全、方便、高效地恢复数据是数据备份的真正价值所在。

　　数据备份作为电子商务领域数据安全解决方案的一个重要组成部分，其地位和作用都是不容忽视的。对一个完整的电子商务系统而言，数据备份是其必不可少的组成部分，它的意义不仅在于防范意外事件的发生，而且是历史数据保存归档的最佳方式。

　　高性能的数据备份和恢复技术能充分保护电子商务系统中有价值的信息，保证灾难发生时系统仍能正常工作，或者通过系统恢复，在短时间内恢复工作。目前，在计算机和信息安全领域，数据备份和恢复技术已经成了一个备受瞩目的研究方向。

10.1.1　数据备份

　　通常，数据备份系统由备份源、备份目标、备份通路、备份引擎和备份策略组成。

　　（1）备份源。备份源是需要对其进行备份的数据，通常指正在运行的系统中的数据。例如，电子商务系统客户资料数据库中的数据等。

　　（2）备份目标。备份源最终将在备份目标上建立自身的一个副本。备份目标通常是一个存储设备。根据系统的规模、重要程度、性能要求，备份目标具备不同的容量、可靠性和吞吐率。备份目标可以与备份源在同一台主机上，而更普遍的情况是备份目标与备份源分属不同的设备，甚至部署在不同地理位置的不同设备上。

当备份目标与备份源在同一台主机上时，可以使用本地磁盘作为备份目标，然后将备份源备份到本地磁盘的其他目录、分区，或者本地设备的其他硬盘上。这种备份方式实现简单，备份速度也比较快，但缺点是对工作服务器的性能影响较大，备份引擎将占用大量的系统资源。

当备份目标与备份源分属不同的设备时，备份目标通常是存储区域网络中的磁盘阵列、磁带库等。这种备份方式对备份源主机的性能影响较小，且有利于实现容灾，是电子商务系统普遍采用的备份技术；但其缺点是系统成本较高、实现较复杂，且要占用大量的网络带宽资源。

（3）备份通路。备份源数据通过备份通路被复制到备份目标。备份通路有很多种，如总线、网络等。

（4）备份引擎。备份引擎用来将备份源数据复制到备份目标。备份引擎是备份系统的执行机构。

（5）备份策略。备份策略指备份引擎在运行时依据的规则。数据备份根据备份内容、备份时间及备份方式等的不同，分为不同的备份策略。目前被采用最多的备份策略主要有以下 3 种。

① 完全备份策略。不论备份源是否被修改过，都将其机械地复制到备份目标。如果两次备份之间数据没有任何更改，那么所有备份数据都是一样的。

完全备份策略的优点：当发生数据丢失时，只要用最近一次备份的备份源的副本就可以恢复所有丢失的数据，且恢复手段相对简单。完全备份策略的缺点：首先，每次都对整个系统进行完全备份，造成备份的数据大量重复。这些重复的数据占用了大量的存储空间，增加了系统的成本。其次，由于需要备份的数据量较大，因此备份所需的时间也较长，对那些业务繁忙、备份时间有限的系统而言，不适合选择这种备份策略。

② 增量备份策略。增量备份指在备份前先检测当前备份源与前一次备份数据的差异，备份引擎只备份变化的数据。与完全备份策略相比，这种备份策略极大地加快了备份的速度，降低了备份消耗的空间。

③ 差分备份策略。差分备份指在备份前先检测当前备份源与前一次完全备份的数据的差异，备份引擎只备份变化的数据。差分备份与增量备份的区别在于它们在寻找数据差异时依据的数据基准不同，增量备份依据前一次备份数据，而差分备份依据前一次完全备份的数据。

差分备份占用的存储空间通常要高于增量备份，但差分备份的优势在于其有利于系统恢复。

10.1.2 数据恢复

数据备份保存了备份源数据的副本，当备份源数据被破坏或丢失时，该副本为数据恢复提供了依据。

数据恢复通常是通过备份引擎来完成的。数据恢复的方法与数据备份时采用的策略息息相关。

如果系统采用完全备份策略，那么当备份源数据被破坏或丢失时，备份引擎将最近一次的备份数据通过备份通路复制到备份源数据的存储介质，从而完成数据恢复。

当系统采用增量备份策略时，数据恢复较为复杂。备份引擎先恢复最近一次完全备份的数据，然后以备份时间为顺序，由远及近依次恢复每一次增量备份的数据。在数据恢复过程中，对恢复的先后顺序要求极其严格，否则可能造成恢复的数据与原数据不一致，从而破坏数据的完整性。此外，在数据恢复过程中，不可漏掉任何一次数据备份，否则有可能破坏数据的完整性。

采用差分备份策略的系统执行数据恢复的方法分两个步骤：第一步，将最近一次完全备份的数据通过备份通路恢复到备份源；第二步，将最近一次差分备份的数据通过备份通路恢复到备份源。

10.2 网络备份系统

10.2.1 单机备份和网络备份

单机备份指备份源和备份部署在同一台主机上，备份引擎将备份源复制到本机其他磁盘等存储介质上，或者复制到与备份源同一磁盘上的其他分区或目录中。单机备份不影响任何其他服务器及共用网络，数据的流动完全限定在单机范围内。

单机备份的备份通路采用的是单机的总线，数据从本机磁盘读出，写入内存，然后从内存写入其他的分区。这个过程将占用大量的总线带宽资源、内存资源及 CPU 资源，同时会大大降低主机自身的性能。

此外，由于单机备份的备份数据全部存储在本机的存储介质中，因此本机物理上的某些破坏，可能会同时破坏掉备份的数据，如磁盘失效、主机被盗等。这些都大大地局限了单机备份的应用范围。

由于单机备份的诸多局限，因此催生了网络备份。网络备份指备份引擎以网络为备份通路，同时结合相应的硬件和存储设备，将备份源复制到部署网络中的备份目标中去。通过数据备份管理软件，对全网络的数据备份进行集中管理，从而实现自动化备份、文件归档及数据恢复等。

网络备份的工作原理是在网络上选择一台服务器，然后安装网络数据存储管理服务器软件作为整个网络的备份服务器，再在备份服务器上连接大容量的存储设备，通常是磁带库。在网络中的其他需要进行数据备份管理的服务器上安装备份客户端软件，并通过网络将数据集中备份到存储设备上。网络系统数据备份与普通数据备份的区别在于，它不仅要备份系统中的数据，还要备份网络中安装的应用程序、数据库系统、用户设置、系统参数等，以便在系统或网络发生故障时能迅速恢复整个网络。

网络备份实际上不仅是网络上各计算机的文件备份，它实际上包含了整个网络系统的一套备份体系。网络备份系统主要有以下 5 个功能。

（1）文件备份和恢复。网络备份系统能够在备份服务器上实现整个网络的文件备份。

（2）数据库备份和恢复用户。目前，数据库系统已经相当复杂和庞大，用文件的备份方式来备份数据库已不适用，而能否将需要的数据从庞大的数据库文件中抽取出来进行网络备份，这已经成为网络备份系统的一个重要考核指标。

（3）系统灾难恢复。灾难恢复指在自然或人为灾害后，重新启用信息系统的数据、硬件及软件设备，并恢复正常商业运作的过程。

（4）备份任务管理。用户能根据实际需求制定自动备份计划，网络备份系统会按预定计划自动执行。对大多数机房管理人员来说，备份是一项繁重的任务。网络备份系统能够实现定时备份、自动备份，可大大减轻机房管理人员的压力。

（5）集中式管理。利用集中式管理工具，系统管理员可对整个网络的备份策略进行统一管理。备份服务器可以监控所有机器的备份作业，也可以修改备份策略，还可以即时浏览所有目录。

10.2.2 网络备份系统的组成

网络备份系统的主要功能组件包括以下几部分。

（1）备份客户端。所有备份源所处的需要备份数据的计算机都称为备份客户端。它们通常是应用程序、数据库或文件服务器。备份客户端包括一个能够从在线系统的存储介质上读取备份源，并将其传送到备份服务器的软件。该软件安装在备份客户端主机上，是备份客户端的一部分。

（2）备份服务器。备份服务器负责将备份源数据复制到备份目标存储介质上。此外，备份服务器将历史备份信息保存在自身的存储介质上。

备份服务器上需要部署备份管理软件，高性能的备份系统硬件是完成备份任务的基础，而好的备份管理软件能够充分发挥备份系统硬件的性能，进而发挥整个系统的性能。

在大型的网络系统中，备份服务器还将进一步细分，包括主备份服务器和介质服务器。其中，主备份服务器负责管理系统的备份与恢复工作，同时维护存放备份数据的存储单元；介质服务器的主要工作是执行主备份服务器发出的指令，这些指令将指导完成所有的数据备份和恢复操作。

（3）备份存储单元。备份存储单元用于存储备份数据的介质单元，其通常是磁盘、磁带、光盘等。备份存储单元与介质服务器直接相连，由介质服务器控制和管理。

网络备份系统的备份过程是由备份客户端、备份服务器和备份存储单元协作完成的，具体如下。

（1）主备份服务器根据预先设定的备份策略启动并监控备份工作，同时依据备份策略和当前的条件为每个备份任务选择一个介质服务器。

（2）当某个客户端有数据备份的需要时，主备份服务器安排备份客户端启动数据备份任务，将要备份的数据从在线运行的系统存储介质中复制到由主备份服务器选定的介质服务器，并将实际备份过的文件列表传送到主备份服务器。

（3）介质服务器根据备份任务的要求分配相应的备份存储单元，并接收由备份客户端通过网络发送过来的备份数据，再将该数据写入存储介质中。

从网络备份系统中恢复数据的方法如下。

（1）首先由备份客户端向备份服务器提出恢复数据的请求。

（2）备份服务器依据备份客户端的请求，分析该备份客户端的具体状况，以确定备份数据所处的介质服务器，然后向该介质服务器发送执行数据恢复操作的指令。

（3）收到数据恢复指令的介质服务器将根据指令要求查找并准备相应的数据，然后将其发送到请求数据恢复的备份客户端。

（4）备份客户端接收到来自介质服务器的数据，然后将其恢复到备份源系统中，最后完成数据恢复任务。

10.2.3 网络备份系统方案

首先介绍一个银行系统集中存储网络备份方案。近年来，银行业间的竞争越来越激烈，信息技术和思维方式给银行业传统管理模式和业务内容带来了剧烈的冲击。银行数据大量集中，进而实现的集约化经营已成为各家银行应对激烈市场竞争的有效手段。数据集中改变了传统的管理模式和一线运营模式。在管理模式的转变过程中，不只是管理机构的简单合并，而是管理理念、管理技术、管理知识及工作流程的转变。数据集中能够为银行带来竞争优势，而要发挥这些优势，必须有好的管理模式。

上述方案的重点在于数据的集中存储、集中管理、安全备份。整个系统的安全性要求非常高，同时用户对数据备份的性能、安全策略提出了较高的要求，备份系统在设计时需要考虑备份作业对生产系统应用产生的影响。对于关键性的应用服务，考虑采用热备系统，以保证金融业务系统的实时运行，同时可满足用户未来几年的数据增长和业务发展的扩容需要。

1．方案需求

网络备份系统方案的需求如下。

（1）可实现集中存储、集中管理。

（2）能对备份过程进行事中或事后的监控，并提供有效的方式。

2．方案实施

备份服务器是专用的，在备份服务器上安装备份软件，实现混合环境下的跨平台统一备份和管理；业务运行系统既可以采用双机热备系统形成集群，又可以单独运行。系统的备份通过业务运行系统上部署的备份客户端和备份服务器协作完成。

网络备份系统方案通过备份服务器及其相关软件来对备份到集中存储设备上或磁带上的各种备份文件进行有效管理，一旦系统崩溃，其能够迅速地定位并恢复操作所需的全部备份文件。网络备份系统方案提供了有效的数据转储方式，其能根据存储介质的保存期限提示操作人员进行数据转储，还能自动对需要更新的备份信息进行更新。网络备份系统方案的网络带宽的占用最小，可进行分权限管理，备份支持加密。数据集中以前，数据都是一些离散的死数据；数据集中以后，可以对数据进行深层次的挖掘和分析，并为经营管理提供决策支持，使银行的管理决策由人为经验型转向科学决策型。某银行网络备份系统方案如图 10-1 所示。

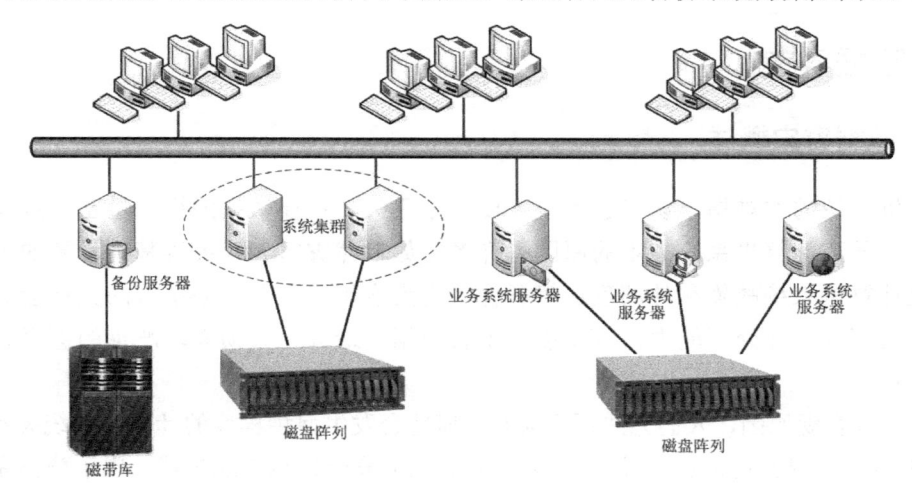

图 10-1 某银行网络备份系统方案

上述方案在执行系统备份时要共享业务运行系统的通道。将上述方案业务运行系统中的磁盘阵列和备份系统中的磁带库分离出来，组成存储区域网络，形成另一个方案，如图 10-2 所示。

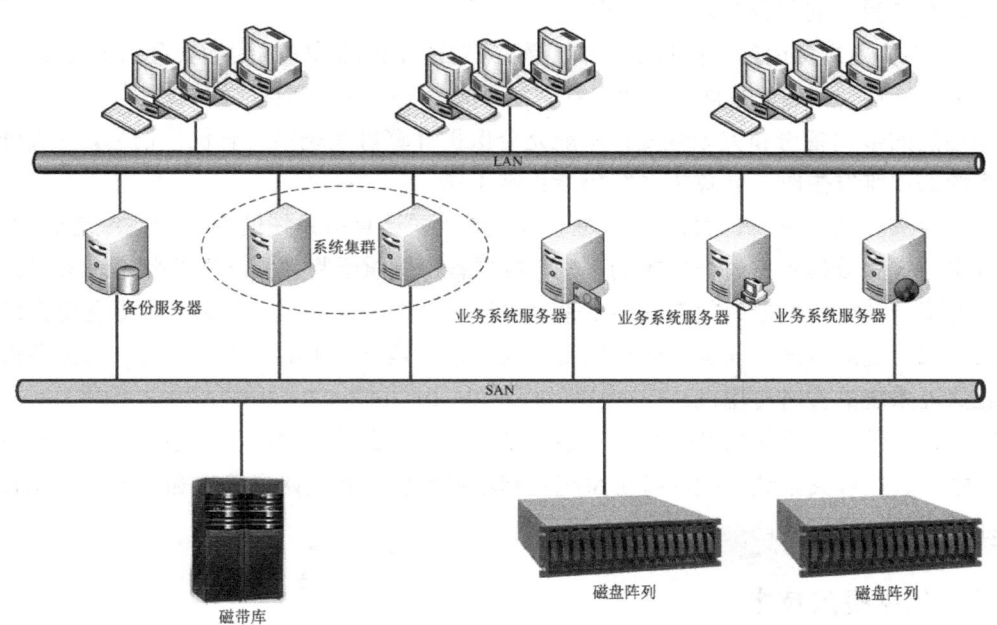

图 10-2 基于 SAN 的网络备份系统方案

基于 SAN 的网络备份系统方案具备前一方案的所有优点。此外，通过采用相应的管理、备份软件，其还具备以下优点。

（1）方便定制备份策略和备份作业，日常操作时尽可能少的人工干预。

（2）备份系统具有较高的伸缩性，可以方便地将应用从备份体系中剥离出来，或者将新增的应用加入备份体系中。

10.3 数据容灾

10.3.1 数据容灾概述

计算机系统的灾难指一切引起系统重要数据丢失、重要数据毁坏，甚至导致非正常宕机的事件。导致计算机系统灾难的原因有许多，如自然灾害、火灾等基础设施的突发性事故，以及计算机系统故障和外部攻击等各种人为因素等。电子商务系统的灾难会导致系统丧失全部或部分业务处理能力，从而损失重要数据，造成重大损失，严重的甚至会威胁到企业的生存。

由于多种客观原因，人们无法预测何时、何地会发生何种程度的计算机系统灾难，同时不可能完全防止、控制其发生，这使得人们对数据的安全性越来越担忧。电子商务系统中关键数据的丢失会中断系统的正常运行，造成巨大的经济损失。许多企业在建立了备份系统后，就认定系统安全了，但事实上，此时企业还需要数据容灾系统。

数据容灾指在计算机系统的灾难发生后，利用已备份的数据或其他手段，及时恢复原系统的数据，并保证数据的安全性和业务系统运行的连续性。也就是说，当计算机系统的灾难发生时，系统提供的服务和功能不会因此而中断。

如今，人们更加意识到保护和备份重要数据、保证计算机系统的运行安全的重要性。目前，在计算机信息安全领域，数据备份和灾难恢复已成为一个备受瞩目的方向。

高性能的数据备份和灾难恢复技术能充分保护计算机系统中的有价值信息，并保证当计算机系统的灾难发生时，计算机系统仍能正常工作。

数据容灾和数据备份的目的都是为了消除或减弱计算机系统的灾难给系统造成的影响。但是数据容灾和数据备份存在根本的区别，数据备份侧重于将数据从在线状态剥离到离线状态，即将整个系统的数据或状态保存下来。当计算机系统的灾难发生后，数据备份系统能够保证数据在一定的时间内恢复，但在恢复期间，系统是不可用的。也就是说，数据备份系统并不能保证系统的实时可用性。

因此，电子商务系统只有数据备份系统是不够的，数据容灾系统也必不可少。在电子商务系统中，数据容灾系统和数据备份系统互相不可替代，并且两者稳定和谐地配合工作，共同保证系统的正常运转。

10.3.2 数据容灾技术

从技术上看，数据容灾技术主要包括灾难备份和灾难恢复两个部分。其中，灾难备份是为了保护数据和系统的完整性，并为灾难恢复提供必要的基础；灾难恢复的主要目标是在灾难发生时，确保计算机系统能够恢复计算机系统的关键数据，并重新建立业务处理系统，以保持系统的业务连续性。

衡量数据容灾系统优劣的指标主要有两个：一是恢复点指标（Recovery Point Object，RPO），指灾难发生时刻与最近一次数据备份时刻的时间间隔。在这段时间间隔内，系统产生的数据变动没有进行备份，因此这部分数据是无法恢复的。RPO 可以衡量数据容灾系统恢复数据的质量。二是恢复时间指标（Recovery Time Object，RTO），指系统从停机到重新恢复业务运行的时间，其代表数据容灾系统恢复计算机系统的能力。RTO 和 RPO 二者没有必然的关联性。

企业需要根据风险分析和业务影响分析的结果，以及不同的业务需求来确定 RTO 和 RPO。RTO 越小，意味着计算机系统能够在越短的时间内恢复到可使用状态；RPO 越小，说明计算机系统在灾难恢复后损失的数据量越小。在理想状态下，RTO 和 RPO 都为 0，即灾难的发生对计算机系统没有任何影响。但在通常情况下，RTO 和 RPO 的值越小，需要投入的成本越高。

设计一个数据容灾系统要考虑许多层面的因素，包括技术层面的，如数据备份系统的容量和策略、数据备份系统与业务运行系统之间地理位置的部署、灾难发生时的恢复速度等。此外，还包括一些管理及运营层面的因素，如容灾系统的管理、系统成本等。根据这些因素和不同的应用场合，可以把容灾备份分为 4 个等级。

（1）本地保存的冷备份：在本地进行数据备份，并将数据保存到本地。这种备份方式的容灾能力非常弱，基本上只能恢复因业务系统自身而出现的灾难，如机器损坏等。当发生火灾、地震等灾难时，数据备份可能会与业务系统同时损坏。

（2）异地保存的冷备份：在本地进行数据备份，然后将数据在异地妥善保存，当灾难发生后，再按照预定的数据恢复程序恢复系统和数据。这种备份方式能够避免大多数灾难，但采用这种备份方式的数据容灾系统的 RTO 和 RPO 都不会很理想。

（3）异地热备份：在异地为业务系统建立一个容灾备份点，业务系统将数据通过网络系统实时地备份到这个容灾备份点。在正常情况下，容灾备份点只承担数据备份工作，但当灾难发生时，容灾备份点会自动接替业务系统的工作，从而维护业务运行的连续性。

（4）活动互援备份：在异地为业务系统建立一个容灾备份点，业务系统将数据通过网络系统实时地备份到这个容灾备份点。与异地热备份不同的是，这里的备份点也处于工作状态，具有能够处理业务系统的功能。这里的业务系统与容灾备份点之间没有主备之分，而是互为备份。

异地容灾系统要建立两个数据中心，可分别称为生产中心和灾难备份中心。生产中心和灾难备份中心可以部署在同一个城市，也可以部署在不同的城市（通常距离在 100 公里以上）。同城方案由于生产中心与灾难备份中心的距离比较近，因此比较容易实现数据的同步镜像，并保证高度的数据完整性。同城方案能够防范火灾、建筑物破坏、供电故障、计算机系统及人为破坏引起的灾难。异地（不同城市）方案除能够防范同城方案能够防范的灾难之外，还能有效地应对战争、地震、水灾、冰雹、雷电、飓风、火山爆发等突发事件导致的企业信息系统的瘫痪和数据丢失的情况。异地方案的缺点是成本较高。

容灾备份系统涉及许多关键技术，下面介绍主要的两个技术。

（1）远程镜像技术。数据的镜像指在存储系统上产生同一数据的多个备份的过程。镜像分为远程镜像技术和本地镜像技术。其中，远程镜像技术是数据容灾系统的核心技术之一，它能够实现远程数据的同步和灾难恢复。

远程镜像技术还分为远程同步镜像和远程异步镜像。远程同步镜像指本地数据要以完全同步的方式复制到异地。在远程同步镜像中,每一个本地的 I/O 处理事务都要将数据同时复制到异地,并等待远程的确认才算完成。远程同步镜像的数据实时性强,当灾难发生时,备份数据能够与生产数据保持一致,几乎没有数据丢失,且恢复时间短。远程同步镜像的 RPO 和 RTO 是最理想的。远程同步镜像的缺点是,由于数据更新操作时间长,因此影响应用的性能。

远程异步镜像与远程同步镜像的区别在于,本地的 I/O 处理事务无须等待远程的确认。远程异步镜像对数据的更新操作不必等远程的数据都更新完毕后才算更新完成,因此减少了更新操作的时间,同时对主机性能的影响较小。远程异步镜像的缺点是会出现数据的丢失。

远程镜像技术的缺陷主要有两个:一是系统的成本较高,主要体现在对软硬件的要求较高,同时由于采用的是完全备份策略,因此存储空间的利用率较低;二是远程镜像技术无法阻止数据丢失、误删除等事故的发生,因为如果主站点上发生数据丢失或误删除,那么镜像站点上会发生连锁反应。

(2) 快照技术。存储网络行业协会 SNIA 给出了快照的定义:关于指定数据集合的一个完全可用的拷贝,该拷贝包括相应数据在某个时间点(拷贝开始的时间点)的映像。快照可以是其表示的数据的一个副本,也可以是一个复制品。

在线数据恢复是快照的主要功能。当存储设备发生故障或损坏时,可以将数据恢复到产生快照的时间点的状态,以及时恢复数据。此外,快照的另一个功能是为存储用户提供另一个数据访问通道,即访问快照数据。

目前,快照分为即写即拷快照和分割镜像快照两大类。其中,即写即拷快照指在每次数据发生变化时,都要及时生成对变动存储数据的快照;分割镜像快照实际上就是数据的全镜像,即原样复制所有的数据,它会对系统性能造成一定负荷,且存储空间消耗较大,但优点是即使原数据损坏也不会有太大影响。

本章小结

本章介绍了数据备份与恢复、数据容灾的相关内容。通过本章的学习,使学生了解了数据容灾是保证数据高可用的必要手段。

本章先介绍数据备份和恢复技术及网络备份技术,然后介绍数据容灾的概念及相应的技术。这么做的目的是让学生了解在电子商务领域,数据安全问题必须提到相当的高度,因为一旦出现异常情况,如由火灾、水灾或人为因素造成的破坏使数据丢失,那么整个业务系统将无法正常运行,造成的损失更是不可估量的。

思考题

1. 请说明数据容灾与数据备份的关系。
2. 请说明 RPO 和 RTO 的具体含义,并说明 RPO 的大小和 RTO 的大小代表的意义。数据容灾系统是 RPO 越小、RTO 越小越好吗?

第 11 章 区块链技术

> **内容提要**
>
> 随着信息技术的发展及全球化程度的不断加深，人们迫切需要一种安全、便捷、值得信赖的支付方式来促进信息和财富的流动。在这样的背景下，区块链基于公钥密码学和去中心化的机制，依托互联网，为信息协作提供了低成本、高互信的网络环境。从本质上讲，区块链是一种共享数据库，存储于其中的数据或信息具有不可伪造、全程留痕、可追溯、公开透明、集体维护等特征。基于这些特征，区块链奠定了坚实的信任基础，创造了可靠的合作机制，具有广阔的应用前景，并已经延伸到金融、医疗、教育等各个领域。
>
> 本章概述了区块链的基本概念和相关支撑技术，说明了区块链的组成、结构与核心技术，重点讨论了区块链现存的安全隐患及防御措施，列举了新兴的区块链技术，并以典型区块链解决方案为例，说明了区块链在电子商务企业中的技术特色与应用优势。

11.1 区块链的产生与发展

区块链是由某个化名为"中本聪"的个人或组织在 2008 年发明并使用的公开交易账本。区块链的发明使比特币成为第一个在没有中心服务器和受信任机构情况下解决双花问题的数字加密货币。比特币的设计启发了许多应用，区块链也快速进入人们的视野，并受到了广泛的关注和研究。

11.1.1 区块链的产生

区块链的产生离不开比特币的设计与应用。2008 年，某个化名为"中本聪"的一个人或组织发布了比特币白皮书《比特币：一种点对点的电子现金系统》。"中本聪"结合几种数字加密货币的特点，利用点对点比特币网络，在没有中央管理机构的情况下，实现了不需要中间人的用户与用户之间的交易，从而创造了一种不依赖中心权威发行货币、转让货币和验证交易的电子现金系统。

比特币的核心在于其采用了一种分布式选举机制，使网络中交易的状态保持一致，进而漂亮地解决了困扰数字加密货币的双花问题。在过去，这个难题的解决只能依赖于中心化地结算所有交易。区块链的发明使得在去中心化的条件下也能实现交易的清点与结算，从而使去中心化的数字加密货币成为可能。比特币的交易方式相较于传统货币更加简单、便捷、安全、高效。

在"中本聪"发布比特币白皮书后，2009 年，比特币网络正式开始运行。2009 年 1 月 3

日，比特币创世区块诞生。截至2020年9月19日，比特币全区块链的数据规模超过了300GB。同时，比特币的市值也发生了很大变化。2017年12月17日，比特币价格达到历史最高价19 850美元；2020年7月27日，比特币价格再次突破10 000美元关口；2020年11月4日，比特币价格突破14 000美元。图11-1所示为比特币（Bitcoin，BTC）、莱特币（Litecoin，LTC）、门罗币（Monero，XMR）、以太币（Ether，ETH）的价格走势。

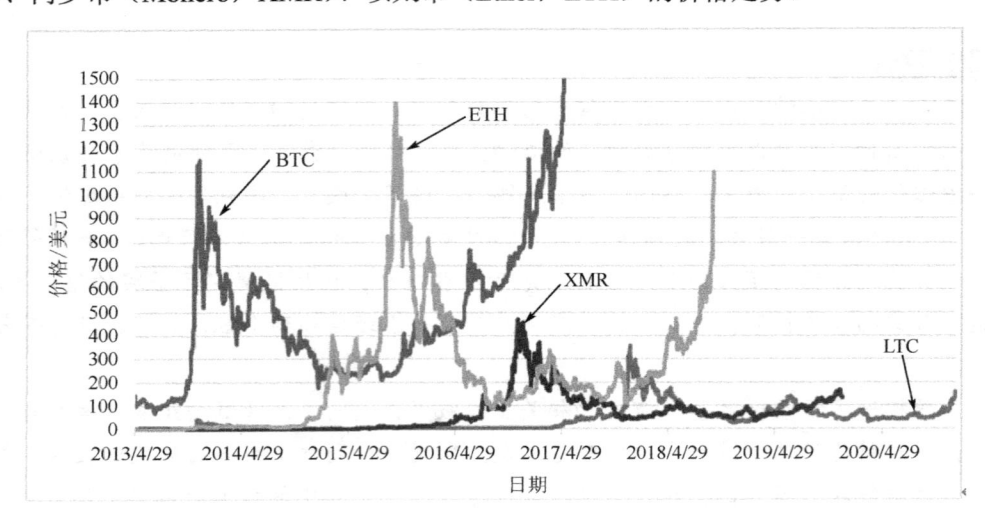

图 11-1　常见的 4 种数字货币的价格走势

比特币诞生时，区块链的概念尚未产生。随着比特币价格的大涨及比特币系统多年来持续平稳地运行，人们开始关心支撑比特币网络的关键技术，并归纳总结出了区块链的概念。当区块链技术被提出后，人们发现区块链技术具有广阔的应用前景，它不仅可以用来开发类似于比特币的数字虚拟货币，而且可以作为许多互联网应用的基础设施，并应用到生产生活的不同领域。于是，不少行业开始大力探索并应用区块链技术解决当前面临的难题，区块链技术也正式成为一个研究热点。

11.1.2　比特币的关键要素

区块链的设计与发展离不开比特币系统。比特币系统由持有比特币钱包的用户、在网络上传播的交易和通过竞争计算产生区块链共识的矿工 3 部分组成。其中，比特币用户的钱包包含了访问比特币地址的密钥，代表比特币的所有权。矿工通过挖矿验证交易，并维护记录交易的账本——区块链，同时赚取手续费和系统发行的比特币。挖矿难度随着比特币网络算力的变化而动态调整。比特币的发行量随着挖矿活动的进行不断增加，最终稳定在一个固定的数值。比特币注重隐私，可分割性强，并具有去中心化的特点，详细介绍如下。

1. 单位和可分割性

比特币的记账单位是一个比特币，代号为 BTC 或 XBT。表示少量比特币的替代单位有毫比特币（mBTC）和聪（Satoshi）。为了致敬比特币的发明者，一聪是最小数量的比特币，即 0.000 000 01 比特币，一毫比特币等于 100 000 聪。

2. 交易

比特币的交易包含多个输入和多个输出。当某个用户发送比特币时，该用户在输出中标明每一笔收款和相应的收款地址。为了避免双花问题，交易的每个输入都必须关联到区块链上先前某个未花费的输出。由于比特币交易允许存在多个输出，因此用户可以在一笔交易中同时向多个接收方发送比特币。就像现金交易中所做的那样，用来支付的比特币之和可以超过要支付的比特币数目，余款可以作为一个额外的输出返还给支付者。尽管在一笔交易中，交易的手续费是可有可无的，但矿工可以根据交易手续费的多少优先选择手续费高的交易去处理。

3. 所有权

在区块链中，比特币必须注册在某个比特币地址下。使用者只要随机选择一个有效的私钥，就可以通过计算得到对应的比特币地址。但是由比特币地址推算公钥却是不可行的。若比特币所有者要花费他们的比特币，则必须知晓比特币对应的私钥，并利用私钥进行数字签名。比特币网络通过公钥对交易进行验证，而且不会公开私钥。如果比特币所有者的私钥丢失，那么比特币网络将无法确认比特币的所有权，因此这些比特币将永远无法使用，等同于比特币丢失。

4. 挖矿

挖矿是一种消耗计算机算力的记账服务，挖矿的实质是一种工作量证明。挖矿将新的交易记录组织成区块，并进行验证和广播，确保了区块链的一致性、完整性和不可更改性。

挖矿的核心过程是寻找一个区块，它在经过两次 SHA-256 加密散列后，生成一个比目标数字稍小的数字。挖矿的难度取决于这一目标数字的设置。尽管寻找满足要求的区块十分困难，但是验证某个区块满足要求却十分容易，后者只需要计算两次 SHA-256，而前者需要消耗大量的算力。

工作量证明系统的存在及区块间的链接关系使得对区块链的篡改异常困难。即便只是修改一个区块并使修改后的区块能被比特币网络中的其他节点接受，那也必须同时修改这一区块后继的所有区块。随着时间的流逝，新的区块不停地产生，后继区块的数目不断地增加，篡改某个区块的难度越来越高。

5. 钱包

比特币钱包存储了交易比特币所必需的信息，如公钥、私钥等比特币所有权的数字资质证明。比特币钱包的形式多种多样，甚至可以是一张印着私钥的纸。只有利用比特币钱包，比特币所有者才能花费他们持有的比特币。

比特币钱包根据工作模式可以分为两种：一种是完整客户机（Full Client）模式。在该模式下，比特币钱包可以通过下载的、完整的区块链拷贝对交易进行合法性验证。这种模式相对安全可靠，而且不需要可信的第三方。但是由于区块链拷贝往往要求大量的计算量和存储空间，因此不适合用于计算能力较弱的硬件设备。另一种工作模式是轻量客户机（Lightweight Clients）模式。该模式不需要完整的区块链拷贝，但是需要通过咨询第三方客户机来完成比特币的发送和接收。这种工作机制可以在低功耗、低带宽的计算设备上实现。然而，使用轻量客户机模式下的比特币钱包需要有一个可信赖的第三方完整客户机，否则可能会收到错误的应答结果。

6. 隐私

比特币的隐私性介于实名与匿名之间。比特币的资金不与真实世界中的某个实体绑定，而是与比特币网络中的某个地址对应。一般来说，所有的交易在区块链上都是公开的，但是比特币的所有者却不容易确定。

7. 去中心化

比特币是去中心化的，它的去中心化体现在以下几个方面。

（1）比特币没有中央机构。

（2）比特币网络是点对点的，没有中心服务器。

（3）比特币账本是分布式存储的。

（4）比特币账本是公开的，任何人都可以把比特币账本存储在自己的计算机上。

（5）比特币网络不存在单个管理者，比特币账本由许多在权限上平等的矿工组成的网络进行维护。

（6）任何人都可以成为矿工。

（7）任何人都可以创建一个新的比特币地址（也就是比特币网络中的银行账户），而不需要经过任何审批。

（8）任何人都可以在比特币网络中发起一场交易，而不需要经过任何审批。交易的合法性由比特币网络进行确认。

（9）比特币作为创建新区块的回报而发行，它的发行是去中心化的。

11.1.3 区块链与比特币交易

交易是比特币系统最重要的一环。区块链主要用于比特币交易过程中的验证和记账环节。比特币交易指比特币在比特币网络中广播并被收集到区块中的过程，每一笔交易都是比特币区块链中的一项公开记录。交易作为一种数据结构，其编码了比特币网络中参与者之间的价值流动。比特币的交易过程如图 11-2 所示。

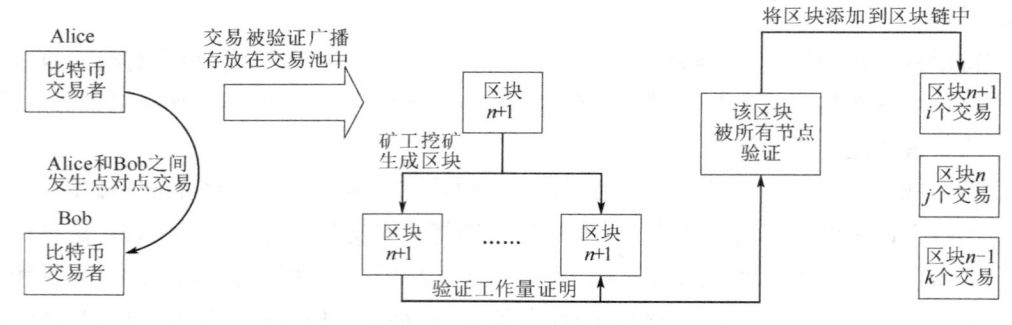

图 11-2 比特币的交易过程

比特币交易包含创建、广播、验证、记录 4 个过程，介绍如下。

1. 比特币交易的创建

比特币交易的创建类似于支票的签发。比特币交易在创建时只是作为一种表达财产转移意向的手段，直到它被提交执行后才具备效力。任何人都可以通过离线或在线的方式发起一场比特币交易。在创建比特币交易后，比特币的所有者需要进行签名。

2. 比特币交易在比特币网络上的广播

比特币交易被创建后，需要传送到比特币网络上进行广播。一般来说，一笔比特币交易的数据量为 300～400 字节，其将被转发至成千上万个节点。发送者通过给足够多的节点传递交易信息来确保交易在比特币网络上的顺利广播。由于比特币交易具备签名，交易数据本身也不包含如私钥、资格证明等敏感信息，因此比特币网络中的所有节点都可以使用任何方便的传输方式进行转发。例如：采用不安全网络、复制粘贴到 Web 表单中进行提交；以直接或间接的方式发布在公共论坛、作为文字消息通过即时聊天工具进行发送。比特币交易的自由传播方式确保了比特币交易能够在比特币网络上有效地、大范围地进行传播。

3. 比特币交易的验证

在将比特币交易转发给与自己相邻的节点之前，每一个比特币节点都会对比特币交易进行独立验证，以确保只有正确的比特币交易才能在网络中传播，而不正确的比特币交易则止步于第一个收到它的节点。

每一笔比特币交易都要经过一组验证规则的检验。这些验证规则包括语法是否合规、数据结构是否正确、输入输出是否为空、交易的数据大小是否超过上限、锁定时间是否超过上限、交易的输入引用的先前交易的输出是否存在及是否已经被花掉、交易的输入之和是否大于输出、解锁脚本是否与锁定脚本匹配等。

4. 比特币交易的记录

在对比特币交易进行验证后，比特币节点会将比特币交易放置到交易池，然后等待比特币交易被整合到区块链中。将比特币交易添加到区块链的过程称为挖矿。每隔 10 分钟，包含已验证的、新交易的区块会被矿工们添加到区块链上。将新的交易记录组织成区块并进行验证，之后在比特币网络中广播。挖矿机制保证了区块链的一致性、完整性和不可更改性。

比特币的挖矿算法包含以下几步。

（1）通过比特币网络获取前一个区块的 Hash 值。

（2）收集交易池中待打包的比特币交易作为一个区块。

（3）区块加上一个随机数 Nonce 后进行两次 SHA-256 运算，得到一个 Hash 值。

（4）如果上述 Hash 值大于当前的设定值，那么矿工挖得了该区块，否则返回第（2）步。

尽管寻找满足要求的区块十分困难，而且需要消耗大量的算力，但是验证某个区块是否满足要求却十分容易，只需要进行两次 SHA-256 运算即可。对比特币网络上的普通用户来说，挖矿是保护比特币网络不受欺诈交易或双花问题损害的一种安全机制；而对矿工来说，挖矿可以换取系统发放的比特币和用户提供的手续费。

11.2 区块与区块链

区块链是由密码学串接的不断生长着的串联文字记录。被串接的文字记录称作区块,每一个区块都包含了前一个区块的加密散列、相应的时间戳及交易数据的信息记录。区块与区块链的关系如图 11-3 所示。

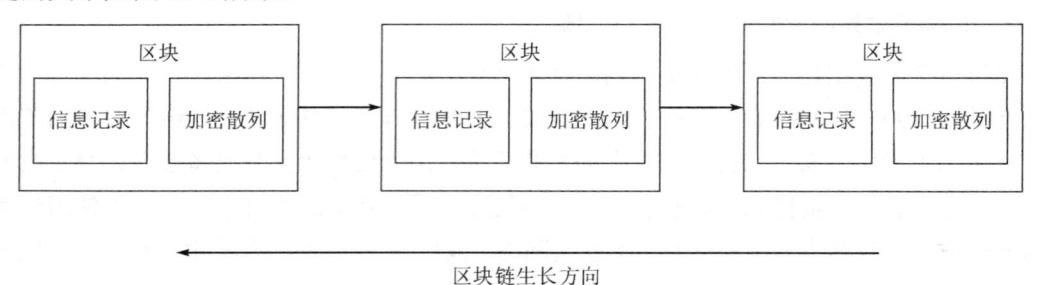

图 11-3 区块与区块链的关系

11.2.1 区块的数据结构

区块是一种记录数据的数据结构,其基本的构成元素包括区块头(Block Header)、区块大小(Block Size)、交易计数(Transaction Counter)、交易(Transaction)等。区块的数据结构如图 11-4 和表 11-1 所示。

图 11-4 区块的数据结构

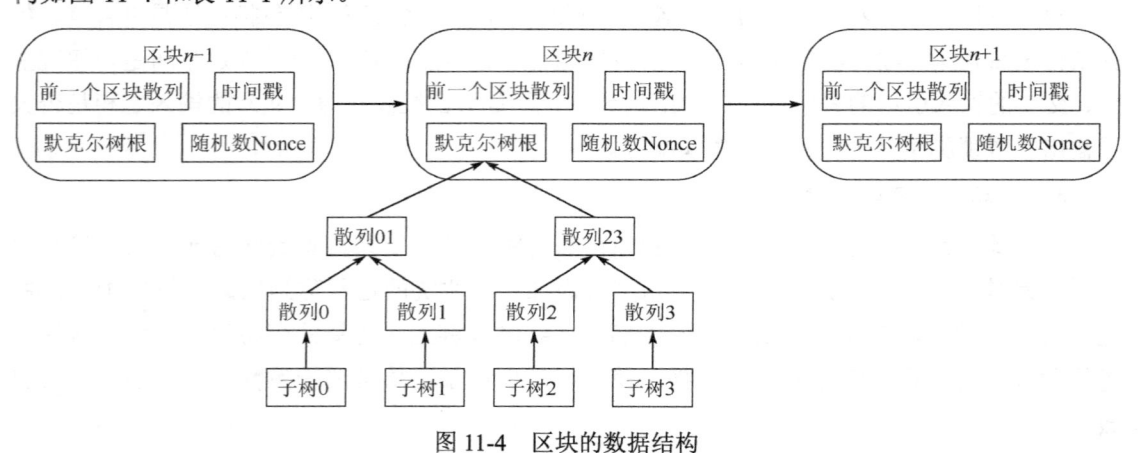

表 11-1 区块的数据结构

字 段	字 段 名 称	字 段 类 型	字段长度(字节数)	字 段 描 述
nVersion	区块版本	int32_t	4	区块版本号,目前为 0
HashPrevBlock	上一个区块的散列	uint256	32	上一个区块的 Hash 值
HashMerkleRoot	默克尔树根	uint256	32	区块中所有交易的默克尔树的根
nTime	时间戳	uint32_t	4	区块生成的大致时间
nBits	当前目标 Hash 值	uint32_t	4	用于调整挖矿难度

续表

字　段	字　段　名　称	字　段　类　型	字段长度（字节数）	字　段　描　述
nNonce	随机数 Nonce	uint32_t	8	因共识过程需要而预生成的一个随机数据
vtx	交易信息	std::vector<CTransactionRef>	不定	存储与区块相关的交易信息
fChecked	区块是否检查过	mutable bool	1	用于确认区块是否已经检查过

与区块相关的重要概念如下。

区块头：记录区块的元数据。每一个区块链上的区块都对应一串根据区块头并由 SHA-256 算法生成的 Hash 值。每一个区块的区块头中都包含前一个区块的 Hash 值，用以反向索引前一个区块。区块头还可以包含许多与比特币挖矿过程有关的元数据，如时间戳、难度和随机数等。

父区块：如果某个区块被前一个区块索引，那么索引它的区块称为该区块的父区块。一般地，一个区块只能有一个父区块。

子区块：索引某个区块的其他所有区块都称为该区块的子区块，一个区块可以有多个子区块。如果一个区块有多个子区块，那么说明区块链出现了分叉。

创世区块：没有父区块的区块称为创世区块，它是某条区块链上第一个被创造的区块。2009 年 1 月 3 日，"中本聪"在位于芬兰赫尔辛基的一个小型服务器上挖出了第一批比特币，共 50 个，并将泰晤士报的头条标题写在了区块上。由此，"中本聪"标记了创世区块的创建时间。

默克尔树：一种二叉散列树，用于概括和验证大规模数据的完整性。当有 N 个数据被散列并记录在默克尔树中后，最多只需 $2\log_2 n$ 步就可以判断出某个数据是否包含在默克尔树中。在区块链实际应用中，默克尔树用于高效验证某笔交易是否包含在区块中。

11.2.2　区块链的特点

区块链是一种公开的分布式数字账本。区块链数据库采用点对点网络和分布式时间戳服务器进行自主管理。这样的机制可以让参与者以相对低廉的成本独立核准和审计交易。区块链的关键特点：去中心化、加密性、开放性。去中心化具体表现在数据区块化、存储分散化两方面；加密性体现在访问过程的加密化；开放性体现在参与群体的自由访问。

1. 数据区块化

区块中存放了一批经过验证的交易，把它们散列化后编码进默克尔树。每一个区块都包含了区块链中前一个区块的加密散列，这些连接起来的区块构成了区块链。

有时候，不同的区块可能同时产生，形成暂时的分叉。为此，任何一种区块链都有一种特定的算法，用以对不同版本的历史交易进行打分，进而选择得分较高的版本。只有得分较高的历史交易及其构成的数据库才能被点对点网络的节点获知和保存。没有被区块链选择收录的区块称为孤儿区块（Orphan Blocks）。区块时间（Block Time）指区块链增添一个新区块所花费的平均时间。区块一旦形成，就代表它包含的交易已经验证完毕。

2．存储分散化

通过在点对点网络上存储数据，区块链避免了中心化存放数据带来的几种风险。去中心化的设计使得系统中的每个节点都保存了区块链的一份拷贝，因此区块链既不存在中心故障点，又无计算机系统破坏者可以利用的中心点漏洞。区块链采用数据库复制（Database Replication）技术和计算信任（Computational Trust）模型来维护数据的质量，因此在区块链中，既不存在某个中心化的官方拷贝，又没有哪个节点比其他节点更受信任。每笔交易都在网络上进行广播，消息以尽力而为的方式传递。挖矿的区块对交易进行验证，并把验证后的交易添加到正在构建的区块中，最后将完成的区块广播给其他节点。

3．访问加密化

区块链的安全方法应用了公钥密码学思想。公钥是一列随机字符串，对应区块链上的某个地址。私钥是一列与公钥对应的字符串，可作为区块链上某个数据的所有者访问该数据的密码，并用于验证所有者身份的合法性。公钥密码学思想的应用增强了区块链的数据安全性，存储在区块链上的数据通常被认为是不可破坏的。

4．使用开放化

开放的、公共的区块链网络的最大优势在于，其既不需要防范不良行为个体，又不需要访问控制。当前区块链大多是开放的、公开的、不需要任何权威监管的，区块链参与者可以随心所欲地访问数据并进行交易。

11.2.3 区块链的应用

区块链可以被应用到多个领域中，其主要应用场景如下。

（1）数字加密货币。大多数数字加密货币采用了区块链来记录交易，如比特币网络和以太坊（Ethereum）。

（2）智能合约。基于区块链的智能合约是在没有人参与的情况下，以部分（或全部）执行或强制执行的合约。比特币在设计中加入了某种形式的脚本系统，存在锁定脚本和解锁脚本，用以满足在某些条件下某些交易的自动达成。这使得比特币具有可编程的特性，因此可以在它的基础上实现某种形式的智能合约。当一个预先编好的条件被触发时，无须人为介入，智能合约就能执行相应的合同条款。例如，在去中心化的股票、保险等应用领域，智能合约能显著地解决这些经济活动中的透明和可信问题，进而降低运行成本。

（3）金融服务。区块链可以被金融机构用作一种分布式账本，其能够降低成本、提高金融服务的效率。比特币网络运行在互联网上，只要有网络的地方，都可以像收发电子邮件一样，以少量的手续费低成本地收发比特币，而付款可在数秒内经点对点网络达到全球。相比之下，传统的支付方式手续费高昂，跨国支付资金往往需要较长时间才能到达。比特币在跨国小额支付方面有很大优势。

（4）物流供应链。许多行业组织选择将区块链部署到物流供应链的创建与管理中。区块链允许零售商和消费者跟踪肉类和其他食品的来源，以实现从生产到销售的各个环节的追溯。

（5）数字版权管理。采用区块链创建一个永久的、公开的、透明的账本系统，用于编制销售数据、跟踪内容创作者的付费情况。

区块链还有很多其他的应用，如在线投票、域名管理、支撑多人协作和共享经济等。

11.2.4 区块链的类型

区块链的类型主要有3种，分别是公有区块链（Public Blockchains）、私有区块链（Private Blockchains）和联盟区块链（Consortium Blockchains）。区块链的分类及特点如表11-2所示。

表11-2 区块链的分类及特点

类 型	特 点	补 充 说 明
公有区块链	几乎没有访问限制。每一个访问者都可以发送交易或成为交易的验证者	规模最大、最为人所知的公有区块链当属比特币区块链和以太坊区块链
私有区块链	访问要经过许可。任何想要加入私有区块链的个人或组织必须经过区块链管理者的许可；参与和验证受到限制	私有区块链又称为完全私有链，有时使用它的目的只是作为一种分布式存储方案，即仅使用区块链的分布式账本技术进行记账
联盟区块链	一般指由少数的机构组成联盟节点，联盟之间存在价值传输、协作关系但相互之间又不完全信任	联盟区块链又称为许可链。典型的场景有跨境支付、票据市场、场外市场等。与私有区块链相同，只有通过许可才能访问该联盟区块链

11.2.5 区块链平台

为了简化区块链的开发，帮助用户快速搭建基于区块链的应用，区块链平台提供各种功能模块以降低区块链的开发与应用成本，主要的区块链平台有以太坊和Solana。

1. 以太坊

以太坊是开源的、具有智能合约功能的公共区块链平台。2014年，以太坊由俄裔加拿大籍程序员布特林提出。布特林本是一名比特币社区的程序员，他曾向比特币核心开发人员建议，比特币平台应该有一个更完善的编程语言让用户开发程序，但未得到比特币核心开发人员的同意。布特林认为，很多应用程序都可以用类似比特币的原理来实现进一步的扩展，因此他决定开发一个新的平台来完成自己的想法。以太坊由此诞生，并成为下一代加密货币与去中心化应用的主流平台。以太坊最重要的技术贡献是运行在区块链上的智能合约，其可以让众多组织的数据库得以用低廉的成本进行交互。

2. Solana

Solana是一种基于历史证明（Proof of History，PoH）的高性能底层区块链协议，该协议将时间编码为数据，不依赖于分片、分区、侧链和多链。基于Solana协议构建的区块链网络可按照接近摩尔定律的速度进行扩展，具有可扩展、可组合、低成本的特性。

Solana提出了区块链的3个主要创新：历史证明、可验证延迟函数（Verifiable Delay Function，VDF）和雪崩通信协议（Avalanche）。

历史证明：历史证明是 Solana 区块链中的一个全局可用、免许可的时间来源，其通过采用加密 Hash 函数来对随机初始值进行加密，并输出固定长度和大小的 Hash 值，同时进行迭代，得到一系列 Hash 值构成的序列，从而确认事件发生的先后顺序。

可验证延迟函数：与其他区块链要求验证者必须相互通信以确认系统时间的机制不同，每个 Solana 验证者通过将时间编码为可验证延迟函数来维护自己的时钟。可验证延迟函数是一个抗碰撞、高安全、用于生成历史证明的 Hash 函数，其接受输入的数据并以固定的大小返回结果。

雪崩通信协议：雪崩通信协议是基于随机抽样和亚稳态决策的一类共识协议，其目的是在验证过程中降低带宽损耗，提高效率。在传统的区块链上，复制和扩展整个区块链上的交易记录是一项耗费大量时间和带宽的工作，这会导致交易速度过慢、交易成本过高。而雪崩通信协议通过传递信任阈值来达成共识，没有特殊的矿工生态系统，显著降低了资源消耗。

11.3 区块链的核心技术

基于工作量证明、公钥密码学方法和去中心化的设计，区块链能够有效防止数据被篡改。区块链是一种公开的分布式数字账本，能够以一种可核实的方式高效地记录两个组织之间的交易。区块链的核心技术包括公钥密码学、分布式交互、共识机制、加密 Hash 函数、计算机体系结构等。

11.3.1 公钥密码学

公钥密码学与使用单一密钥的对称密码学相对应，是一种同时使用公钥和私钥的机制。公钥密码学已成为现代计算机安全中的重要基础，同时是日益增长的区块链生态系统的关键组成部分。

在公钥密码学体系中，发送方使用公钥加密信息，接收方使用私钥解密信息。由于两个密钥完全不同，因此可以安全地共享公钥，而不必担心私钥的安全性。由于公钥与私钥一一对应，因此使用公钥加密的信息只能由持有对应私钥的人进行读取，这保证了数据的安全性。

如今，最常见的公钥密码算法是 RSA 算法。在 RSA 算法中，密钥是根据两个较大的质数相乘得到的公共模数生成的。这个公共模数生成两个密钥，一个是可以共享的公钥，另一个是需要保密的私钥。由于大整数的质因数分解在计算上十分困难，因此 RSA 算法的安全性高，其至今仍然是公钥密码学的重要组成部分。

另一种常用的公钥密码算法是 ECC 算法，是基于椭圆曲线数学理论实现的一种加密算法。与 RSA 算法相比，ECC 算法的优势是可以使用更短的密钥来实现与 RSA 算法相当或更高的安全性。据研究，160 位 ECC 算法加密的安全性相当于 1024 位 RSA 算法加密，224 位 ECC 算法加密的安全性相当于 2048 位 RSA 算法加密。ECC 算法的安全性是比特币安全性的基石。

公钥密码算法在区块链中的应用是使用数字签名来验证数据合法性的。数字签名本质上是对发送信息的一种散列，Hash 值只有信息的发送者才能产生，因此可以用来证明发送信息的真实性。接收方收到信息后可以使用发送方的公钥来核实签名，并以此来验证消息的来源，同时确保信息未被篡改。数字签名技术在区块链中的一个典型应用是比特币钱包，比特币钱包的地址即公钥的 Hash 值。因此，如果要声明对某个比特币地址下比特币的所有权，那么只需以相应的私钥进行数字签名即可，这使得比特币在身份验证方面具有很大优势。

门罗币的字面意思是世界语中的硬币，它是一个创建于 2014 年 4 月的开源加密货币。门罗币着重隐私、分权和可扩展性。与自比特币衍生的许多加密货币不同，门罗币采用了环形机密交易（Ring Confidential Transactions）算法，可提供更强的隐私性。该算法不向没有直接参与交易的人员揭示交易中涉及的金额，增加了数据的保密性。

11.3.2 分布式交互

分布式系统是由通过网络进行通信、为了完成共同的任务而协调工作的一组计算机节点组成的系统。分布式系统的出现是为了用廉价的、普通的机器完成单个计算机无法完成的计算与存储任务。区块链作为一种特殊的分布式系统，具有显著的去中心化特征。区块链中应用的分布式技术可以概括为以下两类。

1．分布式通信技术

区块链的网络模型一般采用对等网络模型。对等网络模型又称为 P2P 网络模型，是一种在对等者之间分配任务和工作负载的分布式应用架构。与有中心服务器的中央网络系统不同，P2P 网络模型的每个用户端既是一个节点，又有服务器的功能。根据网络拓扑结构的不同，P2P 网络模型可以分为结构化 P2P 网络模型和非结构化 P2P 网络模型两种。结构化 P2P 网络模型和非结构化 P2P 网络模型的主要区别在于查找和定位资源的方法不同，结构化 P2P 网络模型在需要请求某个资源时，会按照网络的拓扑结构规则寻找，如果该资源存在，那么一定找得到。非结构化 P2P 网络模型在查找和定位资源时，会以广播的方式寻找，由于截止时间和网络传播速度的影响，资源即使存在也不一定找得到。具体到区块链领域，P2P 网络模型表现为每个区块链系统中的节点都具备挖矿、交易等功能，而且可以与相邻节点进行交互、公开传递有价值的信息。

比特币采用的是非结构化的 P2P 网络模型。在比特币网络中，一个新加入的节点会随机选择一个已经存在的节点并建立连接通道，成为新节点的邻居节点，从而形成一种随机拓扑结构。新节点与邻居节点建立连接后，采用泛洪机制进行全网广播，即该节点首先向邻居节点广播，邻居节点收到广播消息后，再继续向自己的邻居节点广播。以此类推，遍布整个网络。这种架构的主要优势在于实现简单、可扩展性强；缺点是容易形成泛洪循环、产生消息响应风暴，导致部分节点瘫痪，影响网络性能。以太坊采用的是结构化 P2P 网络模型，其通过分布式 Hash 表（Distributed Hash Table，DHT）技术来实现。使用该技术，可以在分布式条件下实现数据的快速、准确定位。

2．分布式存储技术

分布式存储技术是一种常用的、高效的数据存储技术。它通过网络充分利用分散节点的存储能力，并将这些分散存储资源构成一个虚拟的存储空间，使数据存储在分布式网络的各个节点上。新区块产生后，会在区块链网络上进行广播，网络中的每个节点都可以选择存储完整的区块链数据或部分数据,并利用分布式共识机制,使每个节点都可以获得一份实时更新的区块链数据。这加大了数据被篡改的难度,保证了区块链的安全性。

11.3.3 共识机制

拜占庭将军问题是 Leslie Lamport 在描述分布式系统一致性问题时提出的一个著名的例子:拜占庭帝国派出了 10 支军队去包围一个强大的敌人,这个敌人虽然弱于拜占庭帝国,但也足以抵御 5 支拜占庭军队的同时进攻。这 10 支军队分散在敌人的四周,依靠骑马通信来协商进攻意向及进攻时间。对拜占庭将军来说,至少要有 6 支军队同时进攻才能攻下敌国,而且他们不确定将军中是否有叛徒及其是否会擅自变更进攻意向或进攻时间。在这种状态下,拜占庭将军该如何保证至少有 6 支军队在同一时间发起进攻,从而赢得胜利呢?

在比特币出现之前,解决分布式系统一致性问题的主要是 Lamport 提出的 Paxos 算法及其衍生算法。Paxos 算法及其衍生算法仅适用于中心化的分布式系统,这样的系统没有不诚实的节点,即节点不会发送虚假消息,但允许出现网络不通或宕机出现的消息延迟。2008 年,"中本聪"在比特币中创造性地引入了工作量证明机制,解决了去中心化条件下分布式共识的问题。比特币区块链始终以最长链为主链,即最长链规则。各节点都以区块数最多的一条链作为自己添加新区块的目标,所有不合法、不在主链上的区块,最终都会被丢弃,以此维护一个权威的公共账本。

对应拜占庭将军问题,工作量证明机制相当于提高了做叛徒的成本。在工作量证明机制下,只有第一个完成证明的节点才能广播区块。由于节点与节点之间存在竞争,因此要做到这一点需要很高的算力。如果竞争不成功,那么算力就会白白浪费;相反,如果竞争成功,那么会获得丰厚的收益。在这样的机制下,节点倾向于保持诚实,赚取收益,因此整个系统也变得更加稳定。

由于工作量证明机制需要消耗大量的算力,因此竞争不成功的节点会造成巨大的电力浪费,这促使人们探索新的分布式共识机制。权益证明机制(Proof of Stake)就是其中一种。与工作量证明机制要求节点通过不断地进行 Hash 计算来验证交易有效性的机制不同,权益证明机制仅要求用户证明自己拥有一定数量数字货币的所有权,即权益。区块链会追踪一组验证者,任何持有区块链基础加密货币的节点都可以通过发送一种特殊类型的交易,并将自己拥有的一部分加密货币锁定在存款(Deposit)中来成为验证者,然后通过当前所有的验证者投票来完成新区块的创建和验证。由于节点需要先持有大量余额才有更大的概率广播区块并进行验证,因此权益证明机制同样提高了拜占庭将军问题中做叛徒的成本。另外,投票失败会带来权益损失,在这种机制下,节点会倾向于保持诚实。由于不需要花费太多算力就可以达到分布式共识,因此与工作量证明机制相比,权益证明机制在能源效率方面具有显著优势,从而得到了广泛的应用。

11.3.4 加密 Hash 函数

加密 Hash 函数是一种特殊的 Hash 函数,通常是单向的,即给定 Hash 函数输出的结果,很难回推输入的数据。Hash 函数的输入数据通常被称为消息,它的输出结果通常称为消息摘要或摘要。在传统信息安全领域,加密 Hash 函数有许多重要的应用,如数字签名、MAC(消息认证码)等。

在区块链领域,加密 Hash 函数同样有着广泛的应用,SHA-256 算法是最常用的一种。SHA-256 算法是 SHA-2 下细分出来的一种算法。SHA-2 由美国国家安全局研发,是 SHA-1 的后继。由于 SHA-256 算法实现简单,其安全性和可靠性也经受了广泛的考验,因此其在区块链相关技术中得到了广泛的应用。例如:比特币采用 SHA-256 算法实现工作量证明机制;Solana 采用 SHA-256 算法支撑历史证明机制;区块包含的默克尔树采用 SHA-256 算法生成子树的摘要。SHA-256 算法支撑了区块链技术的发展。

为了提高加密 Hash 函数的可靠性,除 SHA-256 算法之外的其他加密 Hash 算法在区块链领域也得到了应用。例如,莱特币的工作量证明机制采用了 Scrypt 算法,与比特币采用的 SHA-256 算法相比,Scrypt 算法在设计时因考虑到大规模的定制硬件攻击问题(Custom Hardware Attacks)而刻意设计成需要大量内存运算的方式。Scrypt 算法具有的内存密集特性使得莱特币更适合采用 GPU 进行挖矿,也使得为 Scrypt 算法专门定制的 FPGA 和 ASIC(应用集成电路)更为昂贵,攻击者难以负担成本,从而难以展开攻击。

11.3.5 计算机体系结构

计算机体系结构方面的研究工作致力于研究计算机系统的设计,以实现不同计算任务下系统性能、效率、成本和可靠性的平衡。由于区块链的运行往往需要消耗大量的算力,因此如何设计面向区块链系统的专有硬件及加速其计算过程,是区块链发展过程中的一个重要问题。以比特币为例,由于 SHA-256 算法的计算过程简单,因此对随机数 Nonce 的尝试可以并行化。在比特币挖矿难度不断升高的情况下,采用通用性强、并行性差的计算设备(如 CPU)进行挖矿显得越来越力不从心。为此,挖矿设备的发展沿着专用化、并行化的方向一路演化,矿工们从 CPU 转向了 GPU。由于挖矿过程算法固定,而 CPU 作为一种通用性强的计算设备,其指令的取码、译码过程功耗较大,因此矿工们选择将挖矿算法固化到 FPGA 中,以降低功耗,提高速度。后来,又出现了专为比特币挖矿设计的 ASIC,进一步降低了不必要的功耗,提高了挖矿能力。比特币挖矿设备的演化是计算机体系结构在区块链领域的一次成功应用。

然而,计算机体系结构在区块链领域的应用也给区块链本身带来了挑战。例如,目前比特币采用 SHA-256 算法的数字加密货币,几乎所有的算力都来自 ASIC 芯片,而 ASIC 只能由少数公司设计和生产,可能导致供应商过于集中,甚至可能存在被某一机构垄断的问题。这违背了比特币平等、去中心化的初衷。

11.4 区块链安全问题与防御技术

11.4.1 区块链现存安全隐患

中医讲究"正气内存,邪不可干"。如果把区块链当作一种生命体,那么区块链安全好比生命体的防身和保健,既要防止和抵御外部攻击,又要排除内部的安全隐患。由于内部的安全隐患给外部攻击提供了机会,因此有必要先从区块链本身了解现存的安全隐患。

区块链系统可以划分为数据层、网络层、共识层、激励层、合约层、应用层 6 层体系架构,每一层都存在一些理论和实践上的安全隐患。区块链是一个多学科交叉复合的新技术,虽然目前每一层都有一些安全实践,但都还处在初级探索阶段,而且引入安全手段后,可能会给系统带来新的安全问题,如图 11-5 所示。

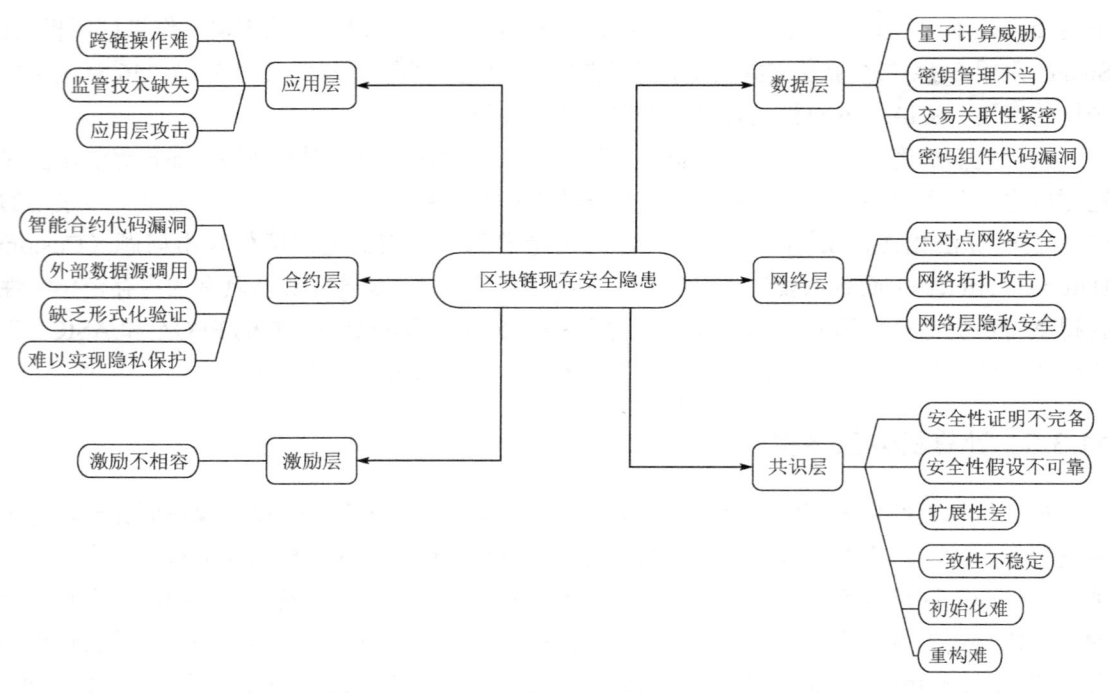

图 11-5 区块链现存安全隐患

1. 数据层

数据层既规定了包括交易、区块、链式结构在内的狭义区块链的数据结构和存储形式等基本模块,又包括了关于用户身份、地址的密钥管理机制及区块链所需的其他密码学组件等安全模块。数据层是实现其他 5 层功能的基础。综合数据层各组件的特点,数据层面临着量子计算威胁、密钥管理不当、交易关联性紧密和密码组件代码漏洞等安全问题。

2. 网络层

网络层的核心是确保区块链节点的合法加入和有效通信,具体包括区块链的组网模式、节点之间的通信模式、扩展网络及必要的匿名网络通信技术。区块链采用 P2P 联网通信方式,在这个过程中不依赖可信第三方,而是通过 P2P 网络的路由查询结构,在全球范围内的网络节点之间建立连接。根据节点是否包含全部数据,区块链网络中的节点又可分为全节点和轻节点两类。全节点存储了交易集合、密钥管理规定的节点公钥和地址、区块链账本、网络路由等所有数据。轻节点仅存储了区块 Hash 值等区块链账本中的部分信息,通过随机协议与其他节点建立数据传入和传出连接。全节点和轻节点之间的通信形成了区块链中常见的去中心化网络拓扑结构。除主网络之外，根据功能的不同，网络中还会形成扩展网络，如比特币中小算力矿工会选择加入矿池形成中心化矿池网络，再采用 Stratum 协议与矿池进行通信，共同完成挖矿任务。网络层还需要匿名网络通信技术提供匿名通信等安全保障。

网络层包括多种网络技术，技术本身的安全问题必然会给区块链网络层带来安全风险。总的来说，网络层的安全隐患主要包括点对点网络安全、网络拓扑攻击及网络层隐私安全。

3．共识层

共识层是区块链架构的核心，主要规定了区块链的共识机制，确保了各节点在网络层提供的网络环境和通信模式中共享同一份有效的区块链视图。区块链共识层支持的共识机制提供了一种可信数据共享机制，为上层应用提供了安全的账本支持。共识层致力于设计高安全性、高效率、低能耗的共识机制，根据采用的基础协议不同，可以划分为五大系列：工作量证明、权益证明、拜占庭容错（Byzantine Fault Tolerance，BFT）协议、分片技术、可信硬件。

良好的共识机制有助于提高区块链系统的性能和效率，提供强有力的安全保障，支持功能复杂的应用场景，促进区块链技术的拓展与延伸。区块链共识层支持的共识机制的发展尚不完善，普遍存在安全性证明不完备、安全性假设不可靠、扩展性差、一致性不稳定、初始化难和重构难等问题。不同类型的共识机制还面临不同的攻击威胁。

4．激励层

在无许可区块链中，激励层与共识层是相互依存的，它们共同维护区块链系统的安全性与稳定性。共识机制设计直接影响激励实体的选取和激励分配策略。相应地，激励机制设计是否合理也关系到共识机制的安全性和区块链的稳定性。网络中的节点参与交易验证和区块生成的目的是为了获得更高的奖励。趋利的节点可能会在这一过程中通过采取一些不利于区块链系统维护的策略来提高自己的收益，甚至对区块链的安全性构成威胁。因此，激励层还需要策略性行为检测和动态的奖励机制优化。

激励层需要解决的主要问题是经济学上的激励不相容问题，具体指参与维护区块链的矿工不会实施危害安全性的恶意攻击，但是其会以自身利益最大化来指导自己的挖矿策略。这种策略与区块链整体利益形成冲突，会破坏区块链系统的安全性和稳定性，包括自私挖矿攻击、无利害关系攻击、扣块攻击和激励不可持续问题。

5．合约层

智能合约是合约层的核心，是一种可自动执行的数字化协议，也是可按照预设合约条款自动执行的计算机程序，包含相关代码和数据集，并部署在区块链上。智能合约最早由 Nick Szabo 提出，后经以太坊重新定义，建立了完整的开发架构。围绕智能合约，合约层还包括智能合约的运行机制、编写语言、沙盒环境和测试网络。运行机制描述了智能合约的执行规则；编写语言包括以太坊平台提供的 Solidity、Serpent、LLL 等图灵完备语言和 Fabric 使用的 Go、Java 等高级编写语言；沙盒环境是一种新型的恶意代码检测和防治技术，可为用户提供一种相对安全的虚拟运算环境。以太坊用以太坊虚拟机（Ethereum Virtual Machine，EVM）为智能合约提供沙盒环境。此外，为了保证智能合约的安全性，用户在编写智能合约后还需要在测试网络上进行测试。以太坊是最早的开源智能合约开发平台。虽然以太坊为智能合约编写提供了一些模板和测试环境，但是由于智能合约代码开源且涉及数字资产转移，因此一旦代码漏洞被利用，会造成不可逆转的损失。除智能合约创建者在设计业务逻辑时的文本安全问题以外，合约层还面临智能合约代码漏洞、外部数据源调用、缺乏形式化验证、难以实现隐私保护等问题。

6. 应用层

区块链在金融、供应链、能源等领域具有广泛的应用场景。由于在不同的应用场景下，应用层需要反映不同的区块链业务功能，因此其在设计上略显差异。但是，应用层作为直接与用户交互的区块链层级，在架构设计上还具有一定的共同点。一般地，应用层需要具备API接口、跨链异构和监管技术。从当前区块链应用发展来看，应用层设计面临跨链操作难、监管技术缺失和应用层攻击等问题。

综上所述，区块链在各个层次都存在安全隐患，解决这些安全隐患是学术界和产业界的攻关方向。

11.4.2 区块链安全攻击的主要方式

各类区块链解决方案经受的主要攻击方式如下。

1. 双花攻击

双花攻击又称为双重消费攻击，指将用户持有的数字资产中的余额进行多次的交易行为。例如，在比特币系统中，双花攻击至少有 3 种方式。

1）种族攻击（Race Attack）

一个人同时向网络中发送两笔交易，一笔交易发给自己（为了提高攻击成功率，给这笔交易增加足够的手续费），另一笔交易发给商家。由于发给自己的交易中含有较高的手续费，因此该笔交易会被矿工打包成区块的概率比较高，于是实现了一次双花。

2）芬妮攻击（Finney Attack）

一个矿工挖到了一个区块（该区块中包含一笔交易：A 地址向 B 地址转 1 比特币，其中 A 和 B 都是自己的地址），但不广播这个区块，而是先找一位愿意接受未确认交易的商家，向他购买一个物品，并向商家发送一笔交易：A 地址向商家的 C 地址转 1 比特币，付款后向网络中广播刚刚挖到的区块。由于区块中包含一笔向自己付款的交易，因此他实现了一次双花。

3）>50%攻击

由于攻击者占有超过全网 50%的算力，因此他可以创造一条高度大于原来链的新链，那么旧链中的交易会被回滚，攻击者可以发送一笔新的交易到新链上。

2. 女巫攻击

女巫攻击指利用社交网络中的少数节点控制多个虚假身份，从而利用这些身份控制或影响网络中大量正常节点的攻击方式。在一个任何节点都可以随意加入和退出的 P2P 网络中，女巫攻击将一个节点伪装成多个节点，并将这些伪装节点广播到整个 P2P 网络中，从而获得网络控制、拒绝响应、干扰查询等攻击行为。在 BFT 网络中，一个进行女巫攻击的恶意节点只要伪装的节点数突破 $n/3$ 的限制，就能控制整个网络。

3. 长程攻击

攻击者不是分叉现有的链，而是回到初始阶段的链，造一条更长的新链，让网络误以为是主链。攻击者通过权益证明机制制造新链，而且这个过程不需要投入矿机、没有耗能、攻击成本低，一旦攻击成功，后果也非常严重，重新构造的链可能彻底取代原来的链，不可篡改等诸多属性都将被破坏。

4. 自私挖矿

自私挖矿是一种针对比特币挖矿与激励机制的攻击方式，它的目的不是破坏比特币的运行机制，而是获取额外的奖励，并让诚实的矿工进行无效计算。攻击者在挖到区块后不立即向比特币网络广播，而是继续在此区块后秘密挖矿，然后选择性地公布区块，有时甚至牺牲自身利益，向网络连续公布区块，最后在同其他矿工的竞争中获得胜利。这减少了其他人的收益，吸引了更多的矿工跟随自己挖矿，从而获得额外收益。

5. DDoS 攻击

DDoS 攻击是处于不同位置的多个攻击者同时向一个或数个目标发动攻击，或者一个攻击者控制了位于不同位置的多台机器，并利用这些机器对受害者同时实施攻击。由于攻击的发出点是分布在不同地方的，因此这类攻击称为分布式拒绝服务攻击。

6. 寄生链攻击

寄生链攻击是尝试在 Tangle 中实现双花的一种攻击方式。攻击者秘密地构建一个次缠结，公众看不到它，这个次缠结称为寄生链。攻击者通过在计算机上构建一个冲突的转账（把钱转向攻击者的另一个账户的同时，向主缠结进行转账，购买商品）来实现双花转账。

7. 交易泛滥

恶意参与者可能会在其控制的账户中开展大量有效交易，其目的是让网络超负荷运行。例如：比特币网络曾经被垃圾交易阻塞，导致 30 000 笔交易在内存池排队等待确认；借助门罗币的 Bulletproof 协议可以降低交易费的特点，在区块链网络上发起大量自己的交易，从而解除交易输入的 Mixin（混入以迷惑别人辨识出真实签名身份的总签名数量），实现对门罗币交易的追踪。

8. 粉尘攻击

粉尘攻击是一种新型的恶意攻击活动，黑客和诈骗者通过向用户私人钱包发送极少量的代币来试图破坏数字加密货币用户的匿名性。

9. 日蚀攻击

日蚀攻击是一种针对比特币网络的攻击。每个比特币网络节点默认最多允许被 117 个其他节点连接（输入连接），同时最多可以向其他 8 个节点发起连接（输出连接）。在日蚀攻击中，攻击者控制所有来自目标受害者的节点及将要连接目标受害者的节点。这样，攻击者就可以防止受害者获得关于网络其他部分的完整信息。在日蚀攻击后，通常会对受害者进行双花攻击或自私挖矿攻击。

10．时间劫持

时间劫持指攻击者利用自己的算力优势伪造时间戳，使得自己的挖矿难度不断降低，从而保持自己最长链的优势，并让正常的矿池挖到的都是孤块，再通过作弊挖矿的方式获利。

11．无利害攻击

简单来说，无利害攻击就是如果攻击者分叉当前的链，那么对持有比特币的挖矿者来讲，不需要判断哪条链会获胜，最佳的策略是同时在两个分链上进行挖矿，因为最终无论哪个分链胜出，持有比特币的挖矿者都会获益。而且由于权益证明全程无消耗，因此同时在两个分链上挖矿完全可行，这造成了权益证明链的恶意分叉。所以，一旦攻击成功，一条链可能分裂成多条链，这将引发如交易回滚、双花等一系列严重问题。

11.4.3 区块链安全目标

对应不同的利益相关方和关注层次，区块链的安全目标可以划分为数据安全、共识安全、隐私安全、应用安全、内容安全、社会安全，如图 11-6 所示。其中，数据安全是区块链安全的首要目标，其他的安全目标基于数据安全衍生出来，但也是区块链安全设计的重要考虑点。

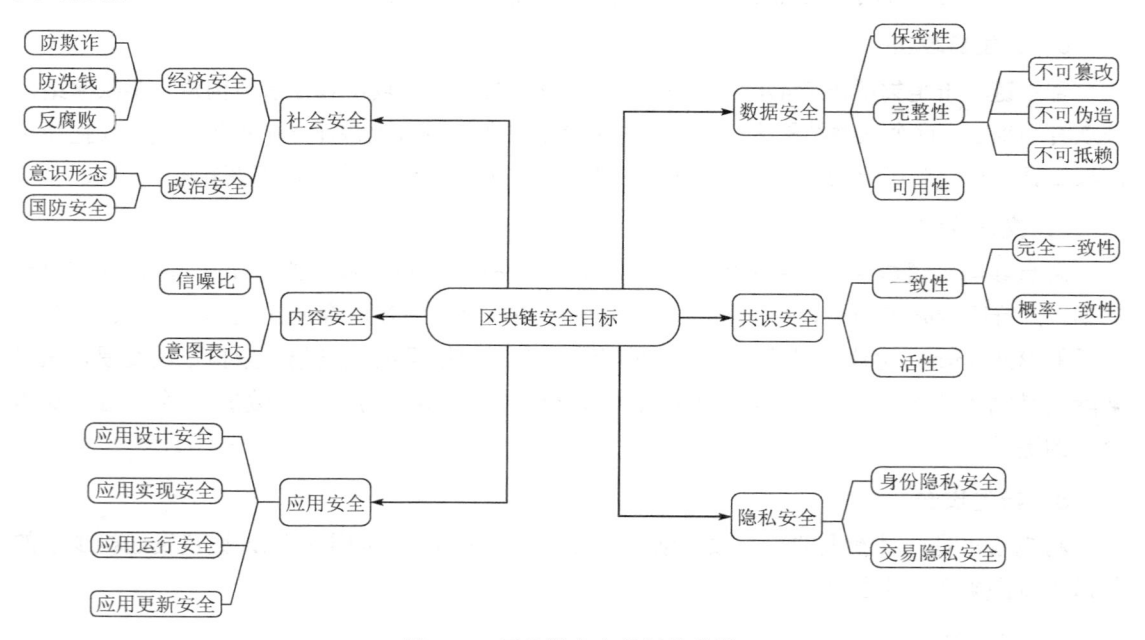

图 11-6 区块链安全目标的分类

1．数据安全

数据安全是区块链的基本安全目标。区块链作为一种去中心化的存储系统，需要存储包括交易信息、用户信息、智能合约代码和执行中间状态等海量数据。这些数据至关重要，它们是区块链安全防护的首要实体。数据安全包括保密性、完整性和可用性。

保密性：规定了不同用户对不同数据的访问控制权限，仅有权限的用户才可以对数据进行相应的操作；信息不能被未授权用户知晓和使用，引申出隐私保护性质。保密性的具体要求：区块链设置相应的认证规则、访问控制和审计监管机制。认证规则规定了每个节点加入区块链的方式和有效的身份识别方式，这是实现访问控制的基础。访问控制规定了访问控制的技术方法和每个用户的访问权限。在无许可区块链中，如何通过去中心化方式实现有效的访问控制尤为重要。审计监管机制指区块链能够提供有效的安全事件监测、追踪、分析、追责等一整套监管方案。

完整性：区块链中的任何数据都不能被未经授权的用户或以不可察觉的方式实施伪造、修改、删除等非法操作。完整性具体指用户发布的交易信息不可篡改、不可伪造；矿工挖矿成功后生成区块，其在获得全网共识后不可篡改、不可伪造；智能合约的状态变量、中间结果和最终输出不可篡改、不可伪造；区块链系统中的一切行为不可抵赖，如攻击者无法抵赖自己的双花攻击行为。完整性在底层数据层面上往往需要数字签名、Hash 函数等密码组件支持。在共识层面上，完整性的实现则更加依赖共识安全。

可用性：数据可以在任何时间被有权限的用户访问和使用。区块链中的可用性包括 4 个方面。首先，可用性要求区块链具备在遭受攻击时仍然能够继续提供可靠服务的能力，这需要依赖支持容错的共识机制和分布式入侵容忍等技术来实现。其次，可用性要求在区块链受到攻击导致部分功能受损的情况下，具备短时间内修复和重构的能力，这需要依赖网络的可信重构等技术来实现。再次，可用性要求区块链可以提供无差别服务，即使是新加入网络的节点，其依旧可以通过有效的方式来获取正确的区块链数据，以保证新节点的数据安全。最后，可用性也指用户的访问数据请求可以在有限时间内得到区块链网络的响应，进一步可引申出可扩展性的含义。可扩展性指区块链具有高吞吐量、低响应时延，即使在网络节点规模庞大或通信量激增的情况下，其仍能提供稳定的服务。

2. 共识安全

共识机制是区块链的核心，共识安全对区块链的数据安全起到重要的支撑作用。一种方法是通过比特币骨干协议中定义的一致性（Consistency）和活性（Liveness）来衡量并评估区块链的共识安全。

一致性：要求任何已经被记录在区块链上并达成共识的交易都无法更改，即网络中的节点一旦在一条区块链上达成共识，那么任意攻击者都无法通过有效手段产生一条区块链分叉，这使得网络中的节点抛弃原区块链，在新区块链分叉上达成共识。一致性是共识机制最重要的安全目标。根据共识机制在达成共识的过程中是否出现短暂分叉，一致性又分为概率一致性和完全一致性。概率一致性指网络中的节点在达成共识的过程中出现短暂分叉，在一些情况下，节点可能会无法立即在两个区块链分叉中做出选择，从而形成左右摇摆的情况。完全一致性指网络中的新区块一旦生成，那么网络中的节点即可判断是否对它达成共识，而不会出现阶段性分叉。

活性：要求诚实节点提交的合法数据终将由全网节点达成共识并被记录在区块链上。合法数据包括诚实节点提交的合法交易、正确执行的智能合约中间状态变量、智能合约执行结果等。活性可以保证诚实节点抵抗 DoS 攻击，并维护区块链持续可靠地运行。

3. 隐私安全

隐私安全指对用户身份信息等用户不愿公开的敏感信息进行保护。在区块链中，隐私安全主要针对用户身份信息和交易信息两部分内容。因此，区块链的隐私安全可划分为身份隐私安全和交易隐私安全。

身份隐私安全：要求用户的身份信息、物理地址、IP 地址与区块链上的用户公钥和地址等公开信息之间是不关联的。任何未授权节点仅依靠区块链上公开的数据是无法获取有关用户身份的任何信息的，同时不能通过网络监听、流量分析等网络技术手段对用户身份和交易进行追踪。

交易隐私安全：要求交易本身的数据信息对非授权节点匿名。在比特币中，交易隐私特指交易金额、交易的发送方公钥、接收方地址及交易的购买内容等。任何未授权节点无法通过有效的技术手段来获取交易的相关信息。在一些需要高隐私安全强度的区块链中，还要求割裂交易与交易之间的关联性，即非授权节点无法有效推断两个交易是否具有前后连续性、是否属于同一用户等。

4. 应用安全

根据智能合约的整个生命周期运作流程，智能合约安全可以划分为应用设计安全、应用实现安全、应用运行安全和应用更新安全 4 部分。

应用设计安全：实现智能合约稳定运行的第一步。智能合约开发人员在编写智能合约之前，需要根据实际功能设计完善的合约文本，避免因合约文本错误而使智能合约执行异常甚至出现死锁等情况。

应用实现安全：要求智能合约开发人员使用安全成熟的语言，并严格按照合约文本进行编写，以确保合约代码与合约文本的一致性，且代码编译后没有漏洞。

应用运行安全：涉及智能合约在实际运行过程中的安全保护机制，是智能合约在不可信的区块链环境中安全运行的重要目标。应用运行安全指智能合约在执行过程中一旦出现漏洞甚至被攻击时，其不会对节点本地系统设备造成影响，也不会使调用该合约的其他合约或程序执行异常。应用运行安全包括模块化和隔离运行两方面，模块化要求智能合约标准化管理，具有高内聚低耦合的特点，既可移植，又可通过接口实现智能合约的安全调用，遭受攻击后的异常结果并不会通过合约调用的方式继续蔓延，保证了智能合约的可用性。隔离运行要求智能合约在虚拟机等隔离环境中运行，而不能直接运行在参与区块链的节点本地系统上，防止运行智能合约的本地操作系统遭受攻击。

应用更新安全：智能合约应用在版本升级的过程中避免出现设计、实现、运行方面的安全问题，这是上述应用设计安全、应用实现安全和应用运行安全的一种延伸。

5. 内容安全

内容安全是在数据安全的基础上衍生出来的应用层安全属性，要求区块链上传播和存储的数据内容符合道德规范和法律要求，防止不良或非法内容在区块链网络中传播，保证区块链网络中信息的纯净度。内容安全的保障重点是加强区块链中信息在传播和存储过程中的控制和管理。由于区块链具有不可篡改的特点，因此一旦非法内容被记录在区块链上，将很难被修改或撤销。这也将影响公众和政府对区块链应用的态度。

信噪比：区块链应用生态中需要网络监测、信息过滤等技术，以保证区块链的内容安全，提高合法信息的占比，避免出现非法信息和垃圾信息。例如，在基于区块链的银行系统中，需要通过设置特定的信息内容分析和智能化处理机制来实现了解你的客户（Know Your Customer，KYC）和反洗钱（Anti-Money Laundering，AML）等内容监管机制。

意图表达：设置有效的监管机制，并对已经记录在区块链中的非法内容进行撤销、删除等操作，以维护区块链网络健康发展，保证区块链内容的合法意图的表达。

6．社会安全

区块链作为未来文明的基础设施，将对社会发展产生深远影响，并关系到社会安全，具体包括经济安全、政治安全等。例如：如果一个国家不能自主发展区块链技术，而是基于别国区块链技术进行应用部署，那么将来可能会受到制约；某些区块链平台的匿名性为跨国犯罪、意识形态渗透、洗钱犯罪、非法交易提供了渠道，从而影响一个国家的政治经济安全；区块链的耐攻击性可以增强国防建设的生命力，但反过来如果国防建设在区块链技术上落后于敌方，那么可能会遭到"降维打击"。

11.4.4 传统的区块链防御技术

传统的区块链防御技术从区块链安全目标出发，针对性地进行防御，具体如下。

（1）数据加密技术。数据加密技术可以对交易数据进行加密，防止数据在存储和通信过程中的隐私泄露。

（2）数字签名技术。数字签名技术可以验证某笔交易是由某个节点发出的及其在通信过程中是否被篡改。

（3）工作量证明机制。在某些区块链方案中，如埃欧塔（IOTA），为了防止节点大量高频地恶意发布交易，导致网络拥塞和吞噬存储空间，系统要求节点在发布交易前必须完成一定的工作量，这样可以增加节点的交易成本，事实上起到了手续费的作用。

（4）许可机制。引入许可机制后，由于节点必须经过原有区块链网络的许可才能加入，因此节点在加入之前会被审查和约束，这样网络的安全防御压力就减轻了。这也是联盟链的主要建设思路，但与不带许可机制的区块链网络相比，联盟链的自由性较低，且规模也不容易扩展。

（5）惩罚机制。利用经济手段设计专门的惩罚机制，能够对消极行为或恶意行为产生一定的抑制作用。

（6）零知识证明。零知识证明指证明者能够在不向验证者提供任何有用信息的情况下，使验证者相信某个论断是正确的。零知识证明实质上是一种涉及两方或更多方的协议，即两方或更多方完成一项任务所采取的一系列步骤。证明者向验证者证明并使其相信自己知道或拥有某一消息，但在证明过程中不能向验证者泄露任何关于被证明消息的信息。

11.4.5 新型区块链防御技术

近年来,区块链技术与新方法、新理念结合,产生了新型区块链防御技术。

1. 平行链

基于平行智能理论和人工系统+计算实验+平行执行方法的基本思想是,通过形式化地描述区块链系统核心要素(如计算节点、通信网络、共识机制、激励机制等)的静态特征与动态行为来构建人工区块链系统,再利用计算实验对特定区块链应用场景进行试错实验与优化,并通过人工区块链系统与实际区块链系统的虚实交互与闭环反馈来实现决策寻优与平行调谐。

2. 拟态防御

拟态防御是一种新型网络防御技术,应用于区块链领域可实现比典型区块链更好的安全性。典型区块链可以理解为简单的同构冗余,即每个节点存储相同的数据,每个共识节点在每个共识轮采用相同的共识算法,每个节点采用同样的、固定的签名算法。拟态区块链利用拟态防御技术核心的动态异构冗余架构(Dynamic Heterogeneous Redundancy),在区块链原有的同构冗余的基础上增加了动态、异构的成分,并从签名机制和共识机制两个角度构建动态异构区块链,增强了区块链的安全性。

3. 可验证延迟函数

可验证延迟函数的概念最初由斯坦福大学密码学教授 Dan Boneh 等人在其论文 *Verifiable Delay Function* 中给出。这篇论文于 2018 年发表在密码学顶级会议之一的 CRYPTO 上。

可验证延迟函数是一类数学函数,用户可以通过输入参数来设置该函数的计算时间。可验证延迟函数通常会接受一个输入及一些参数(安全参数、时间参数等),然后输出一个结果及相应的证明(如果结果能够自带证明,那么可以为空)。验证者会依据输入、参数、输出及证明来判断可验证延迟函数的结果是否正确。

自从以太坊将可验证延迟函数列入研究计划并打算在以太坊 2.0 使用之后,可验证延迟函数得到了广泛的关注。

11.5 新兴区块链技术

11.5.1 公链解决方案

在公链生态中,除广为人知的比特币、以太坊、EOS 等解决方案之外,近年来涌现出一系列新兴的公链解决方案。

1. Conflux

Conflux 是一个国内初创的区块链研发项目。Conflux 是支持交易全序、快速交易确认、高吞吐量、可扩展的有向无环图分布式账本协议,结合了 Ghost 和 GhostDAG 协议的思想。在账本结构方面,每个区块包含两种边:父边和引用边。具体来讲,父边和引用边共同构成一个有向无环图。去掉引用边,所有父边又构成了一棵树。在父边构成的树中,依据 Ghost

协议的最重子树规则选择一条主链，新区块的父边指向主链的最后一个区块。此外，那些既没有父边又没有引用边指向的区块被称为叶子区块，新区块的引用边要指向所有剩下的叶子区块，称为树图结构。

在排序算法方面，Conflux 根据主链进行全局排序，这里引入一个 Epoch 的概念，主链上的每一个区块都可以确定一个 Epoch。分叉上的区块属于哪个 Epoch，由第一个产生在它之后的主链区块所在的 Epoch 决定。在每一个 Epoch 内部，按照拓扑排序来确定区块顺序，如果出现平局的情况，那么根据区块的 Hash 值来排序。在所有区块排序完成后进行交易排序，首先按照区块的顺序对交易进行排序，然后在每个区块内部按照交易在区块里的位置进行排序。

在激励机制设计方面，Conflux 借鉴了 Inclusive 协议思想来鼓励节点按照规则接续区块和避免交易重复打包。

2．Solana

Solana 是在 2017 年构想出来的，当时它的创始人 Anatoly Yakovenko 找到了一种方法，让去中心化的节点网络与单个节点的性能匹配。目前，没有一个主要的区块链接近于实现这一特性。比特币和以太坊等系统支持大约每秒 10 笔交易（TPS）。基于实用拜占庭容错（PBFT）的权益证明系统，如 Tendermint，支持大约 1000 TPS 和 100～200 个节点。Solana 是一个类似于 BFT 的权益证明区块链，在当前的测试网络迭代中支持超过 200 个节点及 50 000TPS，是性能最好的区块链和世界上第一个 Web 规模的去中心化网络。自成立以来，Solana 团队一直致力于构建 Solana 实现突破性能标准所需的技术。为了创建一个去中心化的、去许可的网络，以匹配单个节点的性能，Solana 团队开发了以下 7 项关键技术。

1）历史证明

Solana 的核心创新是历史证明，这是一个全球性的、不受许可的时间来源，其可以在达成共识之前的网络中运行。历史证明不是共识协议或反女巫攻击的机制，相反，历史证明是时钟问题的解决方案。其他区块链要求验证者相互通信以确认时间已经过去，而每个 Solana 验证者通过将时间编码为一个简单的 SHA-256 Hash 可验证延迟函数来维护自己的时钟。因为每个验证者维护自己的时钟，所以在整个历元中提前安排了领导者的选择。与 Tendermint 一样，大纪元的时间表可以持续数千个区块。然而，与 Tendermint 不同的是，网络从不等待失败的节点。每个验证器运行可验证延迟函数，以证明它获得了传输块和验证者的插槽。每个验证者都会因这样做而得到补偿，因为块生成器会因生成块而获得奖励。

2）Tower BFT

在历史证明的基础上，Solana 运行 Tower BFT 共识，这是一种类似于 PBFT 的协商一致算法，专门用于同步时钟。与 PBFT 不同的是，Tower BFT 共识更偏向活力而不是一致性。与 PBFT 相同的是，节点会成倍地增加超时时间以达成协议，但由于该时钟体系的账本结构本身也是一个不可靠的时间源，因此节点可以观察和检查网络中所有其他验证者的超时时间。

3）Turbine

由于 Solana 共识层不依赖于对等消息，因此 Solana 能够独立于共识优化块而在网络中传输。Turbine 是 Solana 的块传播技术，借鉴了比特流的思想。

当一个块被流化时，它与擦除码一起被分解成小数据包，然后在一组随机的大对等点上散开。若使用 200 个区块，则网络的第二层可以覆盖 40 000 个验证器。因此，验证者能够传播对最终结果具有 $\log_{200} n$ 影响的块。如果每个连接都用时 100 ms，那么对于 40 000 个节点网络，复制可以在 400 ms 内完成，最终完成只需 500 ms。例如，如果在一列火车上，列车长想让所有乘客都抄录一本书，他让每个车厢先各选一人，这些人先分工，每人先抄其中一部分，然后互相抄写没有抄写的部分，这些人回到车厢也是先让车厢内的人分工，然后每人抄写一部分，再互相抄写，这样比一个人先抄完整本书再转给别人抄要快得多。

4）Gulf Stream

在高性能网络中，内存池管理是一种新问题。Gulf Stream 的功能是推送和转发交易缓存至网络边缘。因为每个验证者都知道 Solana 体系结构中即将到来的领导者的顺序，所以客户端和验证者会提前将交易转发给预期的领导者。这表示允许验证者提前执行交易，以减少确认时间，便于更快地切换领导者，并减少来自未确认交易池的验证器的内存压力。

客户端（如钱包）对引用特定块哈希的交易进行签名。

如果交易被转发给任何验证者，那么验证者会将其转发给即将到来的领导者之一。客户端可以订阅来自验证者的交易确认信息，进而知道交易是否过期，或者交易是否已被网络确认。一旦交易失败，网络通过回滚点，使此次交易引用的块哈希过期，以确保此次交易无效，并且永远不会在链上执行。

5）Pipeline VM

为了利用 Solana 的高性能网络，Solana 构建了 Pipeline VM，这是一个超级并行的交易处理引擎，旨在将交易处理能力从单线程横向扩展到 GPU 和 SSD。其他区块链都是单线程计算机，Solana 是唯一一个在单个分片中支持并行事务执行（不仅是签名验证）的链。

交易预先指定它们在执行时的读取和写入状态。交易在执行时能够找到在一个块中发生的所有非重叠状态转换函数，然后并行地执行它们（称为并行执行），同时优化如何在 RAID 0 SSD 阵列中调度对状态的读写操作。尽管 Pipeline 本身是一个调度交易的 VM，但 Pipeline 实际上并不在 VM 中执行交易。相反，Pipeline 将交易传递给本地硬件并执行。

6）Cloudbreak——Soking 水平伸缩机构

在区块链的实际应用中，用于跟踪账本的内存将成为影响区块访问速度的瓶颈。一般认为，许多现代区块链使用的本地数据库引擎 LevelDB 不能支持超过 5000 TPS。

一个简单的解决方案是在 RAM 中维护全局状态。然而，期望消费级计算机拥有足够的 RAM 来存储全局状态是不合理的。于是，Solana 设计了 Cloudbreak，这是一种状态体系结构，它对分散在 SSD RAID 配置中的并发读写进行了优化。每个附加磁盘都增加了链上程序可用的存储容量，并增加了程序在执行时可以执行的并发读写次数。

7）Replicators

区块链网络每年为账本生成 4 PB 的数据。这些数据往往是分布式存储与集中式管理的，而这与区块链实现的目的背道而驰。Solana 借鉴了 Filecoin 的复制证明（RoRep），将数据存储从验证器卸载到 Replicators（复制器）的节点网络上。Replicators 不参与共识且仅存储状态的一小部分。每隔一段时间，网络会要求 Replicators 证明它正在存储它应该存储的数据。

Replicators 可以是轻量级节点（如笔记本电脑）。通过擦除代码和冗余，Replicators 网络可以提供超过 AWS 或 GCE 的可用性保证。

3. Nervos

Nervos 致力于为下一代加密经济打造基础设施，包括：以区块链技术为核心的、相互兼容的一组分层协议；通过一层公有链协议来保证网络的安全性与去中心化；两层内置协议提供具有可扩展性的交易和计算服务；多个应用层协议衔接商业场景。

Nervos CKB（公共知识库）是 Nervos 网络的第一层，即工作证明公共区块链协议。它允许任何加密资产以比特币的安全性、不变性和无许可性进行存储，同时通过其"价值存储"加密经济设计和本地令牌（CKByte）来实现智能契约和捕获整个网络价值。

11.5.2 联盟链解决方案

由于公链中的数字货币发行、匿名交易等行为难以被部分国家接受，同时公链的去中心化的革命性愿景难以被传统以中心化模式发展的大型互联网科技公司接受，因此以身份许可、无币发行、易监管、规模可控为特点的联盟链成了区块链技术落地的重要技术途径。在我国，无论是政府还是大型互联网科技公司，都以发展联盟链技术为主。

1. FISCO BCOS

FISCO BCOS 平台是金融区块链合作联盟（简称金链盟）开源工作组以金融业务实践为参考样本，在 BCOS 开源平台的基础上进行模块升级与功能重塑的深度定制的安全可控、适用于金融行业且完全开源的区块链底层平台。

金链盟开源工作组获得了金链盟成员机构的广泛认可，并由专注于区块链底层技术研发的成员机构及开发者牵头开展工作。其中，首批成员包括以下单位（排名不分先后）：博彦科技、华为、深证通、神州数码、四方精创、腾讯、微众银行、越秀金科。

FISCO BCOS 平台基于现有的 BCOS 开源项目进行开发，聚焦金融行业的分布式商业需求，从业务适当性、性能、安全、技术可行性、运维与治理、成本等多个维度进行综合考虑，打造了金融版本的区块链解决方案。

基于 FISCO BCOS 的金融区块链底层平台，可以快速构建"区块链+金融"应用场景，这对金融行业大有裨益：

（1）对于银行机构，可以降低清结算成本、提高后台运营效率、提升流程自动化程度。

（2）对于非银行金融机构，可以提升权益登记与信息存证的权威性、削减交易双方的风险、解决数据追踪与信息防伪问题、降低审核审计的操作成本等。

（3）对于金融监管机构，可以为监管机构提供一致且易于审计的数据，通过对机构间区块链的数据分析，能够比传统审计流程更快、更精确地监管金融业务，并极大加强反洗钱力度。

（4）在跨境金融场景中，有助于实现跨境金融机构间的账本共享，降低合作银行间对账与清结算成本及争议摩擦成本，从而提高跨境业务处理速度及效率。

2. 蚂蚁链

蚂蚁区块链是蚂蚁集团代表性的科技品牌，现已升级为蚂蚁链（ANTCHAIN），致力于打造数字经济时代的信任新基建。

蚂蚁链坚持核心技术突破，融合了区块链、AIOT、智能风控等技术，通过连接各个产业网络，解决了行业实际问题，推动了区块链技术平民化。

从 2016 到 2020 年，蚂蚁链连续 4 年在全球区块链专利申请数方面排名第一，其在技术上已经能够支持 10 亿账户规模及每日 10 亿交易量，可实现每秒 10 万笔跨链信息处理。蚂蚁链坚持开放生态，与合作伙伴共建共享区块链产业带来的价值互联红利。在实际应用上，蚂蚁链已携手生态合作伙伴，解决了 50 余个场景的信任难题。

11.5.3 跨链技术

虽然公链技术的定位是全球价值互联网的基础设施，但是目前并没有一种公链可以"一统天下"，多种公链并存的局面将长期存在。此外，还有大量的联盟链在运行，这样就产生了一个个的价值孤岛，违背了全球价值互联网的初衷。于是，跨链技术应运而生。跨链技术是打通各个公链和联盟链价值孤岛的中继平台。

1. Polkadot

Polkadot 是一个可扩展的异构多链区块链，它由一个协作的去中心化区块链网络组成，这个网络叫做中继链，与并行运行的分片链即平行链进行交互。这些平行链可以视为中继链的客户端，中继链的目的是保护和协调平行链。Polkadot 跨链原理如图 11-7 所示。

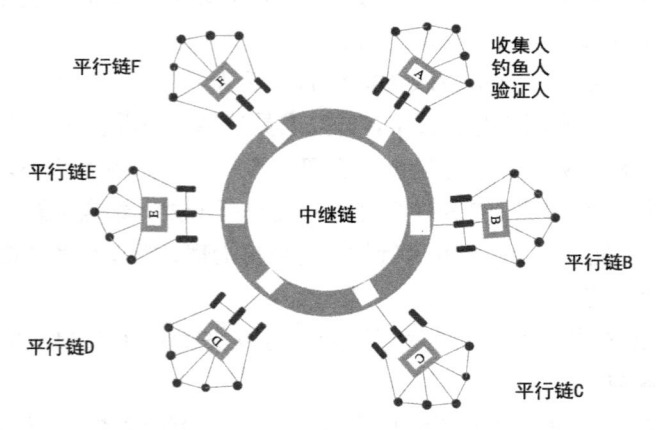

图 11-7 Polkadot 跨链原理

2. Cosmos

Cosmos 的愿景是让开发人员轻松构建区块链，并通过允许他们彼此进行交易（通信）来打破区块链之间的障碍。Cosmos 的最终目标是创建一个区块链网络，一个能够以去中心化方式相互通信的区块链网络。通过 Cosmos，区块链可以保持主权，同时快速处理交易并与生态系统中的其他区块链进行通信，使其成为各种场景的最佳选择。

Cosmos 通过一系列开源工具来实现这个愿景，如 Tendermint、Cosmos SDK 和 IBC，旨在让人们可以快速构建自定义、安全、可扩展和可互操作的区块链应用。

3．BitXHub

BitXHub 是由趣链科技自主研发的跨链技术平台，其同时支持同构区块链间及异构区块链间的跨链交易，并允许异构的资产互换、数据互通及服务互补。BitXHub 致力于打造高可扩展性、强稳健性、易运维升级的区块链跨链通用协议及示范平台，为区块链互联网络的形成与价值孤岛的互通提供可靠的底层技术支撑。

11.6 典型区块链解决方案

下面以腾讯区块链和京东区块链为典型案例，分析区块链在电子商务企业中的技术特色与应用优势。

11.6.1 腾讯区块链方案

1．腾讯区块链整体架构

腾讯区块链致力于提供企业级区块链基础设施、行业解决方案，以及安全的、可靠的、灵活的区块链云服务。Trust SQL 架构图如图 11-8 所示，其具体分为 3 个层次。

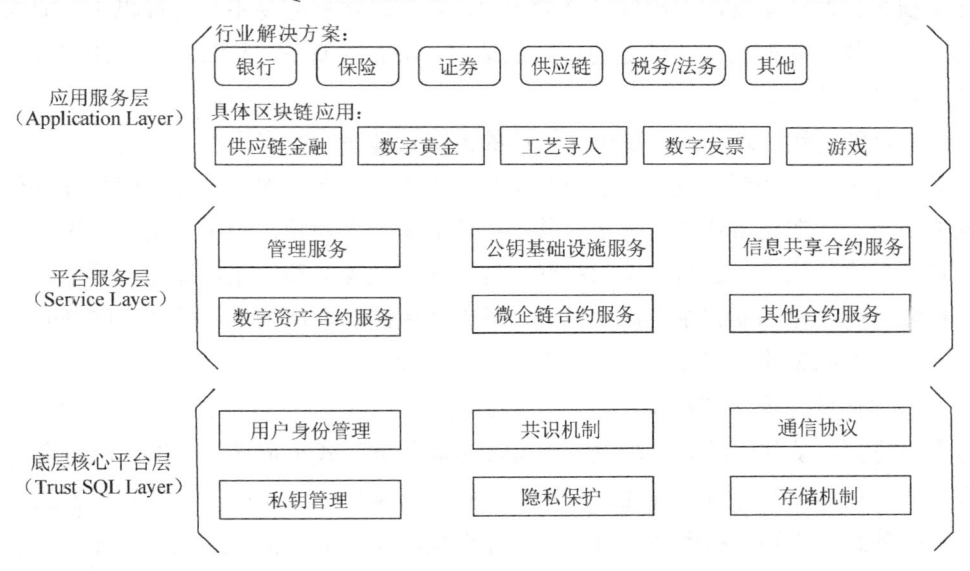

图 11-8　Trust SQL 架构图

（1）底层核心平台层（Trust SQL Layer）：腾讯区块链的底层核心平台是腾讯自主研发的 Trust SQL 平台。Trust SQL 通过 SQL 和 API 的接口为上层应用场景提供区块链基础服务的功能，其核心定位是打造领先的企业级区块链基础平台。

（2）平台服务层（Service Layer）：抽象各类典型的区块链应用，基于底层技术集成提供应用的基本能力和实现框架。用户可以基于这些基本能力，再叠加自己业务独有的特性，轻松完成业务逻辑的区块链，帮助用户快速搬迁已有业务到区块链上，以应对新的场景需求；

或者搭建全新的业务场景,利用区块链的不可篡改、不可抵赖等特性,解决之前难以解决的问题。目前已实现的服务主要有数字资产和共享账本。

(3) 应用服务层(Application Layer):向最终用户提供可信的、安全的、快捷的区块链应用。通过平台服务层提供的两种接口,服务商可以提供行业解决方案。因此,最上层的行业应用与解决方案在底层核心平台层的支持下得以灵活拓展。

2. 腾讯区块链的技术特色和优势

(1) 高性能。底层核心平台采用了腾讯自主研发的 Trust SQL,并借鉴了微信支付和微信红包的高并发和分布式账户管理的经验,支持每秒万级的处理,满足了处理高并发场景的性能需求。

(2) 可靠一致的记录存储。腾讯区块链通过数字签名保证了业务请求在传输过程中不能被篡改,同时通过共识机制保证了各节点的数据存储一致。此外,腾讯区块链上每个记账节点都有自己的私钥,每个区块头中都包含了本节点私钥的签名,区块内数据的修改都可以通过签名校验出来。

(3) 用户隐私和交易保密。在腾讯区块链中,用户信息和区块链地址是隔离的。从各节点的记录存储中,无法获取关联的用户信息。用户信息存储有权限控制、访问认证和加密存储等多层保护。对于交易保密程度较高的用户,还可以选择交易不相关性机制,即同一个用户的每一次交易都映射到区块链上的不同地址上,从而保证在交易账本上无法获取一个用户的多笔交易的关联性。

(4) 安全的密钥管理体系。腾讯区块链的密钥管理解决方案提供了密钥保险箱和用户账户委托的功能来保证密钥的安全。密钥保险箱使用用户信息对密钥进行加密并分割存储在多个不同的节点上,在正常业务流程下,其不会访问密钥保险箱,当用户密钥丢失后,可以通过对用户信息进行认证,之后将密钥找回。腾讯区块链支持委托账户操作被委托账户,并把所有委托账户的操作独立记录在区块链上。腾讯区块链对委托账户的操作有严格的频度限制和独立的风险控制策略,可以严格控制委托账户的操作风险。

(5) 高效运营与安全威胁检测能力。腾讯区块链实现了可视化的服务交付和服务度量。在服务交付方面,从代码编译、测试、灰度环境验收到正式环境部署,整个服务交付流程实现了可视化管理;在服务度量方面,对数据进行了标准化的分层归类,从基础设施、上层组件、应用服务到用户侧,利用基于应用的拓扑架构收集各类指标,并统一到分析平台中进行了展现。

3. 腾讯区块链的应用场景

基于腾讯区块链基础平台,区块链技术的应用范畴可以涵盖货币、金融、经济、社会等领域。从区块链应用价值角度出发,腾讯区块链的应用场景具体有共享账本、数字资产、鉴证证明、共享经济等四大类。

(1) 共享账本:信息单点上链,全链共享;实时更新,状态秒级同步;多方核实,不可篡改,自主可控。

（2）数字资产：提升供应链金融；提升数字资产的流通性、透明性，交易可追溯，降低风险。

（3）鉴证证明：知识产权保护。基于登记和保全的内容无法被篡改，还可以联合公证机构提供电子证据的公证，从而对抗侵权人的恶意行为，提高维权效率，节约维权成本。

（4）共享经济：网络互助。资金流转可追溯、互助事件真实透明（随时监督）等。

11.6.2 京东区块链方案

1. 京东区块链架构体系

京东经过多年对区块链业务的布局与发展，目前形成了一整套的区块链业务体系。京东区块链架构体系主要分为 JD Chain 和 JD BaaS 两大部分。其中：JD Chain 作为底层区块链核心引擎，面向企业应用场景提供一个通用区块链框架系统；JD BaaS 作为区块链技术的服务平台，帮助企业和开发者快速部署自己的区块链项目。

JD Chain 作为底层区块链核心引擎，应能支撑各种复杂的企业应用场景，因此要求系统具有良好的扩展性和通用性。JD Chain 架构体系如图 11-9 所示，按功能层次分为 4 部分：网关服务、共识服务、数据账本及工具包。

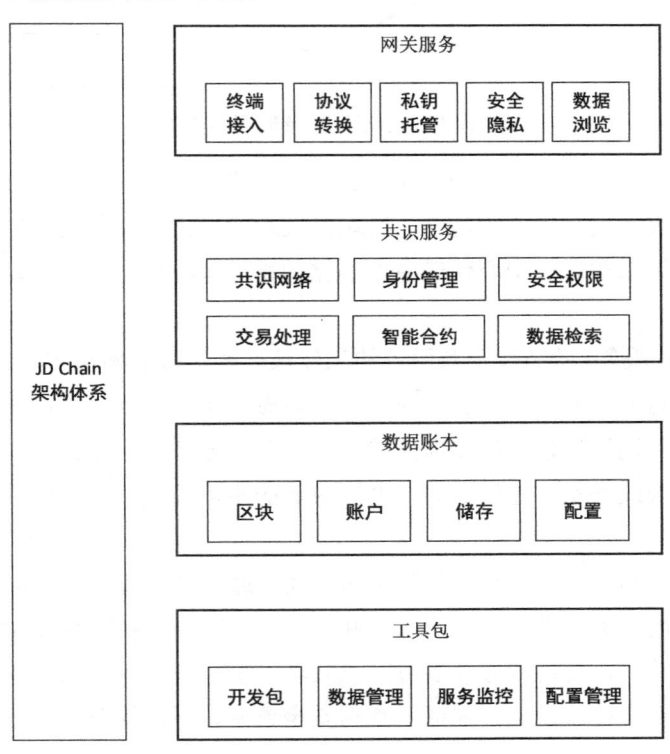

图 11-9 JD Chain 架构体系

JD Chain 架构体系具有以下特点。

（1）首先，采用了自上而下的设计方法，聚焦区块链协议的设计，解决了企业级应用中的数据标准化和多链互通的问题。

（2）其次，定义了一个通用的区块链系统的组件模型，并实现了具体功能组件松耦合和可插拔，解决了企业级应用中可根据具体情况自定义扩展的需求。

（3）最后，基于标准化的区块链协议和组件模型，提供了一个具体的区块链平台及相关的工具和开发包，为快速实现企业级区块链应用提供了平台和工具。

2. 京东区块链的应用场景

京东区块链的应用场景如图 11-10 所示。

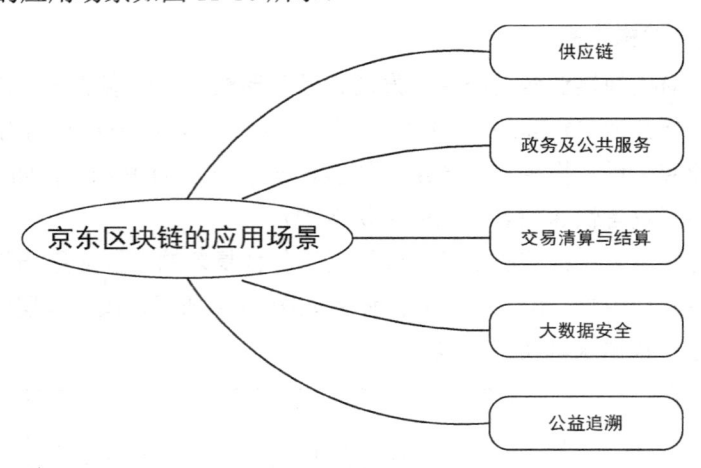

图 11-10　京东区块链的应用场景

（1）供应链。未来企业市场范围会越来越大，物流环节表现出多区域、长时间跨度的特征，因此需要智能高效的防伪追溯能力。区块链技术通过提供完整流畅的信息流、不可篡改的签名认证机制，可以实现去中心化或多中心化的精准追溯和充分信任，天然地适用于供应链管理。

（2）政务及公共服务。政务及公共服务的工作核心在于行业标准的制定和有效监督管理。传统管理方式是通过立法和抽查进行监管的，不能做到实时监控，而且在涉及仲裁时往往需要漫长的取证过程。通过搭建包括政府监管机构、第三方公共服务机构的联盟链，可以探索创新管理机制，实现政务实时监管，并借助区块链的不可篡改、可追溯特性，极大地提高仲裁效率。

（3）交易清算与结算。在交易清算与结算方面，通过搭载智能合约可以实现自动执行交易清算与结算，从而大大降低对账人员成本和差错率，特别是在跨境支付场景下，效果尤其明显。通过区块链系统，交易双方或多方可以共享一套可信、互认的账本，所有的交易清算与结算记录全部储存在区块链上，保证了数据安全透明、不可篡改、可追溯，极大地提升了对账准确度和效率。

（4）大数据安全。在大数据安全领域，区块链可以解决大数据的安全问题，保证数据的隐私性。区块链的可追溯特性使得数据从采集、交易、流通，以及计算分析的每一步记录都可以留存在区块链上，同时使数据的质量获得前所未有的强信任背书，这保证了数据分析结果的正确性和数据挖掘的效果,并且能够进一步规范数据的使用、精细授权范围、追溯数据使用情况,从而全面保障数据使用的安全合规。

(5)公益追溯。在公益追溯方面,可以通过区块链技术的应用,保证从选购爱心物资开始的全部过程信息、参与主体信息等没有被篡改,确保公益透明性、可追溯,极大地增加公益平台的权威性和可信度。公益项目中捐赠的爱心物资经由高效的物流体系直接配送到公益项目地,并由公益机构执行人员发放至受助人手中,同时捐赠人可通过客户端实时查询捐赠物资的物流状态,以及直观地看到物资发放到受助人手中的全过程。

3. 京东区块链部署模式

京东区块链的部署架构如图 11-11 所示。京东区块链通过节点实现信息之间的交互,不同类型的节点可以在同一物理服务器上部署运行。京东区块链定义了 3 种不同类型的节点。

客户端节点(Client):通过京东区块链提供的 SDK 进行区块链操作的上层应用。

网关节点(Gateway):提供网关服务的节点,用于连接客户端和共识节点。

共识节点(Peer):共识协议参与方,可产生一致性账本。

对于不同规模企业的应用,根据实际应用的不同规模,京东区块链能够提供较为灵活的部署方案。

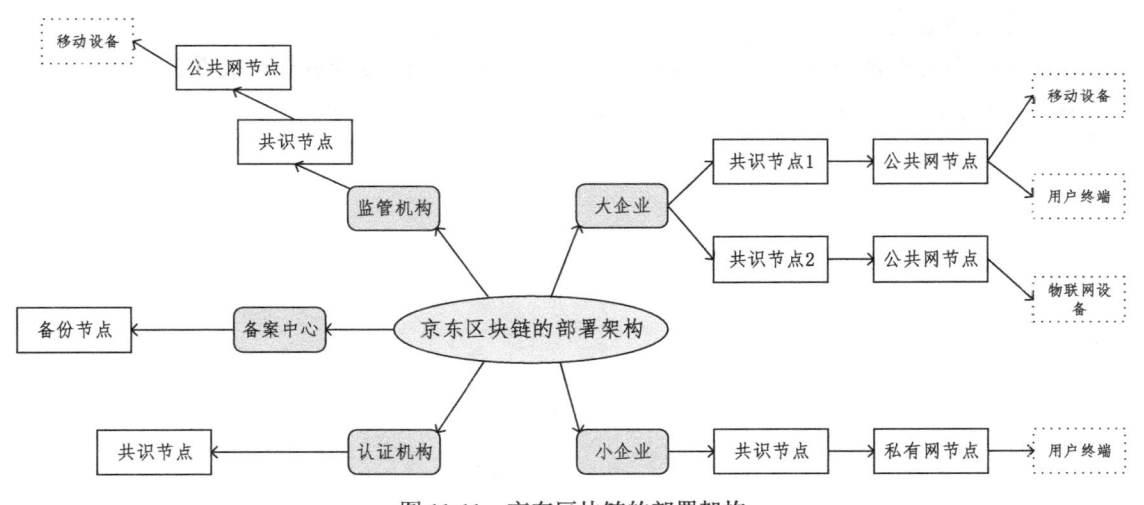

图 11-11 京东区块链的部署架构

京东区块链可以支持以下几种部署模式。

(1)参与主体维护完整的共识节点,好处是参与者可持有数据,但需要付出运维成本。

(2)参与主体仅维护网关节点,并通过公共的共识节点接入区块链,优点是便于自行管理私钥,而且维护成本低,缺点是网关节点并不持有数据。

(3)参与主体通过公共的网关节点接入,适用于 2C 场景,用户可以基于公共的网关节点托管私钥。

(4)监管方可以只部署备份节点,而从其他节点同步数据作为备案。

(5)监管方还可以部署共识节点和网关节点,并对公众开放查询,作为"存证公示"。

本章小结

本章概述了区块链的基本概念及相关支撑技术,分析了区块链的产生与发展历程,说明了区块链的组成、结构与核心技术,讨论了区块链的安全隐患、攻击方式、安全目标及应对攻击的防御措施,列举了公链、联盟链、跨链等新兴区块链技术,并以腾讯区块链、京东区块链为典型案例,说明了区块链在电子商务企业中的技术特色与应用优势。

思考题

1. 什么是区块链?区块链具有哪些优势?
2. 什么是比特币?请简述比特币的优缺点。
3. 比特币的交易过程是什么样的?
4. 简述分布式系统方法在区块链中的应用。
5. 什么是拜占庭将军问题?目前有哪些解决方案。
6. 请阅读 Lamport 的论文 *Time,Clocks,and the Ordering of Events in a Distributed System*,思考区块链技术现存安全隐患的根源是什么?
7. 请列举 5 个你了解过的区块链应用落地的案例。
8. 什么是双花攻击?
9. 比特币价格剧烈波动的原因是什么?与比特币本身的设计有什么关系?
10. 请查阅相关资料,分析区块链跨链技术的实现有什么难点。

第 12 章 电子商务安全评估与管理

> **内容提要**
>
> 　　对于一个即将建设的电子商务系统或已经运营的电子商务系统,应该考察与评估影响其安全的各种因素,以得出电子商务系统的风险评价,预知风险大小和一旦出现安全问题所产生的损失,从而指导在建设过程中如何加强对安全风险的管理与控制。
>
> 　　本章首先阐述了安全风险管理与控制的一般过程,然后重点介绍了电子商务安全风险评估的层次分析法、模糊综合评价法、贝叶斯网络方法和故障树方法,最后深入论述了电子商务安全管理的重要性、目标和方法。

12.1 电子商务安全评估与管理的基本概念

　　电子商务安全评估指对电子商务安全风险的评估。人们对电子商务安全的概念有着多种理解,广义的理解是保证电子商务过程顺利实施涉及的各种因素,包括电子商务系统的可靠性、信任与信用问题、网络与信息安全问题、法律问题、政策因素等。为与本书前面各章内容对应,本章采用狭义的理解,即主要讨论和网络与信息安全相关的安全问题。

　　一般而言,所谓风险,是指由从事某项特定活动的过程中存在的不确定性产生的经济或其他利益损失、自然破坏或损伤的可能性。当某个脆弱资源的价值较高,并且成功攻击的概率较高时,风险就高;当某个脆弱资源的价值较低,并且成功攻击的概率较低时,风险就低。

　　传统企业在生产经营的各个方面都面临着风险:激烈市场竞争导致的各类竞争风险、社会发展与技术创新产生的变革风险、与各类合作伙伴之间的风险、金融与财务风险等。

　　电子商务的出现加剧了上述各类风险发生的可能性及风险发生后的破坏程度。电子商务活动大多依赖于网络与计算机信息系统环境的支持,而开放的网络环境与复杂的企业商务活动会产生更多的风险。

　　因此,在考查电子商务系统运行环境、提供电子商务安全解决方案的同时,有必要重点评估电子商务系统面临的风险问题及对风险的有效管理和控制的方法。电子商务安全的风险管理是对电子商务系统的安全风险进行识别、衡量、分析,并在此基础上尽可能地以最低的成本和代价,实现尽可能高的安全保障的科学管理方法。

12.2 电子商务安全风险评估

12.2.1 安全风险分析

1. 系统信息的采集与分析

　　安全风险分析的目的是对信息安全事件带来的风险进行评估。一般通过信息调查问卷、访谈、会议的形式向相关人员进行调查，管理人员、主管人员、技术人员和计算机操作人员都可能成为被调查的对象。调查内容通常是由一些与信息安全事件有关的问题和可选答案组成的。调查主要是为了更好地了解信息系统的安全问题对组织的影响，收集环境信息、资产信息，以及现有的安全措施、发生的安全事件及其造成的后果。最后，综合分析各方收集的信息，由信息安全专家与安全审计专家对不清晰事件、潜在的资产威胁和一些统计数据进行分析和归类。

信息收集及分析过程如图 12-1 所示。其中，第四步涉及安全事件影响因素权重等级量化参考表，如表 12-1 所示。

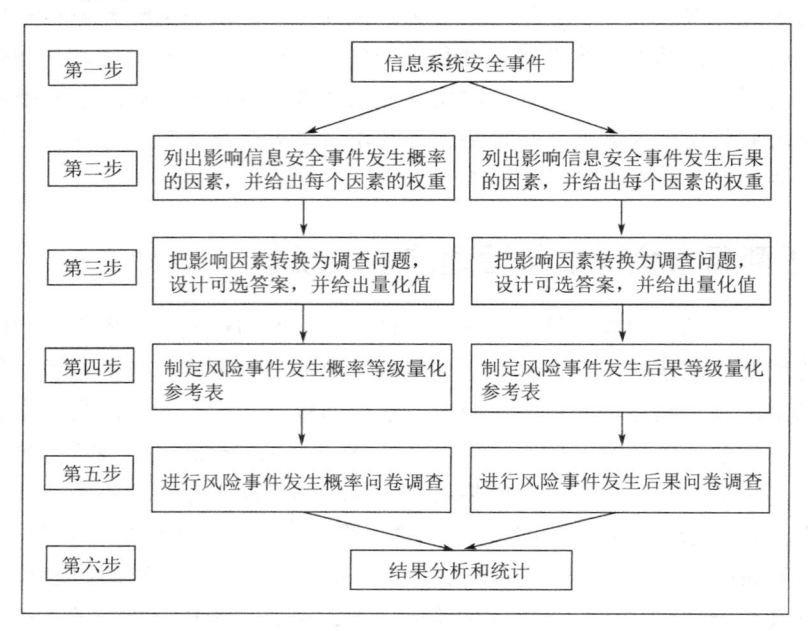

图 12-1 信息收集及分析过程

表 12-1 影响因素权重等级量化参考表

权重值	解释
3	影响因素直接与严重脆弱性相关；影响因素直接与关键资产相关；没有采取安全措施。这些因素可直接导致安全事件的发生，并形成严重后果
2	影响因素在一定程度上与脆弱性相关；影响因素在一定程度上与重要资产相关；采取了很少的安全措施。这些因素可能导致安全事件的发生，并形成中等后果
1	影响因素与脆弱性较小相关；影响因素与重要资产没有直接相关；采取了足够的安全措施。这些因素可能导致安全事件的发生，并形成较低后果

2. 资产评估

资产评估可从以下 6 方面进行。

（1）信息资产定义。信息系统及其相关资源是组织业务正常动作、完成管理目标必不可少的资源。它以多种形式存在，有无形的、有形的，还有硬件、软件、文档、代码、服务、形象等。

（2）资产分类。安全风险分析过程开始于信息资产的识别，包括信息系统环境、信息系统信息、信息系统组织功能及其他。

（3）资产属性。机密性、完整性、可用性是评价信息资产的3个安全属性。风险评估中的资产价值不仅以资产的经济价值来衡量，而且由资产在这3个安全属性上的安全要求或达成程度或安全属性未达成时造成的影响程度来确定。

（4）资产价值。资产价值分为使用价值和交换价值。一些资产的使用价值根据资产购买清单管理系统获取，如硬件、网络设备、软件等资产的购置价格。另一些资产的交换价值可由替换成本、不可用成本和信息泄露成本3方面定量评定，主要是数据、文档、人员等信息资产不易识别或定量表示，只能由拥有丰富知识、经验和判断能力的专家或管理者根据资产受到破坏后对组织业务和功能的影响，从资产的替换成本、不可用成本、信息泄露成本3方面来确定。

替换成本是从公开资源中购买、转录、收集和重建数据所需花费的资金。

不可用成本是当信息资产被销毁、损坏、污染或偷窃，在一定时间内不可用时，造成的加班费、培训费、客户损失、采用其他资源费用、法律损失、市场份额减少、客户信誉损失、信贷和股价损失等。

信息泄露成本是信息泄露造成的市场份额减少、客户信誉损失、信贷和股价损失、竞争力降低、勒索、法律和刑事惩罚。

（5）资产赋值。资产价值具有不确定性，其通常是由资产在机密性、完整性和可用性上的安全要求和未达到安全要求时对组织造成的影响程度来确定的，资产等级越高，资产越关键。

（6）资产等级参考表。

3．威胁评估

1）威胁的定义

威胁是能引发组织资产的物质损坏或非物质损失的事件。《信息安全风险规范》中将威胁定义为"客观存在的一种对组织及其资产构成潜在破坏的可能性因素"。威胁评估是信息安全风险评估的重要组成部分，用于识别信息资产遭受损害的潜在威胁源，并对威胁行为的发生概率和后果进行评估。

2）威胁的特征

威胁是一种潜在的事件，威胁造成的后果呈现多样性。因此，动态性和多样性是威胁的主要特征。

3）威胁的分类

对威胁进行合理分类是正确分配资源和布置安全控制措施的基础。一个系统综合的威胁分类应该包括所有安全失效事件，并减少组织业务系统管理的脆弱性。威胁分类的原则如下。

（1）威胁分类项应该是相互排斥、相互独立、穷尽安全所有方面的，如可以从人为和非人为两个大的范围对存在的和潜在的威胁源进行识别和评估。

（2）每一种分类应具有清晰的、明确的分类定义标准。

（3）对缺少知识经验的用户、管理员来说，威胁分类应该是全面而实用的，而不是仅适用于安全专家的。

威胁分析是信息安全风险评估的一个重要过程，不同的标准从不同的角度对威胁进行了分类。

根据威胁源把威胁分为自然威胁、人为威胁、环境威胁，并对这三大威胁从威胁动机和攻击能力方面进行详细分类。

风险评估标准 OCTAVE 方法提出了威胁分类的 4 个标准：通过网络存取的人为因素；通过物理存取的人为因素；系统问题（如硬件缺陷、软件缺陷、病毒、恶意代码等）；其他问题（如自然灾难、电涌等）。

微软公司的 STRIDE 威胁分类更易于理解，各字母代表意义如下。

Spoofing（S）：伪装。Tampering（T）：欺骗。Repudiation（R）：不可否认。Information Disclosure（I）：信息泄露。Denial of Service（E）：拒绝服务。

4）威胁的属性

威胁取决于两方面，一方面是攻击者的攻击技术级别，另一方面是对组织内部知识的了解程度。也就是说：一个低技能的外部攻击者对组织的威胁是低级别威胁（见图 12-2 左下块）；一个低技能的组织内部员工攻击者，由于其对组织内部的制度、系统缺陷较了解，因此对组织的威胁属于相当严重的级别（见图 12-2 右下块）；一个高技能的外部攻击者，如黑客，不仅对大范围的站点具有攻击能力，而且向心怀恶意的组织和个人出售黑客工具，因此具有较大的威胁级别（见图 12-2 左上块）；一个高技能的组织内部员工则是最危险的威胁（见图 12-2 右上块）。

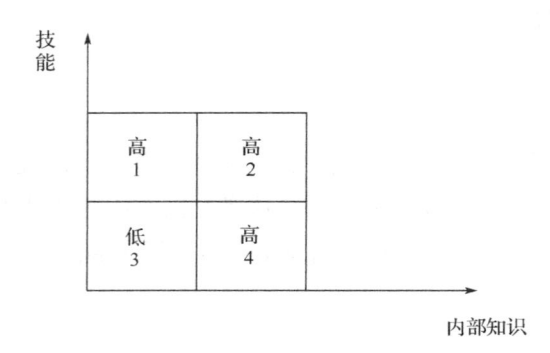

图 12-2　威胁属性

来自组织内外的威胁，尤其是组织内部人员滥用特权是当前信息安全威胁的重要问题。与组织外部人员相比，组织内部具有恶意企图的授权人员不仅掌握组织计算机系统的运转方式，而且更易发动有效的攻击，给组织造成严重损失。组织内部人员熟悉组织计算机系统和工作流程，某些安全事件就是因内部人员滥用存取权限而造成极其严重后果的；组织内部人员比组织外部人员更清楚组织计算机系统的漏洞，同时具有成功发动内部攻击的机会，尤其是掌握组织敏感信息、具有专业技能的组织内部恶意员工（如具有超级权限的系统管理员等）。

5）威胁赋值

威胁赋值指对威胁发生的可能性或频率进行等级化处理，不同等级代表威胁发生的可能性或频率的高低，等级数值越大，威胁发生的可能性和频率越高。

6）威胁等级参考表

威胁等级参考表指表示威胁的来源、频率、技能、概率、暴露度、影响值的表。

4．脆弱性评估

1）脆弱性的定义

脆弱性指网络和信息系统在安全分析、设计、实施和内部控制过程中存在的弱点，是信息资产"盔甲"的裂缝，是信息系统安全链中较弱的环节，而信息系统的安全取决于整个信息系统安全链中最弱的一环。作为一个攻击者，不管他出于何种动机，采用何种手段，都有理由预测他的攻击方式一定会把整个安全链中最弱的一环作为自己的攻击目标。攻击方式可能被偶然或外部故意攻击利用，造成系统安全破坏。不同信息系统的脆弱性是有差异的，涉及网络连接方式、系统管理水平，以及信息的产生、分布和使用的状况等多种因素，还涉及安全管理水平和人员素质。信息系统的脆弱性是客观存在的，这是造成安全事件的内因，如果不存在脆弱性，那么威胁就构不成威胁，系统也就不存在风险了。因此，对系统的脆弱性进行分析和控制是至关重要的。

脆弱性识别是根据收集信息和检测结果识别信息系统及其在安全防护设计、实施、运行中存在的弱点和漏洞，以保证网络和信息系统免于外来的攻击。定期对信息系统及其安全策略进行独立地安全检查，不仅可以保证组织具备足够的安全防护，而且可以确保安全防护运行良好，员工能够有效地应用安全措施和策略。

2）脆弱性的分类

从内容方面，信息系统的脆弱性可分为环境、技术和管理3方面，如表12-2所示。

表12-2 脆弱性的分类

类 型	识别对象	识别内容
环境脆弱性	自然环境	从洪水、地震、飓风、陨石、闪电、滑坡、雪崩、坍塌等自然灾难方面进行脆弱性识别
	物理环境	从机房场地、防火、防静电、供电、接地、防雷、防电磁辐射、通信线路保护、机房区域防护、监控等方面进行脆弱性识别
技术脆弱性	网络结构	从网络结构设计、边界保护、网络信息流控制、网络监测、访问控制等方面进行脆弱性识别
	系统软件	从系统补丁、账号和口令、访问控制、系统加固、系统审计等方面进行脆弱性识别
	数据库软件	从补丁安装、用户管理、访问控制、备份恢复、数据库审计等方面进行脆弱性识别
	应用中间件	从协议安全性、交易完整性、数据完整性等方面进行脆弱性识别
	应用系统	从用户鉴别、访问控制、审计、密码保护、维护等方面进行脆弱性识别
管理脆弱性	技术管理	从物理环境安全、通信和操作管理、访问控制策略、系统开发维护、业务连续性等方面进行脆弱性识别
	组织管理	从组织结构、人员安全、资产分类与控制和法律规章符合性方面进行脆弱性识别

3）脆弱性的识别方法

脆弱性识别可以通过问卷调查、会议、访谈、专家检查或第三方测试等方式进行，也可以通过入侵检测、审计和自评估等方法进行。

4）脆弱性赋值

目前对脆弱性的评估并没有统一的标准，不同的评估单位根据组织的实际情况实施不同的评估方法或组合方法，并提交漏洞分析报告。脆弱性赋值由脆弱性被威胁利用的可能性和可能造成资产损失的严重性确定，等级越高，脆弱性被威胁利用的可能性和造成资产损失的严重性越高。

5．影响评估

1）影响的定义

影响指威胁利用脆弱性导致安全事件后造成的损失。无论组织大小，安全事件都会造成一定损失，这种损失可根据安全事件对业务的影响程度来测度。但是，同样的安全事件在不同的组织往往产生不同的影响。面对信息安全事件，具备有效备份策略的组织比没有此策略的组织更容易恢复业务运行；具有安全审计策略的组织能保留安全事件证据以供调查；具有入侵检测部署、重要岗位轮换制度、专家性技术人员、良好供应商和合作商、有效安全意识教育的组织更易应对安全事件。因此，在对威胁造成的影响进行分析时，应根据具体组织的业务和安全状况进行评估。

2）影响的分类

安全事件造成的影响并不是单方面的，它包括有形资产损失和无形资产损失，常见后果影响类型如下。

（1）生产力损失。

（2）收入损失，包括直接收入损失和未来收入损失。

（3）金融损失，如股票价格下跌、银行撤资等。

（4）客户损失，安全事件不仅会损失新的客户，而且忠实的老客户也会产生不满，从而转向其他组织。

（5）组织形象、品牌或名誉受损。

（6）面临法律风险。

3）影响赋值

影响赋值是当安全事件发生后，对组织资产后果影响的等级进行赋值。影响等级如表 12-3 所示。

表 12-3　影响等级

项　目	等　级
影响目标	低、较低、中、较高、高
生产力影响	影响小、影响较小、中等、影响大、不可或缺
收入影响	影响小、影响较小、中等、影响大、影响最大
金融影响	影响小、影响较小、中等、影响较大、昂贵
客户影响	影响小、影响较小、中等、影响较多、很多

续表

项　目	等　级
公众影响	影响小、影响较小、中等、影响较大、影响严重
法律惩罚	影响小、影响较小、中等、影响较大、巨大

12.2.2 安全风险评估

1. 风险量化

风险量化是在风险识别的基础上，采用适当的方法确定风险事件发生的可能性和事件的后果影响，并对风险等级进行排序。

风险是遭受损害和损失的可能性。信息系统的风险的大小是由威胁利用脆弱性导致安全事件发生的可能性和安全事件发生后被威胁资产造成的后果影响的大小决定的，其关系描述为

$$R=f(A,V,T,I)=R[P(A,V,T),L(A,I)]$$

式中，R——信息安全风险计算函数；

A——受到威胁的资产；

V——被威胁利用的弱点；

T——威胁；

I——后果影响；

P——威胁利用资产脆弱性导致安全事件发生的可能性；

L——安全事件发生后产生的后果。

1）计算安全事件发生的可能性

安全事件发生的可能性与资产的诱惑能力、脆弱性被威胁利用的可能性，以及威胁的动机、攻击能力和发生频率有关，其函数关系可表示为

$$P_R=P(A,T,V)=A\times T\times V$$

资产的诱惑能力是威胁发生的主要动机，资产价值越大，对威胁源的诱惑能力越强，其被利用的可能性越高。

威胁的动机和攻击能力越强，其发生的频率越高。

脆弱性被威胁利用的可能性与安全事件发生的可能性相关，越容易被利用的弱点，其被威胁利用的可能性越高。

2）计算安全事件发生的后果

安全事件发生的后果与被威胁资产价值及其后果影响有关，其函数关系表示为

$$L_R=L(A,I)=A+I$$

当安全事件发生时，不仅会造成被威胁资产本身的损失，还可能涉及组织生产力损失、收入损失、金融损失、组织公共名誉损失、法律惩罚等多个方面，远远大于资产本身的影响。因此在计算安全事件发生的后果时，对组织的影响进行分析是至关重要的，这是下一步安全

决策的主要依据。

3）计算风险值

根据计算出的安全事件发生的可能性及发生安全事件的后果，计算风险值：

$$\text{风险值} = R(\text{安全事件发生的可能性}, \text{发生安全事件的后果})$$
$$= f(A,V,T,I) = R[P(A,V,T), L(A,I)]$$
$$= P_R \times L_R$$

单一损失期望（Single Loss Expectancy，SLE）指每次发生信息安全事件造成的损失的价值估算，即发生安全事件造成的影响损失成本。

年损失期望（Annual Loss Expectancy，ALE）指每年信息安全事件造成的预期损失成本，其计算公式为

$$\text{ALE} = \text{SLE} \times \text{ARO}$$

式中，ARO 是威胁利用脆弱性造成安全事件的年发生概率。

计算安全事件年预期损失成本：

$$\text{ALE} = \sum_{i=1}^{n} P_i \times L_i$$

式中，P_i 是第 i 个安全事件发生的概率；L_i 是第 i 个安全事件产生的后果造成的损失成本。

2．风险结果

风险结果表示如下。

（1）风险等级划分。经过风险量化后，对所有风险计算结果进行等级处理和汇总，得出整个信息系统的风险等级，并给出风险优先级排序清单。

（2）风险结果文档。经过风险等级处理后，总结出信息系统的整体风险状况，并得出特定资产的风险状况，同时把它们按照风险值进行分级和排列。在准备风险结果文档时，将评估过程中产生的大量信息按照资产、资产面临的威胁、已实施的安全控制、资产的脆弱性、资产的风险值的顺序汇总成风险工作表。至此，风险评估过程结束。在实际应用中，还应该根据组织的具体情况，对网络架构、整体管理运行状况进行总体归纳分析，以便为进一步的风险控制提供指导信息。

12.3 电子商务安全风险评估方法

对风险进行评估和分析既是进行风险控制的前提，又是制定和实施风险控制的科学依据，这需要对风险发生的概率及后果做出尽量准确的估计。虽然信息系统的复杂性、环境的多变性、安全事件的历史数据缺乏和人们认识的局限性使人们会在进行风险评估时出现一些偏差，但是科学合理的风险评估方法可以缩小这一偏差。

风险评估方法是风险评估研究的关键，需要对风险分析阶段获得的信息或数据，采用适当的方法进行数据分析和处理。对不同时间和空间的信息或数据进行综合处理，从而得到对信息系统安全环境的准确描述，再选择合理的安全控制措施保障信息系统的安全运行。风险评估不

仅是一门跨数学、不确定性理论、计算机科学技术、通信技术、管理科学等多种学科领域的综合理论和方法，而且是一个不太成熟的新的研究方向，尚处在不断变化和发展中。风险评估的主要理论方法有层次分析法、模糊综合评价法、贝叶斯网络方法、故障树分析法等。

12.3.1 层次分析法

层次分析法（Analytic Hierarchical Programming，AHP）是一种定量和定性分析相结合的常用的多目标决策方法，是由美国著名运筹学家萨蒂（T. L. Saaty）教授于20世纪70年代末提出来的。层次分析法的基本方法是建立层次模型，然后在各层元素中进行元素的两两比较，再构造出判断矩阵，通过求解判断矩阵的特征向量进行一致性检验，最后把特征向量作为某一层次对上一层次某因素相对重要程度的加权系数。

（1）建立层次结构模型。先将研究问题包含的因素划分为不同层次，如目标层、准则层、指标层等，再构建递阶的层次结构模型。用不同形式的框图表明层次的递阶结构和元素的从属关系，同时突出重点，抓住关键因素。

（2）构造判断矩阵。判断矩阵是层次分析法的核心。判断矩阵是通过两两比较得出来的。设 W_i 表示某一层次第 i 个因素对上一层次某一因素的重要性权重，运用1～9指数标度法，以两个因素的相对重要性构造判断矩阵 A。判断矩阵 A 中的元素 a_{ij} 可以利用决策者的知识和经验，再参考如表12-4所示的1～9指数标度法确定。

表12-4　1～9指数标度法

a_{ij}	两目标相比
1	第 i 个元素与第 j 个元素同样重要
3	第 i 个元素与第 j 个元素稍微重要
5	第 i 个元素与第 j 个元素明显重要
7	第 i 个元素与第 j 个元素重要得多
9	第 i 个元素与第 j 个元素极端重要
2，4，6，8	介于以上相邻两种情况之间
以上各倒数	两目标反过来比较

$$A = \begin{Bmatrix} \dfrac{W_1}{W_1} & \dfrac{W_1}{W_2} & \cdots & \dfrac{W_1}{W_n} \\ \dfrac{W_2}{W_1} & \dfrac{W_2}{W_2} & \cdots & \dfrac{W_2}{W_n} \\ \vdots & \vdots & & \vdots \\ \dfrac{W_n}{W_1} & \dfrac{W_n}{W_2} & \cdots & \dfrac{W_n}{W_n} \end{Bmatrix}$$

设 $a_{ij} = \dfrac{W_i}{W_j}$，则 a_{ij} 具有以下性质：

$$a_{ij} = \dfrac{w_i}{w_j}$$

$$a_{ij} = \frac{1}{a_{ji}}$$

$$a_{ij} = a_{ik} \cdot a_{kj}$$

(3)确定权重的方法。采用特征向量中的和积法确定判断矩阵 A 的特征根,并计算判断矩阵最大特征根 $\lambda_{\max}$, $W = (W_1, W_2, \cdots, W_n)^T$ 为特征根对应的特征向量。

判断矩阵 A:

$$A = \begin{bmatrix} a_{11} & a_{12} & \cdots & a_{1N} \\ a_{21} & a_{22} & \cdots & a_{2N} \\ \vdots & \vdots & & \vdots \\ a_{N1} & a_{N2} & \cdots & a_{NN} \end{bmatrix}$$

(4)一致性检验。一致性检验是通过一致性指标和检验系数进行的。

一致性指标 $CI = \dfrac{\lambda_{\max} - n}{n - 1}$,检验系数 $CR = \dfrac{CI}{RI}$。

RI 是平均一致性指标,可以通过表 12-5 查得。一般地,当 CR<0.1 时,可以认为判断矩阵具有满意的一致性,否则,需要重新调整判断矩阵。

表 12-5 一致性检验对照表

阶数	1	2	3	4	5	6	7	8	9	10	11	12
RI	0.00	0.00	0.58	0.90	1.12	1.24	1.32	1.41	1.45	1.49	1.52	1.54

12.3.2 模糊综合评价法

模糊综合评价法是以模糊数学为基础,应用模糊关系合成原理,将一些边界不清、不易定量分析的因素定量化的一种方法。

1)基本概念

模糊语言通过定义语言变量和语言算子来对实际问题进行数学表达和求解,从而实现专家知识的模糊数描述,为定量描述提供途径。

隶属函数和隶属度。如果在论域 U 中存在不同程度属于或不属于该集合的元素,那么这种集合称为模糊集合。设论域为 X, x 为论域 X 中的元素,对于任意的 $x \in X$,给定映射:

$$x \to \mu_A(x) \in [0,1]$$

则称集合

$$A = \{[x \mid \mu_A(x)], \forall x \in X\}$$

为 X 上的模糊集合。μ_A 为模糊集合 A 的隶属函数。隶属函数根据具体问题采用不同的方法来确定,常用的有模糊统计法、评分法、梯形模糊数、三角模糊数等。

2)模糊综合评价过程

第一步,确定评价指标体系(设有 P 个指标),即所谓的因素论域 U,设

$$U = [u_1, u_2, \cdots, u_P]$$

第二步，确定评语等级论域 V（设有 m 个评语等级），建立该定性指标的评价分级及评价标准值，其对应的评价标准值可记为向量形式。设 $V=[v_1,v_2,\cdots,v_m]$，如果分成 5 个等级，即高、较高、一般、较低、很低，则 V 为

$$V=[0.9, 0.7, 0.5, 0.3, 0.1]$$

第三步，确定指标权数 W。

W 为 P 个指标的权向量（可由层次分析法取得）：

$$W=[w_1, w_2, \cdots, w_P]$$

第四步，确定模糊关系矩阵 R。

$$R=(r_{ij})_{p\times m}$$

式中，r_{ij} 为指标 u_i 隶属于 v_j 评语等级的隶属系数（$i=1,2,\cdots,p$；$j=1,2,\cdots,m$）；p 为指标层风险因素总数。p 由一些专家对该指标进行判断，并根据专家给出的判断进行证据融合，得到该指标分别隶属于某一评语等级的程度——隶属度，从而确定一个隶属系数矩阵，即

$$R=\begin{matrix} & \begin{matrix}评 & 语 & 等 & 级\end{matrix} \\ & \begin{matrix}v_1 & v_2 & \cdots & v_m\end{matrix} \\ & \begin{bmatrix} r_{11} & r_{12} & \cdots & r_{1m} \\ r_{21} & r_{22} & \cdots & r_{2m} \\ \vdots & & & \vdots \\ r_{p1} & r_{p2} & \cdots & r_{pm} \end{bmatrix} \end{matrix}$$

一般将 R 归一化，使之满足 $\sum_{j=1}^{m} r_{ij}=1$。

第五步，根据 R 对应的评价标准值，采用加权平均的方法确定该定性指标的量化值。计算模糊合成值 B：

$$B=W\circ R=[w_1,w_2,\cdots,w_p]\begin{bmatrix} r_{11} & r_{12} & \cdots & r_{1m} \\ r_{21} & r_{22} & \cdots & r_{2m} \\ \vdots & \vdots & & \vdots \\ r_{p1} & r_{p2} & \cdots & r_{pm} \end{bmatrix}=[b_1 \quad b_2 \quad \cdots \quad b_m]$$

式中，。为合成算子。

第六步，计算综合评价值。

3）风险等级的确定

要确定评语等级论域 V，需要解决两个问题：一是划分多少个等级，二是如何设置这些等级。心理学研究表明，人的最佳区分能力是 6 个等级左右，最高为 9 个等级，因此模糊综合评语等级数应以 5～7 个为宜。同时评语等级之间最好呈一种"不重不漏"的关系，即评语等级之间在概念的内涵上不重叠，更不相互包含，并且评语等级的并集是一个全集。

4）模糊综合评价中的权数的确定

权数是影响模糊综合评价结论的基本信息，本书采用层次分析法作为权数的构造方法。

5）模糊隶属关系矩阵的确定

模糊隶属关系矩阵是模糊综合评价合成过程中的基本要素，其科学性直接影响评价结论的准确性。

6）关于合成算子的确定

目前，模糊综合评价中用得最多的是"取小取大算子"和"乘与加算子"（加权算术平均算子）。

模型1：$M(\wedge,\vee)$模型

$$B = W \circ R = \begin{bmatrix} b_1 & b_2 & \cdots & b_n \end{bmatrix}$$

$$b_j = \bigcup_{i=1}^{m}(w_i \wedge r_{ij})$$

取小运算是在权数与隶属度之间选择一个较小值；取大运算是从这些取较小值的结果中取最大值。研究者通过实例分析发现，"取小取大算子"是一种十分粗糙的算法。由于只运算取小取大运算，因此得到的模糊合成结果中b_j很小，这样较小的权重通过取小运算掩盖了所有单因素的评价，所以得不到理想的结果。

模型2：$M(\cdot,\oplus)$模型

$$B = W \circ R = \begin{bmatrix} b_1 & b_2 & \cdots & b_n \end{bmatrix}$$

$$b_j = \sum_{i=1}^{m} w_i r_{ij}$$

算术平均合成法是比较合理的评价方法，这样模糊合成结果与权数和指标对应等级隶属度全部相关，合成的物理意义为所有指标对等级隶属度的加权算术平均数。

12.3.3 贝叶斯网络方法

贝叶斯网络又称为信念网络（Bayesian Belief Network，BBN）、概率网络或因果网络，它是描述变量之间依赖关系的一种图形模式，也是一种用来推理的模型。贝叶斯网络方法已广泛用于医疗诊断、天气预报、系统分类、多元模糊和案件分析等方面。它是把图论和贝叶斯概率相结合的一种不确定性推理技术方法，能够在信息安全风险损失数据缺少的情况，利用因果网络，综合定性和定量信息，并分析风险发生原因，从而进行风险管理。

1）贝叶斯风险理论基础

贝叶斯网络主要由两部分组成：有向无环图 S 和一个在随机量集 $X=\{X_1,X_2,X_3,\cdots,X_n\}$ 上的联合概率分布 P。使 P 进行以下的递归乘积分解：$P(x_1,x_2,\cdots,x_n) = \prod_{i=1}^{n} P[x_i | \text{parents}(x_i)]$。式中，$\text{parents}(x_i)$是 S 中节点 x_i 的直接祖先（父节点），S 和 P 的联合被称为贝叶斯网络。

贝叶斯网络是一个有 N 个节点的有向无环图，它是描述变量之间概率联系的图形模式，代表某一特定范围内随机、不确定和不精确变量之间的关系。其中，每个网络节点表示一个随机变量，每一连接边代表连接变量之间的概率关系，概率值为基于其父节点值的条件概率。条件概率表是反映变量之间关联性的局部概率分布集，只要网络中任何一个节点的状态确定，

那么网络本身就可以利用贝叶斯公式进行正向或反向计算,从而得出网络中任意节点间的概率。在网络中,目标节点应该是关键风险指标(Key Risk Indicators,KRIs),其把关键风险诱因(Key Risk Drivers,KRDs)作为父节点,通过贝叶斯公式计算每一个节点的概率和条件概率。贝叶斯网络有两种分析方法,正向分析和反向分析,即情景分析和因果分析。这两种分析方法都是通过找到影响最终结果的关键风险诱因排序进行风险控制的。

2)贝叶斯网络的特点

贝叶斯网络方法基于概率推理方法。概率推理方法以其坚实的概率论基础及其有效性被认为是目前最好的不确定性推理方法。使用贝叶斯网络方法从先验信息和样本信息中学习贝叶斯网络的结构和概率分布,从而建立贝叶斯网络。因此,贝叶斯网络作为一种图形化的建模工具,具有一系列优点:一是贝叶斯网络将有向无环图与概率论有机地结合,不仅使其具有了正式的概率论基础,还具有了更加直观的知识表达形式;二是贝叶斯网络的评估结果综合了先验和后验信息;三是贝叶斯网络能够处理各种不确定性信息和不完备数据集;四是贝叶斯网络与一般知识的表示方法不同,其对问题域进行建模,因此当条件或行为发生改变时,不用对模型进行修正。

12.3.4 故障树分析法

故障树分析(Fault Tree Analysis,FTA)法是一种有效的系统分析方法,适用于分析复杂系统的可靠性和安全性,其已在航天、化学、核电站的可靠性分析中得到广泛应用。故障树分析法是一种 Top-Down 方法,其通过对可能造成系统故障的硬件、软件、环境和人为因素进行分析,画出故障原因的各种可能的组合方式和发生的概率,由总体至部分,按树状结构,逐层细化。故障树分析法首先以系统不希望发生的事件为目标(顶事件),然后按照演绎分析的原则,从顶事件逐级向下分析各自的直接原因(底事件),再根据彼此之间的逻辑关系,用逻辑门符号连接上下事件,直至要求的分析深度。故障树分析法的步骤如下。

(1)建造故障树。对需要评定的系统的组成、范围、边界、运行过程进行必要的分析,先确定系统不希望发生的风险事件(顶事件),再分析导致顶事件发生的各直接因素(中间事件),并对中间事件的成因进行深入递归分析,直至得到无须深究的因素(基本事件或底事件),最后构成一个倒立的树状逻辑关系图。

(2)故障树的定性分析。故障树的定性分析是故障树分析的关键内容。通过故障树的最小割集、共因模式割集,确立最小割集中底事件的重要度。割集是故障树中底事件的集合,当这些底事件发生时,顶事件必然发生。最小割集指某某割集中任意一个底事件没有发生,则顶事件不会发生,它是一个满足顶事件发生的底事件的最小组合。其中,由 N 个底事件组成的最小割集为 N 阶事件割集,按照最小割集所含底事件的多少排列,可分为一阶割集、二阶割集、三阶割集等。阶数越小的最小割集越重要,在阶数较小的最小割集中出现的底事件比在阶数较大的最小割集中出现的底事件重要;在阶数相同的最小割集中,在不同的最小割集中出现次数越多的底事件越重要。

共因模式割集指高阶割集中的底事件包含共同原因,一个共同原因会使割集中多个底事件同时失效。这种可能对共因敏感的最小割集就是共因模式割集,它的重要性不能忽视。

(3)事件的概率估算。根据已有的事件发生的历史案例,可直接统计出事件的发生频率,并借此推算事件的发生概率。如果没有先例,那么可以通过类似事件的类比分析、相似归纳来估算事件的发生概率。

在各种事件概率已知的基础上,计算各底事件的发生概率,结合故障树分析法,用演绎推理的方法,从各底事件的发生概率估算出发,逐步向顶事件推算,最后得出顶事件的发生概率。

根据故障树分析法,得到故障树的结构函数:

$$Y = K_1 \cap K_2 \cap \cdots \cap K_m$$

式中,K_j 为第 j 个最小割集,m 为最小割集个数。

定义最小割集 $K_j = (X_{j1}, X_{j2}, X_{j3}, \cdots, X_{jn})$,$X_{ji}$ 为底事件,n 为最小割集阶数,底事件 X_{ji} 的发生概率为 $P(X_{ji})$,且底事件之间相互独立,最小割集的发生概率为

$$P(K_j) = P(X_{j1} \cap X_{j2} \cap \cdots \cap X_{jn}) = \prod_{i=1}^{n} P(X_{ji})$$

若最小割集为独立事件,则顶事件发生的概率为

$$P(\text{Top}) = P(K_1 \cap K_2 \cap \cdots \cap K_m) = \prod_{j=1}^{m} P(K_j)$$

若最小割集相容,则顶事件发生的概率为

$$P(\text{Top}) = \sum_{j=1}^{m} P(K_j) - \sum_{1 \leq i \leq j \leq m} P(K_i K_j) + \cdots + (-1)^{m-1} P(\prod_{k=1}^{m} K_j)$$

(4)计算最小割集和底事件的重要度。最小割集的重要度指该最小割集影响顶事件发生概率的系数。底事件的重要度指该影响底事件发生概率的系数。

设 E_j 为最小割集 K_j 的重要度,e_{ji} 为底事件 X_{ji} 的重要度,则

$$E_j = P(K_j) / P_{(\text{Top})}$$

$$e_{ji} = P(X_{ij}) / P(K_j)$$

(5)计算顶事件的危害度。定义 I 为顶事件后果严重度,则顶事件的危害度为

$$C = P(\text{顶事件发生概率}) \times I(\text{顶事件后果严重度})$$

12.4 电子商务安全管理

信息资产存在于复杂、多层面的电子商务生态系统中。在进行电子交易时,信息流过复杂的工作流程,跨越一系列网络、数据库、信息收发、协作和集成应用系统。各种安全技术的确能提高安全性,但是仅靠安全技术无法实现真正安全。因为人既是电子商务活动的主体,又是电子商务安全中最薄弱的环节。面对复杂的电子商务生态环境,全面安全的管理策略对企业成功地开展电子商务至关重要。

12.4.1 安全管理的目标

不同的企业,其安全管理的目标也不同,但电子商务安全管理的3条基本原则是公认的,即资源的可用性、信息的完整性和信息的机密性。

1)资源的可用性

电子商务资源有软件、硬件和数据。资源的可用性指当需要使用这些资源时,这些资源应可供使用。

为确保资源的可用性,必须清楚资源不可用的原因。可控资源不可用的原因是能够分析清楚的。例如,当IT基础设施需要维护时,以及在软件升级、预防性检测和软件安装过程中,资源是不可用的。因此,工作人员可以控制这些运行中断事件,并且最大限度地减小其对运营的影响。最重要的是能够了解不可控资源不可用的原因。因为,当不可控资源不可用时,就产生了不可控的运行中断事件。这些事件通常由硬件故障、软件缺陷及病毒和DoS攻击等恶意行为引起。

安全管理的目标之一是主动采取措施,预防不可控运行中断事件的发生,主要措施如下。

(1) 部署病毒检测软件并及时升级。

(2) 使用入侵检测/预防系统监控网络通信。

(3) 制定与网络服务相关的策略和操作规程。

(4) 关停服务器上不需要的OS服务程序。

(5) 审查源代码,从而识别有缺陷或恶意的程序。

(6) 管理安全补丁。

(7) 集成动态绑定的安全"状态"直观显示工具。

(8) 增强身份认证和访问控制功能。

2)信息的完整性

信息的完整性是信息未经授权不能进行改变的特性,即信息在存储或传输过程中保持不被偶然或蓄意地删除、修改、伪造、乱序、重放、插入等特性。由于应用系统设计越来越灵活且越来越集成化,因此确保信息的完整性越来越困难。

存储在单个数据库或单个企业中的信息有可能不是"完整"信息。例如,病人记录可能由内科医生、药剂师、医院行政人员和保险公司所用的几个应用系统中的信息组成。安全执行官必须清楚地知道其组织机构保存的信息的范围,以及如何与他人共享信息,如何依赖供应商和商业合作伙伴等第三方信息库中的部分信息。在信息时代,复制、分发和处理信息变得非常容易,这使得问题更为复杂。为保证信息的完整性,企业必须明确定义并记录重要数据来源。在集成应用系统以改进业务流程时,会引入潜在的信息完整性问题,如分布式应用系统。

3)信息的机密性

信息的机密性指信息不被泄露给非授权的用户、实体或过程。信息的机密性是在信息可用性的基础上保障信息安全的重要手段。信息的机密性的级别不同。例如,小用户群得知的数据,如政府机密信息、商业机密等信息机密性高,而随意共享的信息,如新闻稿、公开陈述和网站内容等信息不具有机密性。企业的许多数据处于这两个极端之间。

显然，安全执行官不能严格限制访问所有数据。例如，商业智能系统允许用户访问大范围当前的和历史的运营数据。业务流程和市场因素要求创造性地使用信息资产，为满足合法的需求既需要允许访问，又需要保证信息资产的机密性和完整性，因此必须在这两者之间进行权衡。企业必须制定密级方案，规定机密信息范围、访问规则、公开事宜，以及实施这些方案的手段。

12.4.2 安全意识和培训

培训的目标不是把每一位用户都培养成安全分析师，而是让他们意识到已知的威胁和漏洞，从而采取应对措施。

威胁是攻破或损坏系统的潜在途径。众所周知的威胁包括人（攻击者、用户、员工等）、软件漏洞、硬件缺陷/损坏、病毒、自然灾害、法律法规（规章制度不完善或存在漏洞）等。

漏洞是在攻破系统的过程中被利用的系统属性，是系统的薄弱环节。

（1）软件漏洞。一个复杂的软件是很难做到100%可靠的。常用程序，如Sendmail、Microsoft Exchange Server、Microsoft Internet Information Server（IIS）、Open Secure Sockets Layer（OpenSSL）、Microsoft Internet Explorer（IE）、Network File system（NFS）等，都有漏洞，而且这些漏洞众所周知。幸运的是，在发现漏洞后不久，开发人员通常会提供补丁程序。不幸的是，这些补丁程序存在破坏代码或环境、发挥作用太迟、不起作用、难以找到或难以使用的可能。

安全管理策略的重要组成部分之一是检查企业运行的各类软件的补丁程序并更新。

（2）配制漏洞。配制漏洞指软硬件配置漏洞。如果未正确配置安全的软硬件，那么系统很容易受到攻击。因此必须仔细评价默认配置，以获得安全的环境。

默认系统账户和互联网端口是两个常见的配制漏洞。

供应商的通常做法是，用预定的管理员账户和密码安装软件，如操作系统和数据库。任何熟悉这些系统的人员只要知道默认账户，即可攻入系统。

互联网端口是另一个潜在的攻击源。所有与互联网连接的计算机都有唯一的IP地址，入侵者常使用端口扫描工具探测和识别正在使用的端口。

（3）社会漏洞。安全不只是技术问题，有效的安全策略是技术与人事管理的均衡合理配合。由于安全产品的技术越来越完善，因此使用这些技术的人成为整个环节最薄弱的部分。个人的行为与技术一样，也存在对系统安全的威胁。例如，在纸张上、PDA或文件中列出密码，随处讨论配置信息，透露账户和密码信息；抛开访问控制规程，回答"紧急"要求等。对系统管理员、网络管理员来讲，不要让"人脉关系"介入安全链路中，否则所有的努力都会前功尽弃。

社会工程学中看似简单的欺骗，却包含了复杂的心理学因素，其危害程度有时比直接的技术入侵要大得多。对于技术入侵，我们可以防范，但是谁又能时刻警惕心理上的漏洞呢？毫无疑问，社会工程学将会是未来入侵与反入侵的重要对抗领域。

安全管理的重要内容之一是了解威胁并最大限度地减少漏洞。任何使用 Internet 的人员都会受到共同的威胁，如病毒、蠕虫。威胁和漏洞的具体情况随组织机构的不同而不同。例如，与商品制造商相比，政府和研究型企业更有可能遇到信息被盗的情况。

在进行企业安全管理时，必须了解各种威胁产生的后果，如了解什么信息对攻击者有价值、攻击者如何攻击系统等。针对特定的业务应用系统进行攻击造成的损坏，有时比在 Internet 上发起大范围攻击造成的损坏要大得多，如攻击银行。同时，要防止合法客户破坏系统安全，如篡改数据、盗窃信息等。

为了识别具体的威胁和相关漏洞，组织机构应考虑以下因素。

（1）信息对竞争对手的价值及获得该信息的手段。

（2）黑客或知情人可以利用的系统接入点的数量和类型，如网站、VPN、局域网和操作员控制台。

（3）电子邮件、文件传输和域名服务器等互联网服务中的漏洞。

（4）火灾、洪水和地震等自然灾害暴发的可能性及落实的保护措施。

12.4.3　创建安全域

创建安全域是一种有效的安全策略，其可以尽可能地限制/减少对电子商务信息的威胁。安全域是受限制的逻辑或物理区域，可在这一区域进行安全的操作。安全域有以下 4 种。

（1）物理安全域。

（2）网络安全域。

（3）应用安全域。

（4）数据安全域。

安全域之间是有重叠的，但是各安全域有与安全管理相关的明显特点。

（1）物理安全域。限制人员使用设备、大楼和其他有形的资源，以保护有形资产并阻止入侵者使用系统应用程序和信息。例如，计算机运营中心通常只允许小部分操作员在一天中有限的时间内进入。

（2）网络安全域。控制对网上资源的访问，以阻止外人使用私有资产。例如，企业可能有与互联网相接的 T1 连接，但是只有局域网上的授权用户才可以使用公司的打印机和服务器。

（3）应用安全域。应用安全域是在应用系统内创建的逻辑区域，通常通过角色/权限机制来实现，其目的是限制操作类型和范围。例如，财务会计应用系统使用应用安全域将应收账款模块和应付账款模块的数据和操作分开。

（4）数据安全域。数据安全域是一种逻辑结构，它在物理安全域、网络安全域和应用安全域中起作用。数据安全域用于定义各类数据的保护边界。

12.4.4　应急预案

当各种安全措施未能保护信息资产时，采取的应对措施取决于攻击的严重程度。基本应急措施有 3 个：隔离威胁、恢复服务、攻击后的任务。

（1）隔离威胁。隔离威胁的目的是限制攻击范围。例如，对于电子邮件病毒，需要关闭受影响的服务器或注销被感染的用户账户；对于 DoS 攻击，需要阻止攻击源系统的传输信息。在理想情况下，企业应预估可能的攻击并针对这些攻击做出计划，然后落实具体操作规程，以限制或降低这些破坏活动的影响。隔离了威胁，信息资产不再受到破坏后，就需要恢复服务了。

（2）恢复服务。恢复服务的目的是实现资源的可用性。一般通过备份来恢复数据。然而有时保护取证证据与迅速恢复服务相冲突。系统管理员需要让服务器离线以保护日志、配置文件和不应发生变化的数据文件，直到完成对攻击的全面分析为止。

（3）攻击后的任务。攻击后的任务是了解攻击是如何发生的（利用了哪个漏洞）、发生了哪些破坏、全面恢复的成本、如何防范此类攻击等。我们可以迅速确定发生了什么、有何影响及如何防止攻击再次发生，但指望时时刻刻完全地保护所有电子系统和数据信息，并使其仍然能够满足易用性和灵活性，这是不合理的。

企业需要灵活的、快速的电子商务应用系统来满足不断变化的需求，而电子商务环境确实是不安全的。任何单项技术或工具都无法解决这一问题，再多的用户培训也不能单独保障企业电子商务安全，任何成套的策略或规范也不能保证系统无懈可击。因此，保障企业电子商务系统安全需要部署多种技术，并协调和安排 IT 人员、相关职员和信息安全主管。

本章小结

本章阐述了电子商务安全评估与管理的基本概念，重点介绍了安全风险评估和安全管理的原理与方法；在评估方面，介绍了常见的层次分析法、模糊综合评价法、贝叶斯网络方法和故障树分析法。全面的电子商务安全管理策略对企业成功地开展电子商务至关重要。

思考题

1．什么是风险？什么是风险管理与控制？什么是风险评估？
2．信息系统安全风险分析过程分为哪几个阶段？请简述每个阶段的作用和目的。
3．请针对模糊综合评价法设计一种表格，用来采集专家观点，以及对一个 B2C 的电子商务网站进行安全风险评估。
4．为什么说人是电子商务安全中最薄弱的环节？
5．有几种安全域？各解决什么问题？
6．应急预案包括哪些部分？各解决什么问题？

第 13 章　电子商务安全解决方案

> **内容提要**
>
> 本章介绍了 3 个知名 IT 企业的电子商务安全解决方案。成熟可靠的电子商务安全解决方案对保障交易的安全性至关重要。通过本章的学习，了解著名的 IT 企业成熟的电子商务安全解决方案，学习和领会如何利用现有电子商务安全技术解决电子商务领域中遇到的威胁和挑战，以及保障电子商务安全的基本原理及方法，可以对如何解决电子商务安全问题有一个宏观的认识。

13.1　IBM 电子商务安全解决方案

随需应变电子商务需要构建一个随需应变的运行环境，而随需应变的运行环境要具有开放性、自主运算、整合性和虚拟化的特点。下面从身份管理、单点登录和 IBM 预防性安全方案 ISS 3 个方面介绍 IBM 电子商务安全解决方案。

13.1.1　身份管理

IBM 身份管理功能有定购、鉴别、访问控制、工作流管理、代表管理与自助服务、整合、审计与报告；主要产品有 IBM Tivoli Federated Identity Manager、Identity Management Service、Tivoli Portal、Active Directory Federation Services。

1. IBM Tivoli Federated Identity Manager

IBM Tivoli Federated Identity Manager 可帮助业务实体实现安全协作。联邦身份管理（Federated Identity Management，FIM）提供了一个简单的、松耦合的模型，用于管理身份和跨公司或安全域的资源访问权限。IBM Tivoli Federated Identity Manager 无须在两个公司之间复制身份和进行安全管理，只需提供一个简单模型用于管理身份并以可信方式提供信息和服务的访问权限。对于部署面向服务架构（Service Oriented Architecture，SOA）和 Web 服务的公司，FIM 为联邦 Web 服务提供了基于安全策略的集成安全管理。FIM 的基础是数据的可信性、完整性和隐私。因此，企业可以共享关于用户和服务的身份和安全策略数据，不用在本地复制身份和安全策略。共享信任身份和安全策略是为用户在联邦站点之间导航交付更丰富体验的关键。信任可以让公司松耦合其完全不同的身份管理系统。联邦模型简化了管理，允许公司将身份和访问管理扩展到第三方用户和第三方服务。

IBM Tivoli Federated Identity Manager 中的角色如下。

（1）权利"担保"（身份验证权限）。

（2）服务提供者为最终用户提供"服务"。一般情况下，服务提供者在管理用户上没有既得商业利益。服务提供者通过充当"依赖方"来验证受信任身份提供者发布的凭证。

(3) 在面向服务架构环境中,可以应用以下附加角色。

① Web 服务请求者是需要访问服务提供者的服务客户端。Web 服务请求者可以是 MS.NET 应用程序,也可以是 Java 或 WebSphere 应用程序。

② Web 服务请求者是提供"服务"或组件的服务提供者。Web 服务提供者可以是 MS.NET 应用程序,也可以是 Java 或 WebSphere 应用程序。Web 服务提供者需要服务客户端对其进行识别和身份验证。

③ 在面向服务架构环境中,需要有一种基础设施服务来简化对各种服务客户端和服务提供者的安全策略的管理。

IBM Tivoli Federated Identity Manager 使用 IBM 的集成解决方案控制台(Integrated Solutions Console,ISC)(在 FIM 中)提供直观的、基于 Web 的管理控制台,并利用该控制台把 FIM 的多种服务组合到一个位置上。这些服务有基础设施服务、信任服务、身份变换服务、单点登录协议服务、供应服务、安全令牌服务、联邦身份服务。

IBM Tivoli Federated Identity Manager 还包括 IBM Tivoli Access Manager for e-business v5.1、IBM Tivoli Directory Integrator v6.0 和 IBM WebSphere Application Server Network Deployment v6.0 等相关工具。

IBM Tivoli Federated Identity Manager 给用户带来的好处如下。

(1) 简化公司及其合作伙伴的 Web 站点之间的集成,包括简化会话管理。

(2) 通过减少安全曝光度来提高业务一致性。

(3) 通过单点登录来改善最终用户体验。

(4) 扩展服务提供商的业务范围,创造增收机会。

(5) 通过交付"把安全作为服务"来简化跨企业业务流程中的安全管理。

(6) 为面向服务架构 Web 服务交付基于策略的集成安全管理。

(7) 支持开放标准和规范,包括 Liberty、SAML、WS-Federation、WS-Security 和 WS-Trust。

2. Identity Management Service

IBM 在 2006 年推出了身份管理服务(Identity Management Service,IDMS),以帮助组织进行整个身份周期的管理。IDMS 涵盖业务战略、应用及 IT 基础架构等,可以帮助组织减少身份管理系统的数量,提高接入控制流程的效率,以适应不断增加的法规需求,还可以通过自动化技术降低成本。

IDMS 采用了 IBM 信息安全框架(Information Security Framework,ISF),它涵盖 8 个核心领域,包括管制、隐私、动态威胁、处理和数据整合、身份和接入管理、应用程序安全、物理安全及个人安全,旨在帮助客户检视和评估整个安全图景,并基于自身需求开发一个切实可行的路线图,以达到有效的安全性。此外,IDMS 还采用了来自 IBM Tivoli Federated Identity Manager 及其重要业务合作伙伴的最佳身份管理产品与技术。IDMS 的重要优势之一是即使发生危险,其仍能帮助组织实施新的服务与业务模式。

3. Tivoli Portal

IDMS 采用的一项重要产品是 Tivoli Portal。

Tivoli Portal 安全管理解决方案能够为客户建立一个统一的安全管理平台,并集中访问控制(单点登录)、统一用户信息、标准化访问授权管理。Tivoli Portal 的功能如下。

(1)实现集中统一的用户控制,且具有单点登录功能,可减少用户需要记忆的密码数量。

(2)统一用户信息,集成现有系统的用户管理方式。

(3)提供授权管理,基于用户角色进行访问控制。

(4)快速采用最新的安全技术,如智能卡、生物技术等。

(5)建立统一的应用安全平台,以统一后续应用开发的安全体系,使应用在得到认证的安全体系中得到保护。

4. Active Directory Federation Services

Windows Server 2003 R2 中的 Active Directory Federation Services 解决方案通过帮助管理员解决日常面临的难题,来确保企业能够分享某个用户的身份信息。联盟系统可以跨越企业边界进行操作,并将使用不同技术、身份存储方法、安全方法及编程模式的程序联系起来。在一个联盟系统内部,企业需要用一种标准化的、安全的方法,来表明企业向具有良好信誉的合作伙伴和客户提供的服务,以及企业运行业务遵循的政策,如它所信赖的其他企业和用户、它所接受的资质和需求的类型及其隐私权政策。

13.1.2 单点登录

IBM 单点登录的主要产品是 IBM Tivoli Access Manager for e-business。

IBM Tivoli Access Manager for e-business 方案在 Gartner's Magic Quadrant 中处于领先地位,该方案能够帮助企业在部署新电子商务应用程序方面缩短时间及降低成本。

IBM Tivoli Access Manager for e-business 能够使组织控制应用程序和数据的有线和无线访问,从而为授权用户提供单一登录。IBM Tivoli Access Manager for e-business 集成了电子商务应用程序,为授权用户提供了安全的个性化电子商务体验。IBM Tivoli Access Manager for e-business 为关键的 CRM、ERP 和 SCM 电子商务解决方案提供了集成安全性,同时提高了运行于 WebSphere Application Server 等应用开发服务器上的符合 J2EE 应用程序的安全性。IBM Tivoli Access Manager for e-business 为合作伙伴、客户、供应商和员工提供了关键性商务应用程序和数据的安全访问,这些应用程序和数据可用于高度可用和可扩展的商务交易。

单点登录免除了每个应用程序中用户身份和安全策略的管理,因此组织可以获得出色的投资回报率。

13.1.3 IBM 预防性安全方案 ISS

2006 年,IBM 公司成功收购了全球网络安全领导厂商、互联网安全系统(Internet Security System,ISS)公司。ISS 公司从创立之初就成了安全行业的重要组成部分,它是漏洞评估、入侵检测和保护技术的先行者。ISS 公司为上千家全球顶级的企业和政府部门提供安全解决方案，包括美国政府，其帮助客户预防针对网络、桌面机和服务器的互联网威胁。ISS 公司先进的软件、设备和服务能够监控和管理网络漏洞，并迅速对潜在威胁提前做出反应。

IBM ISS 的 ESP 企业安全平台为用户提供企业级安全的完整解决方案。它可以帮助企业保护整体基础设施，包括网关、核心网络、主机和远程终端。Proventia 系列产品的所有防护功能都是通过 SiteProtector 来实现集中管理的，其使企业能够大量降低成本，并节约宝贵的时间与资源。SiteProtector 既可用于小型机构，又可用于大型组织，甚至可用于全球跨国企业，即使对于那些非网络安全专家，也能够获得大量的安全信息。另外，通过对 SiteProtector、SecurityFusion 及 SiteProtector 第三方模块的使用，Proventia 系列产品也具有纠正与攻击分析功能。SiteProtector 帮助客户简化了安全防范措施，降低了网络安全产品的拥有、使用和维护成本，增加了产品的附加价值。

IBM 预防性安全方案 ISS 由以下部分组成。

（1）IBM Proventia 网络入侵防护系统。

（2）IBM Proventia 多功能安全网关。

（3）IBM Proventia 企业扫描器。

（4）IBM Proventia 主机入侵防护系统。

（5）IBM Proventia 桌面安全系统。

（6）IBM Proventia 邮件安全网关。

（7）IBM Proventia 统一安全管理平台。

1．IBM Proventia 网络入侵防护系统

IBM Proventia 网络入侵防护系统的产品有 GX4002、GX4004、GX5008、GX5108、GX5208、GX6116 等。IBM Proventia 网络入侵防护系统延续了业界领先的 Proventia 技术，持续为用户的网络边界提供防护，其在外部安全威胁影响到用户业务前便可提供阻断防护。通过 1 个物理网段的 200MB 检测吞吐率的防护能力，IBM Proventia 网络入侵防护系统可以为用户提供安全的、高性能的、高可靠性的、全面的解决方案，还可以非常简单地进行 Proventia 部署和管理。

Proventia GX 系列硬件设备可以实时阻隔已知的和未知的攻击，包括 DDoS 攻击、后门程序及混合威胁等，无须工作繁忙的系统管理人员的参与；还可以和 IBM ISS 的其他网络防护系统协同工作，并通过 SiteProtector 管理平台进行集中管理。

Proventia GX 系列 IPS 的优势：动态阻断功能；即时、可靠地拦截不需要的流量；防止混合型威胁（如 Sasser、MS Blaster、SQL Slammer、Nimda 和 Code Red）传播；精确检测和防护超过 190 种协议；允许合法流量顺畅通过而不影响网络性能；立即对已知的和未知的攻击进行防护，而不必手动应用未计划的更新程序或热修复程序。

2．IBM Proventia 多功能安全网关

IBM Proventia 多功能安全网关能够提供全面的安全保护，并前瞻性地阻断网络威胁，防止对企业运作造成损失。IBM Proventia 多功能安全网关产品包括 MX0804、MX1004、MX3006、MX4006、MX5008、MX5110。

IBM Proventia 多功能安全网关采用了多层式的安全解决方案，如表 13-1 所示。它将多种安全技术统一到了一个设备中，在单一设备中提供了支持企业级网络所需的所有安全内容，其性能价格比极具竞争力。

表 13-1　IBM Proventia 多功能安全网关功能模块

模　　块	实现的保护功能
防入侵	在默认情况下，通过1000多种检测算法来阻止7400多种漏洞攻击
防病毒	Sophos为已知病毒和未知病毒的行为检测提供340 000多个病毒签名
防垃圾邮件	拥有95%以上的垃圾邮件拦截精度
Web过滤	过滤列表包括90多亿个已分类的URL

3．IBM Proventia 企业扫描器

IBM Proventia 企业扫描器能分辨风险所在的位置，并提出优先顺序保护行动，同时可将结果生成报表说明。IBM Proventia 企业扫描器可有效保护关键业务的可用性，并保护企业数据。IBM Proventia 企业扫描器 ES 系列包括 ES1500、ES750 等。

4．IBM Proventia 主机入侵防护系统

IBM Proventia 主机入侵防护系统可为法规遵从提供支持，其满足有关可能损害服务器和敏感数据的恶意威胁的安全性法规要求。通过 IBM Proventia 主机入侵防护系统，企业能够保护数据不受破坏，并受益于其简化和支持法规遵从要求的能力。IBM Proventia 主机入侵防护系统支持多种 Windows 平台及 Linux 平台。

5．IBM Proventia 桌面安全系统

IBM Proventia 桌面安全系统的主要功能为降低已知和未知攻击带来的威胁、在单一产品中提供多层安全防护、帮助确保遵从性并简化管理、帮助阻止可导致关键数据丢失的攻击。

与其他安全解决方案不同，IBM Proventia 桌面安全系统可以在单一产品中提供全面防护，也可以与现有的企业基础架构整合，并将个人防火墙、入侵防护、缓冲溢出攻击防护、应用程序控制和病毒防护系统结合在单一产品中。这种多层次保护包括以下综合技术：病毒预防系统（VPS）、缓冲溢出攻击防护机制、以漏洞为中心的入侵防护系统、病毒和间谍软件特征引擎、个人防火墙、应用程序控制。

6．IBM Proventia 邮件安全网关

IBM Proventia 邮件安全网关的主要功能为保护邮件用户免受垃圾邮件的困扰、正确识别并阻止各种零日病毒、可阻止超过 120 000 种已知病毒、提供可定制的事件报告、提供 7×24 小时的技术支持。

7．IBM Proventia 统一安全管理平台

SiteProtector 通过 IBM Proventia 统一安全管理平台将策略、产品和内容更新应用于大量安全代理程序和设备。SiteProtector 统一了对网关、网络、服务器和桌面及第三方安全解决方案的管理。

SiteProtector 承担了集中管理、监控和评估企业安全的任务，可使企业不堪重负的 IT 人

员能够集中精力关注其他关键项目。使用该产品可根据网络、网关、主机代理和设备的发现创建 Helpdesk Ticket 和指派 IT 人员；通过同一个控制台进行信息资产发现和漏洞评估；命令和控制邮件安全和异常检测系统；分析安全事件并报告安全流程和状态。通过集成工作流和系统管理、网络及数据库管理工具，SiteProtector 可以融入 IT 流程，而不只是一个安全组件。

SiteProtector 能够以独立安全管理设备的形式提供服务，只需购买一个单一设备即可获得较高稳定性的安全管理能力。

13.2 阿里云安全解决方案

阿里云以打造互联网数据分享第一平台为使命，其借助自主创新的大规模分布式存储和计算等核心云计算技术，为各行业、小企业、个人和开发者提供云计算产品及服务，具体包括云服务器、开放存储服务、关系型数据库、开放数据处理服务、开放结构化数据服务、云盾、云监控等。这种随时、随地、随需的高效云产品和服务具备安全方面的优势。

阿里云基于阿里巴巴集团十多年信息安全风险管控经验，以保护数据的机密性、完整性、可用性为目标，制定了防范数据泄露、篡改、丢失等安全威胁的控制要求。阿里云将数据划分为不同的安全等级，生产数据是安全等级最高的数据类型，其类别主要包括用户数据、业务数据、系统数据等。根据数据的安全等级，设计、执行、复查、改进各项云计算环境下的安全管理和技术控制措施。

13.2.1 数据安全

阿里云管理的数据资产包括客户和企业自身在安全政策下管理的数据资产。阿里云员工在处理数据资产时，必须遵守数据分类原则。阿里云的数据分类不同于传统 IT 环境下的数据分类。在传统 IT 环境下通常按照数据的机密性对数据进行分类；阿里云的数据分类覆盖了数据资产和包含数据的对象，它明确定义了数据处理权限、管理者的区域、前后关系、法律上的约束条件、合同上的限定条件及第三方的义务，并以此来防止数据未经授权地披露或滥用。

阿里云的云服务运行在一个多租户、分布式的环境下，而不是将每个客户的数据隔离到一台机器或一组机器上。这个环境是阿里云自主研发的大规模分布式操作系统——"飞天"。"飞天"将成千上万台分布在各个数据中心、拥有相同体系结构的计算机连接成一个分布式系统。

访问与隔离：阿里云用户使用 HTTPS 协议登录官网，通过注册用户账号来选购云服务，同时阿里云通过 Access ID 和 Access Key 安全加密来对云服务用户进行身份验证；阿里云运维工程师对运维产生环境的访问需要经过集中的组和角色管理系统来定义和控制访问产生服务的权限；每个运维工程师都有唯一的身份（Employee ID），在经过数字证书和动态令牌双因素认证后，通过 SSL 连接到安全代理，然后进行操作。所有登录、操作过程均进行实时审计。

阿里云通过安全组实现不同用户间的隔离需求，安全组通过一系列数据链路层、网络层访问控制技术来实现对不同用户虚拟化实例的隔离，以及对 ARP 攻击和以太网畸形协议访问的隔离。

存储与销毁：阿里云的云服务将客户数据存储在"飞天"平台提供的多种存储系统中，"飞天"存储栈支持多种非结构化和结构化数据的存储管理，如"盘古"分布式文件系统，以及由"盘古"分布式文件系统演化出来的"有巢"分布式文件系统。从阿里云的云服务到"飞天"存储栈，每一层收到的来自其他模块的访问请求都需要进行认证和授权。"飞天"平台内置的安全服务提供了内部服务之间的认证和授权功能。内部服务之间的相互认证是基于 Kerberos 安全协议实现的，对内部服务的访问授权是基于 Capability 的访问控制机制实现的。

以开放数据处理服务（Open Data Processing Service，ODPS）为例，当服务前端（Web Server）收到终端用户的数据处理请求时（如收到一个 SQL 语句），首先检查请求者身份和请求的真实性，然后通过远程过程调用将请求发送到服务后端。服务后端在处理请求之前，会检查调用者（服务前端）的身份和访问权限。如果检查通过，那么服务后端将产生一个执行计划，并通过远程过程调用将执行计划发送到"飞天"的作业调度系统。作业调度系统在处理请求之前，会检查调用者（服务后端）的身份和访问权限，检查通过后，作业即可被调度运行。作业在运行时，会通过远程过程调用访问存储层上的数据，存储系统在处理请求之前，依然会检查调用者（作业的运行实例）的身份和访问权限。

在上述例子中，从云服务到"飞天"存储栈，每层的访问授权都遵循最小权限原则，即每一个访问请求只会使用刚好满足需要的权限，而不会使用过大的权限。例如，用户提交的 SQL 语句只需要读取某个表，那么相应的作业在通过远程过程调用访问存储层上的数据时，该作业的权限就只能访问该表对应的数据文件，而不会更多。阿里云采用碎片化分布式离散存储技术存储用户的结构化和非结构化数据，在云端的每一份数据都会被文件分片（Chunk），每个分片具有 3 份副本，并分布于不同机架上。针对用户云服务期满后的数据销毁问题，阿里云的云服务生产系统会自动消除原有物理服务器上的磁盘和内存数据，使得原用户数据无法恢复。对于所有外送维修的物理磁盘，均采用消磁操作，消磁过程全程视频监控并长期保留相关记录。阿里云定期审计磁盘擦除记录、视频证据，以满足监控合规要求。

13.2.2 访问控制

为了保护阿里云客户和自身的数据资产安全，阿里云采取了一系列控制措施来防止未经授权的访问。

（1）认证控制：阿里云员工拥有唯一的用户账号和证书，这个账号通过接入有线和无线网络来识别每个人在阿里云网络内的活动情况，并将其作为阻断非法外部连接的依据；证书是每位员工接入阿里云内部系统的证明。员工入职后，人力资源部会给予一个用户账号，并按照其岗位类别和职级进行授权；员工离职后，人力资源部会通过系统禁止该账号访问阿里云网络。

阿里云密码系统强制策略用于管理员工的密码或密钥，包括密码定期修改频率、密码长度、密码复杂度、密码过期时间等。阿里云针对生产数据及其附属设施的访问控制，除采用单点登录之外，其余均强制采用双因素认证机制，如证书和一次性口令生成器。

（2）授权控制：访问权限及等级是基于员工工作的功能和角色的，最小权限和职责分离是所有系统授权设计的基本原则。阿里云员工在访问公司的资源时，只被授予有限的默认权限，如访问邮件和阿里云内部办公系统。根据特殊的工作职能，员工在需要被授予权限访问某些额外的资源时，应在得到数据或系统所有者、安全管理员或其他部门批准后，依据阿里云安全政策规定进行申请和审批。所有批准的审计记录均记录在工作流平台内，平台内的控制权限设置的修改和审批过程与审批政策保持一致。

13.2.3 云安全服务

1. 防DDoS清洗服务

DDoS攻击在云端表现为，通过仿冒大量的正常服务请求来阻止用户访问其在云端的数据、应用程序或网站。对云端用户而言，DDoS攻击就像在出行高峰时段遇上了交通瘫痪，除了坐在交通工具中等待，别无他法；而对云服务商而言，如果无法从大量的仿冒请求中鉴别出恶意访问流量并完成清洗，那么不仅会影响云服务的稳定性，而且会动摇用户将数据和应用迁移上云端的信心。DDoS攻击在2011年、2012年被云安全联盟（Cloud Security Alliance，CSA）收录为《云端十大安全威胁》。阿里云推出了基于云计算架构设计和开发的防DDoS清洗服务，该服务具有全覆盖、全天候、全清洗的特点。

（1）全覆盖。防DDoS清洗服务可以帮助云用户抵御各类基于网络层、传输层及应用层的各种DDoS攻击，并实时短信通知用户网站的防御状态。云盾的防DDoS清洗服务由恶意流量检测中心、安全策略调度中心和恶意流量清洗中心组成，这3个中心均采用分布式结构、全网状互连的形式覆盖阿里云所有提供云服务的数据中心节点。

（2）全天候。依托云计算架构的高弹性和大冗余特点，防DDoS清洗服务具有服务稳定（云盾防DDoS清洗服务的可用性达99.99%）、防御精准（恶意流量检测中心的检测成功率达99.99%；单个数据中心流量检测能力达60Gbit/s或6000万PPS；恶意流量清洗中心的清洗成功率达99.99%）的优点。

（3）全清洗。为阿里云云服务器用户提供单个IP，以及3G以内的所有类型的DDoS攻击流量清洗服务。

2. 安全体检

绝大多数网站入侵事件是黑客通过扫描网站开放的端口和服务，由此寻找相关的安全漏洞并加以利用来实现入侵的，最后通过在网站内植入木马来达到篡改网页内容或窃取重要内部数据的目的。安全体检从网站常见的入侵行为入手，为构建在云服务器上的网站提供网站端口安全检测、网站Web漏洞检测、网站木马检测三大功能。

（1）网站端口安全检测。该功能通过服务器集群对构建在云服务器上的网站进行快速、完整的端口扫描，并使用最新的指纹识别技术判断运行在开放端口上的服务、软件及版本。一旦发现未经允许开放的端口和服务，第一时间提醒用户予以关闭，以降低系统被入侵的风险。

（2）网站 Web 漏洞检测。该功能聚焦于构建在云服务器上网站 Web 漏洞的发现，检测的漏洞类型覆盖 OWASP、WASC、CNVD 分类，系统支持恶意篡改检测；支持 Web 2.0、AJAX、各种脚本语言、PHP、ASP、.NET 和 Java 等环境；支持复杂字符编码、多种压缩方式（如 Chunk、Gzip、Deflate 等）、多种认证方式（如 Basic、NTLM、Cookie、SSL 等）；支持代理、HTTPS、DNS 绑定扫描等；支持流行的百余种第三方建站系统独有漏洞扫描。同时，通过规则组对最新 Web 漏洞的持续跟踪和分析，进一步保障了产品检测能力的及时性和全面性。

（3）网站木马检测。在检测技术上，通过对 HTML 和 JavaScript 引擎解密恶意代码，来与特征库匹配识别；同时支持通过模拟浏览器访问页面来分析恶意行为，并发现未知木马，实现木马检测的"0"误报。

13.2.4 系统安全及开发维护

阿里云在云服务设计阶段针对不同的服务特点设计安全基线。通常有以下 3 种云服务安全基线。

（1）弹性计算。云服务器用户通过安全组手段进行隔离，同一安全组内的不同云服务器可相互访问，不同安全组的云服务器不可相互访问；安全组通过 Iptables 实现不同云服务器间、云服务器和物理机间的安全隔离要求；通过 Ebtables 方式隔离由云服务器向外发起的异常协议访问，防止云服务器被入侵后成为 DDoS 攻击源；通过 ARP Tables 及云服务器生产系统阻断 ARP 攻击。

（2）开放存储服务。开放存储服务采用碎片化分布式离散存储技术，对每一份碎片化数据采用随机算法进行保存，并保存数据碎片的索引文件。通过 Access ID 和 Access Key 实现存储请求加密，支持端到端链路加密和云端服务器熵编码；支持客户端加密数据存储、云端访问权限控制（不公开、公开、完全公开），以及安全策略定制。

（3）关系型数据库服务。在用户授权的情况下实现对 SQL 注入攻击的监控和报警、支持数据库审计；采用 IP 白名单控制非授权用户；通过最大连接数控制、最大请求数控制、最大结果集控制来实现异常连接控制。

13.2.5 其他安全措施

（1）漏洞管理。阿里云在漏洞发现和管理方面具备专职团队，在漏洞发现方面，除自主开发的漏洞检测工具之外，还拥有一批具备发现零日漏洞的安全专家。他们通过自动和手动的渗透测试、质量保证（QA）流程、软件的安全性审查、审计和外部审计工具进行安全威胁检查。阿里云漏洞管理团队的主要责任是发现、跟踪、追查和修复安全漏洞。通过数字化的"漏洞分"运营，对每个真实的漏洞进行分类、严重程度排序和跟踪修复。阿里云与各安全研究社区的成员保持联系，接受外部漏洞举报。

（2）安全事件管理。阿里云建立了安全事件管理平台，用于实现影响系统或数据的机密性、完整性、可用性的安全事件管理流程。这个流程包括安全事件的受理渠道、处理进度、事后通告。安全事件的类别覆盖安全攻击和入侵事件,重大云服务故障也被纳入安全事件管理范围并加以关注。阿里云安全团队人员实行 7×24 小时工作制。当安全事件发生时,阿里云安全人员将对其进行记录,并根据严重程度进行优先级处理,直接影响客户的安全事件将被赋予最高优先级。在安全事件事后分析阶段,通过追查安全事件的根本成因来更新相关安全策略,以防止类似事件再次发生。

(3) 网络安全。阿里云采用了多层防御,以帮助保护网络边界面临的外部攻击。在公司网络中,只允许被授权的服务和协议进行传输,未经授权的数据包将被自动丢弃。阿里云网络安全策略由以下组件组成。

① 控制网络流量和边界,使用行业标准的防火墙和 ACL 对网络进行强制隔离。
② 网络防火墙和 ACL 的管理包括变更管理、同行业审计和自动测试。
③ 使用个人授权限制设备对网络进行访问。
④ 通过自定义的前端服务器定向所有外部流量的路由,同时检测和禁止恶意的请求。
⑤ 建立内部流量汇聚点,以更好地进行监控。

(4) 传输层安全。阿里云提供的很多服务都采用了更安全的 HTTPS 协议,如用户使用阿里云账号登录阿里云的默认情况为 HTTPS 协议。通过 HTTPS 协议,信息可从阿里云端到接收者计算机实现加密传输。

(5) 操作系统安全。阿里云生产服务器是基于定制的 Linux 系统版本的,它包括了运行阿里云"飞天"的必要组件。该系统使得阿里云能够控制整个硬件和软件栈,并支持安全应用程序环境。阿里云生产服务器只安装满足标准的操作系统,阿里云所有的基础设施都需要安装安全补丁。

13.3 Microsoft Azure 安全解决方案

Microsoft Azure 是云端服务操作系统,其包括 Microsoft Azure 平台上的应用开发、服务存放和服务管理。Microsoft Azure 通过微软数据中心为开发人员提供所需的计算和存储服务,使开发人员能够存放、拓展、管理互联网上的 Web 应用程序。微软通过 Microsoft Azure 存放属于用户的数据和程序。因此,Microsoft Azure 必须解决超出传统意义 IT 方案的信息安全问题。

13.3.1 计算、存储和服务管理

Microsoft Azure 是对典型基础应用下的大量基础设施的抽象(如服务器、操作系统、Web 数据库软件等),因此开发者可以集中精力创建应用程序。

Microsoft Azure 有两个主要的功能,分别是基于云的计算和基于云的存储。Microsoft Azure 的体系结构如图 13-1 所示。Microsoft Azure 的组件如下。

(1) 主机服务(Hosted Service),包括部署(Tenant)、角色(Roles)和角色实例(Role Instances)。

（2）存储账户（Storage Account），包括二进制数据块（Blocks）、表格（Tables）、队列（Queues）和驱动（XDrive）。

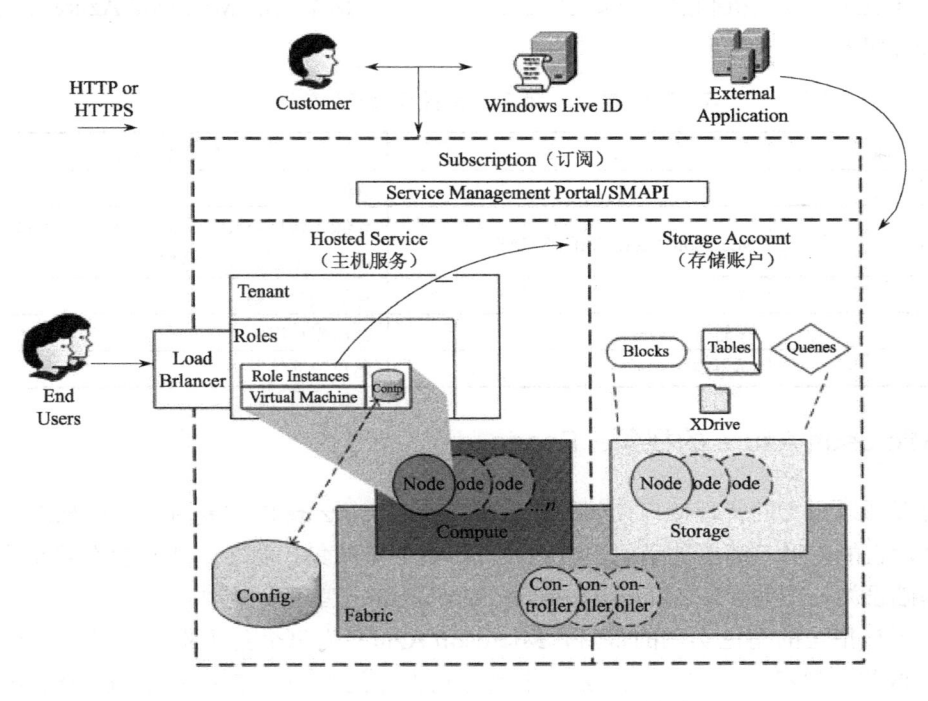

图 13-1　Microsoft Azure 的体系结构

在 Microsoft Azure 上，用户既可以建立和管理应用程序，又可以通过订阅来管理应用程序和存储。订阅的创建过程：通过信用卡在订阅网页上关联新的或现存的身份凭证；在创建订阅后，通过一个 Windows Live ID 来控制对订阅系统的访问。Windows Live ID 是现存的运行时间较长的 Internet 身份验证服务之一，其为 Microsoft Azure 提供了一个已被严格测试的门卫系统。

由图 13-1 可以看出，订阅包含零个或多个主机服务、零个或多个存储账户。一个主机服务包含一个或多个部署，一个部署包含一个或多个角色，一个角色包含一个或多个角色实例。存储账户包含二进制数据块、表格和队列。Microsoft Azure 驱动是一个特殊的二进制数据块类型。主机服务的访问控制和存储账户由订阅管理，具有对关联到订阅的 Windows Live ID 进行身份验证的功能，提供在该订阅下的所有主机服务和存储账户的完全控制权。

用户在上传开发完成的应用程序后，可以通过 Microsoft Azure Portal 或服务管理 API（Service Management API，SMAPI）来管理其主机服务和存储账户。用户通过浏览器登录 Microsoft Azure Portal 或命令行工具（可编程或用 Visual Studio）访问 SMAPI。

SMAPI 的身份验证基于用户创建的公私钥对及通过 Microsoft Azure Portal 注册的自签名证书，这个证书会在后续的 SMAPI 访问中用到。SMAPI 在 Microsoft Azure Fabric 中请求进行排队，然后 Microsoft Azure Fabric 接管请求，再进行初始化，以此管理需要的应用。用户可以通过 Microsoft Azure Portal 或可编程 SMAPI 监视和管理自己的应用程序。

每一个存储账户都有唯一的存储账户密钥,可通过存储账户密钥实施对 Microsoft Azure 存储的访问管理。存储账户密钥可以被 Microsoft Azure Portal 或 SMAPI 重置。

Microsoft Azure 授权机制的总结如表 13-2 所示,其包括主要的 Microsoft Azure 主题、对象和身份验证机制。

表 13-2 Microsoft Azure 授权机制的总结

主 题	对 象	身份验证机制
用户	订阅	Windows Live ID
开发者/操作者	Microsoft Azure Portal/SMAPI	Windows Live ID(Microsoft Azure Portal)或自签名证书(SMAPI)
角色实例	存储	存储账户密钥
扩展应用程序	存储	存储账户密钥
扩展应用程序	应用程序	用户定义

13.3.2　Microsoft Azure 的视角:Fabric

用户可以通过定义的管理接口控制 Fabric,Microsoft Azure 的主要目的是抽象虚拟基础设施的管理,它能为用户简单地呈现一致的、可扩展的资源集。总之,开发者不需要管理这些虚拟的基础设施。下面介绍 Microsoft Azure Fabric 中的一些基础组件。

基于被用户指定的角色实例的数目,Microsoft Azure 为每个角色实例提供了一个虚拟机(VM)。这些虚拟机运行在为使用云技术而特别设计的管理程序上(Microsoft Azure 管理程序)。一个虚拟机是一个专门应用,它运行在一个托管了 Fabric Agent(FA)的操作系统上,这个操作系统叫作 Root OS。FA 管理 Guest Agents(GA)(托管在用户虚拟机上的 Guest OS 中)、存储节点。Microsoft Azure 管理程序、Root OS/FA 和用户 VM/GA 组成了一个计算节点。

FA 由 Fabric Controller(FC)管理,FC 存在于计算和存储节点的外边(计算和存储集群通过独立的 FC 进行管理)。如果用户在系统运行时更新了应用程序的配置文件,那么 FC 会与 FA 进行通信,然后 FA 联系 GA,GA 通知应用程序报告配置的改变。在硬件故障的情况下,FC 将自动找到可用硬件,然后在新硬件上重启虚拟机。

13.3.3　云安全设计

Microsoft Azure 为用户提供了数据私密性、完整性和可用性。

1. 私密性

私密性可确保用户的数据只能被授权实体访问。Microsoft Azure 通过以下 4 个机制提供私密性。

1)身份和访问控制

身份和访问控制可确保只有适当的、被验证过的实体可以被允许访问。现有的安全控制机制不能防范获得授权的身份信息和密钥的攻击者。因此,身份信息和密钥管理在安全设计和 Microsoft Azure 的实现中都是关键的组件。表 13-2 归纳了主要的身份验证机制，下面介绍更为深层的描述，包括 API、应用程序优先级、密钥分配和对可信子系统（如 Fabric 控制器）的身份验证。

（1）SMAPI 身份验证。SMAPI 通过 REST 协议提供 Web 服务，并将 Microsoft Azure 以工具的形式提供给用户。这个协议运行在 SSL 上，通过一个证书和用户创建的私钥进行身份验证。这个证书不需要由可信任的检查证书颁发者颁发，只需要一个自签名证书并且将该证书的指纹通过 Microsoft Azure Portal 关联到订阅即可。这个方法提供了高度的安全保证，可确保只有用户授权的实体才能访问服务的特定部分。

（2）最少特权用户软件。使用最少的特权应用程序是信息安全的最佳实践，为了与最少特权原理保持一致，用户不具有对虚拟机的管理员权限。在默认情况下，用户软件在 Microsoft Azure 中使用低特权账户运行（在未来的版本中，用户可以根据需要选择不同特权模型）。攻击者除了获得漏洞，还需要提升特权才能实施攻击，这样做就减少了潜在的威胁，增加了攻击的复杂性，同时保护了用户的服务不受自己终端用户的攻击。

（3）内部控制通信量的 SSL 双向认证。所有 Microsoft Azure 内部组件的通信都受 SSL 保护。在大多数情况下，SSL 证书是自签名的。可能被 Microsoft Azure 网络外部访问的连接使用的证书（包括存储服务）及 FC 是一个例外，这样的 FC 拥有微软 CA 颁发的证书，它拥有可信任根 CA。FC 的公钥可以被微软开发工具使用，开发人员在递交了新的应用程序后，FC 公钥对它们进行加密以保护里面的秘密资料。

（4）证书和私有密钥管理。通过一个独立机制对证书和私有密钥进行安装，以降低暴露证书和私钥给开发者和管理者带来的风险。证书和私钥通过 SMAPI 或 Microsoft Azure Portal 以 PKCS12（PFX）文件格式上传，上传过程受 SSL 的保护。这些 PKCS12 文件可以被密码保护，但是密码必须包含在同一个消息中。SMAPI 提供了密码保护机制，使用 SMAPI 的公钥加密整个 PKCS12 数据块，并将它存储在一个私密的 FC 上的数据存储点内，同时附带存储证书名和公钥作为元数据。在同一订阅中，角色关联的配置数据指定了角色所需的证书。当一个角色在一台虚拟机上初始化时，FC 就得到了相应的证书，然后解密 PKCS12 数据块，再重新使用 FA 的公共传输密钥对其进行加密，并且把它发送到节点上的 FA 处。节点上的 FA 把证书发送到初始化角色的虚拟机的 GA 处，然后 GA 对它进行解密，并且在操作系统的数据存储点上进行安装，最后标记私钥可以被使用。证书安装后，所有临时证书副本和密钥被销毁，如果需要重新安装，那么证书必须被 FC 重新打包。

（5）FC 使用的硬件证书。除了应用程序密钥，FC 必须维护一组证书（密钥和/或密码），用来向不在它控制下的硬件设备验证自身。传输、维持和使用这些证书的系统使 Microsoft Azure 开发人员、管理者和服务备份员不必了解秘密信息。对 FC 主身份公钥的加密在 FC 安装和重配置时使用，用来传输访问网络硬件设备、远程电力转换器和其他系统所需的身份信息。FC 在其内部被复制的数据存储点（同样被 FC 的主身份证书加密）中维护这些秘密信息。

（6）Microsoft Azure Storage 的访问控制。Microsoft Azure Storage 拥有一个简单的访问控制模型。Microsoft Azure 订阅可以创建一个或多个存储账户，每个存储账户都有一个密钥用于控制访问存储账户中的所有数据。Microsoft Azure Storage 支持用户存储关联应用程序，并且这些应用程序能够完全控制它们的关联数据。在存储前端创建用户应用程序，并给予应用程序存储密钥，然后让用户程序验证远程用户，甚至对单个的请求进行授权，最后获得一个更为成熟的访问控制模型。

2）隔离

隔离可保证适当的容器在逻辑和物理上的分离，从而实现最小化数据交互。除了对数据访问进行身份验证，简单地把不同的数据适当地进行隔离也是一种被广泛认同的保护方式。Microsoft Azure 提供了不同级别的隔离。

（1）管理程序、Root OS 和 Guest VMs 的隔离。一个关键的边界是 Root 虚拟机与 Guest 虚拟机的隔离、Guest 虚拟机与另一个 Guest 虚拟机的隔离，这是通过管理程序和 Root OS 来进行管理的。管理程序/Root OS 利用微软操作系统安全的经验，以及最新的微软 Hyper-V 经验，提供了一个健壮的 Guest VMs 隔离。

（2）Fabric Controllers 的隔离。作为 Microsoft Azure Fabric 的核心部分，为减少对 Fabric 控制器的可能危害，许多重要的控制器得到应用。从 FC 到 FA 的通信是单向的，FA 实现了一个受 SSL 保护的服务，该服务被 FC 访问并只对请求做出反应，但它不能发起与 FC 或其他高特权内部节点的连接。此外，FCs 和无法实现 SSL 的设备存在于独立的 VLANs 上，这降低了它们的身份验证接口暴露在被攻破的虚拟机的主机节点的可能性。

（3）包过滤器。管理程序和 Root OS 提供了包过滤器，可保证不受信任的虚拟机不能产生伪造流量，并且不能接收不以它们为接收对象的数据，也不能指挥数据流向基础设施端点。此外，它们还不能发送或接收不适当的广播数据。存储节点只运行 Microsoft Azure 提供的代码和配置，而且仅允许合法用户、应用程序和管理者进行访问和控制。用户在访问虚拟机时，会被包过滤器限制在边缘有限的负载平衡器及 Root OS 上。微软允许用户在上述情况下选择是否允许互联网远程连接。不同应用程序之间的连接都被认为是互联网的连接，连接规则是累积的（如任务实例 A 和 B 属于不同的应用程序，A 只有在本身可以打开与互联网的连接且 B 可接受来自互联网的连接的情况下，才可以打开与 B 的连接）。Fabric 控制器将目录上的角色转换为一个任务实例列表，并得到一个 IP 地址的列表清单。这个 IP 地址列表被 FA 用于包过滤器，且只允许内部应用程序间的通信访问这些 IP 地址。角色被允许启动与互联网的连接，然后它们利用虚拟 IP 地址（Virtual IP Address，VIPA）将消息发送至任何可见的网络任务中。

（4）VLANs 隔离。VLANs 在隔离 FCs 和其他设备时使用。VLANs 对网络进行隔离，这样 VLANs 之间的通信不可能不经过路由器，这防止了一个被攻破的节点伪造来自它自身 VLANs 外部的数据通信，并且它也不能窃听不是来自或发到自身 VLANs 的通信。每个群集中有 3 个 VLANs：主 VLAN，用于连接不受信任的用户节点；FC VLAN，包括受信任的 FCs 和支持系统；设备 VLAN，包括受信任网络和其他基础设施设备。从 FC 到主 VLAN 的通信是允许的，但通信不能从主 VLAN 到 FC VLAN。从主 VLAN 到设备 VLAN 的连接是被封锁的，这保证了即使一个运行用户代码的节点被攻破，它也不能攻击 FC 或设备 VLAN 的节点。

（5）用户访问的隔离。管理用户环境访问的系统（如 Microsoft Azure Portal、SMAPI 等）是在一个由微软运作的 Microsoft Azure 应用程序中被隔离的。这在逻辑上将用户访问基础设施与用户应用程序和存储隔离了。

3）加密

加密在 Microsoft Azure 内部使用，可保护控制渠道，并且提供给需要严格数据保护机制的用户。对存储和传输中的数据进行加密能够确保数据的私密性和完整性。如前所述，关键的内部通信使用 SSL 加密进行保护。此外，Microsoft Azure SDK 扩展了核心.NET 类库，以允许开发人员在 Microsoft Azure 中整合.NET 加密服务提供商（CSPs）。熟悉.NET CSPs 的开发人员容易实现加密功能，并且利用 Hash 算法及密钥管理功能来存储和传输数据。Microsoft Azure 开发人员可以使用如 AES 之类的有多年测试使用经验的加密算法，从而避免"Roll Your Own Crypto"的错误；使用包括 MD5 和 SHA-2 在内的一系列 Hash 算法来验证数据的正确性；创建和验证数字签名，以及创建非可辨认凭证来替代敏感数据；简单易懂的密钥管理方法使 Microsoft Azure 存储中的自定义加密密钥能够被简单地管理。

4）数据删除

在适当情况下，私密性应当超出数据的生命周期。Microsoft Azure 的存储子系统使用户数据在一次删除操作被调用后无法再被得到。所有的存储操作，包括删除操作被设计成即时一致的。一个成功执行的删除操作将删除所有相关数据项的引用，使得它无法再通过存储 API 进行访问。

2．完整性

希望把数据计算和存储工作放到 Microsoft Azure 上的用户，显然更希望数据被保护起来，从而不被未经授权地改变。微软的云操作系统以多种方式提供这一保证。

保护客户数据的完整性的首要机制是通过 Fabric VM 设计本身来提供的。每个虚拟机与 3 个本地虚拟硬盘驱动器（VHDs）相连。

驱动器 D：包含了多个版本的 Guest OS 中的一个，保证了最新的相关补丁，并能由用户自己进行选择。

驱动器 E：包含了一个由 FC 创建的映像，该映像基于用户提供的程序包。

驱动器 C：包含了配置信息、Paging 文件和其他存储。

驱动器 D 和驱动器 E：只读的虚拟驱动器，因为它们的 ACLs 被设置为禁止来自用户进程的写操作。因为操作系统可能需要更新这些只读卷，所以它们用支持增量文件的 VHDs 来实现。最初在一个应用程序内所有角色实例的 VHDs 完全相同地启动，驱动器 D 的增量驱动器在 Microsoft Azure 要给含有操作系统的 VHDs 打补丁时被移除；驱动器 E 的增量驱动器在一个新应用程序映像被上传时被移除。这个设计保证了在下方的操作系统的用户应用程序的完整性。

另一个主要的完整性控制器存储在读/写驱动器 C 的配置文件中。用户提供了一个单个的配置文件来指定应用程序中所有角色的连接需求。FC 为每个角色接管该配置文件的子集，并把所有角色放在驱动器 C 中。如果用户在角色实例正在运行时更新了配置文件，那么 FC 通过 FA 联系在虚拟机的 Guest OS 中运行的 GA，并通知它更新在驱动器 C 中的配置文件。之后，它通知用户应用程序重读配置文件。此时驱动器 C 的内容未被移除，也就是说，驱动器 C 对用户应用程序来说是稳定的存储器。只有被授权的用户通过 Microsoft Azure Portal 或 SMAPI 访问他们的主机服务，才能够更改配置文件。因此，通过 Microsoft Azure Portal 的固有设计，用户配置的完整性在应用程序的生命周期内能够得到保障。

Microsoft Azure 存储的完整性是通过使用简单的访问控制模型实现的。每个存储账户通过两个存储账户密钥来控制对存储账户中数据的访问，因此存储账户密钥实现了对相应数据的完全控制。

最后，Fabric 自身的完整性从引导程序到操作都被精心管理。在虚拟机上运行并托管 Fabric 内部节点的 Root OS 是一个富有经验的操作系统，在一些节点启动后，它启动 FA 并等待连接及来自 FC 的命令，FC 使用双向 SSL 验证连接到新启动的节点。FC 向 FA 的通信是单向推送的，这样要攻击命令链中的高层组件就很困难，因为底层组件不可能直接发送命令给高层组件。与上面提到的许多机制组合在一起，这些特征帮助用户让 Fabric 处在不受损的状态。

3. 可用性

云计算平台的主要优势之一是基于通过虚拟化技术实现大规模冗余的可用性。Microsoft Azure 提供了大量的冗余级别来提高用户数据可用性。数据在 Microsoft Azure 中被复制并备份到 Fabric 中的 3 个不同的节点，以此来最小化硬件故障带来的影响。

用户可以通过创建第二个存储账户，并利用 Microsoft Azure 基础设施的地理分布特性达到热失效备援功能。在这种情况下，用户可以创建自定义角色，从而在微软设施内复制备份和同步数据。用户也可以通过自定义角色实现离线私有数据备份，从而从存储中取出数据。

每个虚拟机上的 GA 都在监视虚拟机的状态。如果 GA 响应失败，那么 FC 会重启虚拟机。未来，用户可以选择更为自定义化的持续/恢复策略的检测流程。当硬件遇到问题时，FC 会将服务角色实例移动到一个新的硬件节点，并通过为这些服务角色实例重启网络配置来恢复服务的功能性。

如前所述，每个虚拟机都有一个驱动器 D，其包含了可供用户选择的 Guest OS 版本。用户可以手动从一个 Guest OS 移动到另一个，也可以选择让微软在有新的版本发布后帮助移动他们的应用程序。这个系统使得用户可以用最少的交互最大化定期维护工作。

FC 为用户服务使用类似的高可用性原理和自动失效备援，从而让 FC 的管理功能始终可得。在 Microsoft Azure 平台或用户服务软件更新时，FC 利用一个称为更新域的逻辑部分在给定时间内改变一个服务角色实例中的一部分，而让剩余的服务角色实例继续为请求服务。FC 也能够通过故障域知道潜在的硬件和网络点的故障，对任何拥有大于一个服务角色实例的服务来说，Microsoft Azure 使得这些服务角色实例在多个更新域和故障域中被部署（除非由用户特别指定），从而保证在更新和独立网络硬件故障时服务的可用性。

4．可靠性

因为云计算平台实际上是外包计算环境，所以它必须能够经常向用户及其指定的代理商证明其运行的安全性。Microsoft Azure 利用多层次的监测、记录和报告让用户了解这一点。监视代理（MA）从包括 FC 和 Root OS 在内的许多地方获取监视和诊断日志信息，并将其写到日志文件中。它最终将这些信息的子集推送到一个预先配置好的 Microsoft Azure 存储账户中。此外，监视数据分析服务（MDS）是一个独立的服务，其能够读取多种监视和诊断日志信息并总结信息，最后将其写到集成化日志中。

13.3.4　安全开发生命周期

微软在 Microsoft Azure 的开发过程中采用了公认的技术和工具，为自身服务的设计和实现方面提供了安全保证。

Microsoft Azure 完全集成了微软安全开发生命周期（SDL）方针，这个方针在软件安全保证程序方面是世界公认的。

特别地，微软会仔细审查那些低信任度组件被高信任度组件分析的地方，举例如下。

（1）当 Microsoft Azure 管理程序和 Root OS 进程处理来自用户控制的虚拟机的硬盘读/写和网络读/写请求时。

（2）当 Microsoft Azure Portal 和 SMAPI 处理来自被用户控制的网络来源的请求时。

（3）当 FC 分析通过 SMAPI 传输过来的用户配置数据时。

除仔细设计和实现之外，这些组件使用托管程序（如 C#）来开发，以减少内存处理漏洞的可能性，并在 Fabric 进入生产模式前进行大规模的接口测试。微软在升级或修改外部请求的代码前，会继续使用这些方式。

微软的 SDL 方针被广泛地推荐给 Microsoft Azure 的用户，因为托管在 Microsoft Azure 上的应用程序，其安全性很大程度上依赖于用户的开发过程。

即便微软和用户都按照 SDL 方针来做，但在开发和部署到 Microsoft Azure 的中间过程中，依然会有极小的遭受攻击的可能性。正如前文所述，用户是通过 SMAPI 来提供自己的应用程序的，而 SMAPI 使用了证书身份验证和被 HTTPS 保护的信道及其他控制器来传输代码。

本章小结

本章介绍了 IBM 电子商务安全解决方案、阿里云安全解决方案和 Microsoft Azure 安全解决方案；重点介绍了 IBM 公司的 Tivoli 系列产品和 ISS 网络安全管理产品。

阿里云是阿里巴巴集团十多年信息安全风险管控的结晶，本章详细介绍了阿里云的数据安全、访问控制、云安全服务及系统安全等安全解决方案。

Microsoft Azure 是云端服务操作系统，本章详细介绍了 Microsoft Azure 基于云的计算和基于云的存储的安全思想和策略。

思考题

1. 请对 IBM 的电子商务安全解决方案进行综合评价,并谈谈主动安全防御的内涵和技术手段。
2. 阿里云数据安全的主要思想是什么?
3. 为了防止未经授权的访问,阿里云采取了哪些措施?
4. 阿里云安全体检从哪些方面入手?它是如何进行安全体检的?
5. 阿里云的防 DDoS 清洗服务具有哪些优势?
6. 阿里云有几种云服务安全基线?各自的作用是什么?
7. 根据图 13-1,谈一谈 Microsoft Azure 的体系结构的组成和作用。
8. Microsoft Azure 通过哪些机制保证私密性?
9. 请举例说明什么是 APT 攻击。
10. 请针对电子商务系统的一个安全威胁,设计一个安全解决方案,并论证其安全性。

附 录 A

ACL，Access Control List，访问控制列表
AES，Advanced Encryption Standard，高级加密标准
AHP，Analytic Hierarchical Programming，层次分析法
ALE，Annual Loss Expectancy，年度损失期望
AML，Anti-Money Laundering，反洗钱
API，Application Programming Interface，应用编程接口
AWS，Amazon Web Service，亚马逊网络服务

BBN，Bayesian Belief Network，贝叶斯网络（又称为信念网络）
BFT，Byzantine Fault Tolerance，拜占庭容错
BPF，Berkeley Packet Filter，伯克利包过滤器
BTC，Bitcoin，比特币

CA，Certificate Authority，认证机构/认证中心
CIO，Chief Information Officer，首席信息官
CISO，Chief Security Information Officer，首席信息安全官
CKB，Common Knowledge Base，公共知识库
CRL，Certificate Revocation List，证书废除列表
CRM，Customer Relationship Management，客户关系管理
CS，Cut Set，割集
CVSS，Common Vulnerability Scoring System，通用安全弱点评估系统

DAC，Discretionary Access Control，自主访问控制
DAG，Directed Acyclic Graph，有向无环图
DCSs-f，Disjoint Cut Sets-form，不交化割集
DDoS，Distributed Denial of Service，分布式拒绝服务
DES，Data Encryption Standard，数据加密标准
DHT，Distributed Hash Table，分布式哈希表
DIDS，Distributed Intrusion Detection System，分布式入侵检测系统
DLP，Data Losing Prevention，数据丢失防护
DLP，Discrete Logarithm Problem，离散对数问题

DMZ，Demilitarized Zone，非军事区
DNS，Domain Name System，域名服务系统
DoS，Denial of Service，拒绝服务
DRF，Data Recovery Field，数据恢复域
DSA，Digital Signature Algorithm，数字签名算法
DSS，Digital Signature Standard，数字签名标准

EAP，Employee Assistance Program，员工帮助计划
EAP，Enterprise Application Platform，企业应用平台
ECC，Elliptic Curve Cryptography，椭圆曲线密码
EES，Escrow Encryption Standard，密钥托管加密标准
ERP，Enterprise Resource Planning，企业资源规划
ESP，Encapsulation Security Payload，封装安全负载
ETH，Ether，以太币
ETL，Extract Transform and Load，提取转换加载
EVM，Ethereum Virtual Machine，以太坊虚拟机

FAR，False Accept Ratio，错误接收比率
FIM，Federated Identity Management，联合身份管理
FRR，False Reject Ratio，错误拒绝比率
FTA，Fault Tree Analysis，故障树分析

GCE，Google Compute Engine，谷歌计算引擎
GRE，Generic Routing Encapsulation，通用路由封装
GUI，Graph User Interface，图形用户界面

HIDS，Host-based Intrusion Detection System，基于主机的入侵检测系统

IDMS，Identity Management Service，身份管理服务
IDS，Intrusion Detection System，入侵检测系统

IE，Internet Explore，微软公司浏览器
IETF，Internet Engineering Task Force，互联网工程任务组
IKE，Internet Key Exchange，密钥交换
IPS，Intrusion Prevention System，入侵防护系统
IPSec，Internet Protocol Security，安全互联网协议

ISC，Integrated Solutions Console，IBM 的集成解决方案控制台
ISF，Information Security Framework，IBM 的信息安全框架
SSL，Secure Socket Layer，安全套接层
ISO，International Organization for Standardization，国际标准化组织
ISS，Internet Security System，互联网安全系统
NSP，Network Service Provider，网络服务提供商
ITU，the International Telecommunication Union，国际电信联盟

KDC，Key Distribution Center，密钥分配中心
KE，Key Escrow，密钥托管
KEA，Key Escrow Agent，密钥托管机构
KMC，Key Manager Center，密钥管理中心
KRDs，Key Risk Drivers，关键风险诱因
KRIs，Key Risk Indicators，关键风险指标
KTC，Key Translation Center，密钥传递中心

LBS，Location Based Service，基于位置的服务
LDAP，Lightweight Directory Access Protocol，轻量级目录访问协议
LTC，Litecoin，莱特币

MAC，Mandatory Access Control，强制访问控制
MAC，Message Authentication Code，消息认证码
MD，Message Digest，消息摘要
MPLS，Multi-Protocol Label Switching，多协议标记交换

NIDS，Network Intrusion Detection System，基于网络的入侵检测系统
NIST，National Institute of Standards and Technology，美国国家标准技术局

OA，Office Automation，办公自动化
OCSP，Online Certificate Status Protocol，在线证书状态协议
OpenPGP，Open Pretty Good Privacy，一种开放式的邮件加密软件
OSI/RM，Open System Interconnect/Reference Model，开放式系统互联参考模型
OTP，One Time Padding，一次一密密码本

P2P，Peer-to-Peer，对等网络
PDCA，Plan-Do-Check-Act，风险管理的计划、实施、检查和改进
PEM，Privacy Enhanced Mail，增强保密邮件

PGP，Pretty Good Privacy，一种邮件加密软件
PIN，Personal Identification Number，个人信息安全码
PKC，Public Key Cryptography，公钥密码学
PKCS，Public Key Cryptography Standard，公钥密码标准
PKI，Public Key Infrastructure，公钥基础设施
PKIX，Public Key Infrastructure on X.509，基于 X.509 的公钥基础设施
PMI，Privilege Management Infrastructure，授权管理基础设施
PoH，Proof of History，历史证明
PoS，Proof of Stack，权益证明
PoW，Proof of Work，工作量证明
PPP，Point to Point Protocol，点对点协议
PPTP，Point-to-Point Tunneling Protocol，点对点隧道协议
PSTN，Public Switched Telephone Network，公共交换电话网

RA，Registration Authority，注册中心
RAID，Redundant Array of Independent Disk，独立磁盘冗余数组
RAM，Random Access Memory，随机存取存储器
RBAC，Role-Based Access Control，基于角色的访问控制
RPC，Remote Procedure Call，远程过程调用
RSA，Rivest Shamir Adleman，非对称加密

S/MIME，Secure Multipurpose Internet Mail Extensions，安全多用途网际邮件扩展
SA，Security Association，安全关联
SAML，Security Assertion Markup Language，安全断言标记语言
SCM，Supply Chain Management，供应链管理
SCM，Storage-Class Memory，储存级内存
SET，Secure Electronic Transaction，安全电子交易
SHA，Secure Hash Algorithm，安全哈希算法
SHA-256，Secure Hash Algorithm-256，安全散列算法-256
SHTTP，Secure Hypertext Transfer Protocol，安全超文本传输协议
SLE，Single Loss Expectancy，单一损失期望
SOA，Service Oriented Architecture，面向服务架构
SOAP，Simple Object Access Protocol，简单对象访问协议
SOD，Separation of Duty，职责关系分离
SPK，Seeded Public Key，种子公钥
SSH，Secure Shell，安全外壳
SSL，Secure Socket Layer，安全套接层

SSO,Single Sign On,单点登录

TLS,Transport Layer Security,安全传输层
TPS,Transactions Per Second,每秒事务处理量

UID,User Identification,用户身份证明

VAN,Value Added Network,增值网络
VDF,Verifiable Delay Function,可验证延迟函数
VoIP,Voice over Internet Protocol,网络电话或 IP 电话
VPN,Virtual Private Network,虚拟专用网络
VPS,Virus Prevention System,病毒防护系统

WAN,Wide Area Network,广域网

XMR,Monero,门罗币

参 考 文 献

[1] 商务部电子商务和信息化司. 中国电子商务报告 2019[R]. 北京：中国商务出版社，2020.

[2] 王丽芳，蒋泽军，褚伟波，等. 电子商务安全技术[M]. 北京：电子工业出版社，2015.

[3] 王丽芳，蒋泽军，吴健，等. 电子商务安全[M]. 北京：电子工业出版社，2013.

[4] 孟小峰，慈祥. 大数据管理：概念、技术与挑战[J]. 计算机研究与发展，2013，50(1)：146-169.

[5] 国家密码行业标准化技术委员会. SM4 分组密码算法[EB/OL]. [2012-03-21]. https://www.hxedu.com.cn/Resource/OS/AR/gd/dcc/41921/index.htm.

[6] 国家密码行业标准化技术委员会. SM3 密码杂凑算法[EB/OL]. [2012-03-21]. https://www.hxedu.com.cn/Resource/OS/AR/gd/dcc/41921/index.htm.

[7] 密码行业标准化技术委员会. SM2 圆曲线公钥密码算法[EB/OL]. [2012-03-21]. https://www.hxedu.com.cn/Resource/OS/AR/gd/dcc/41921/index.htm.

[8] NAKAMOTO S. Bitcoin：A peer-to-peer electronic cash system [EB/OL]. [2019-10-19]. https://www.hxedu.com.cn/Resource/OS/AR/gd/dcc/41921/index.htm.

[9] CROSBY M，PATTANAYAK P，VERMA S，et al. Blockchain technology：Beyond bitcoin[J]. Applied Innovation Review，2016，2：6-10.

[10] NEHAI Z，GUÉRARD G. Integration of the blockchain in a smart grid model[C]. The 14th International Conference of Young Scientists on Energy Issues (CYSENI) 2017，2017.

[11] ANTONOPOULOS A M，MEDIA O. Mastering Bitcoin：Unlocking Digital Crypto-Currencies[M]. O'Reilly Media，2015.

[12] LAMPORT L，SHOSTAK R，PEASE M. The Byzantine Generals Problem[J]. ACM Transactions on Programming Languages and Systems，1982，4(3)：382-401.

[13] SALEH F. Blockchain without waste：Proof-of-stake[J]. The Review of financial studies，2021，34(3)：1156-1190.

[14] DOBRAUNIG C，EICHLSEDER M，MENDEL F. Analysis of SHA-512/224 and SHA-512/256[C]. International Conference on the Theory and Application of Cryptology and Information Security，2015.

[15] MALIK S，RANA A. A brief survey of cryptocurrency systems[J]. IITM JOURNAL OF MANAGEMENT AND IT，2020，11(1)：76-82.

[16] 韩璇，袁勇，王飞跃. 区块链安全问题：研究现状与展望[J]. 自动化学报，2019，45(1)：206-225.

[17] 袁勇，王飞跃. 平行区块链：概念、方法与内涵解析[J]. 自动化学报，2017，43(010)：1703-1712.

[18] 徐蜜雪，苑超. 拟态区块链——区块链安全解决方案[J]. 软件学报，2019，30(6)：1681-1691.

[19] BONEH D，BONNEAU J，BENEDIKT，et al. Verifiable Delay Functions[A]. 38th Annual International Cryptology Conference，Santa Barbara，2018.

[20] 腾讯计算机系统有限公司. 腾讯区块链技术[EB/OL].[2019-10-19]. https://www.hxedu.com.cn/Resource/OS/AR/gd/dcc/41921/index.htm.

[21] 程建华. 信息安全风险管理、评估与控制研究[D]. 吉林：吉林大学，2008.

[22] ANDREW NASH，WILLIAM DUANE，CELIA JOSEPH. 公钥基础设施（PKI）实现和管理电子安全[M]. 张玉倩，陈建奇，杨波，等译. 北京：清华大学出版社，2002.

[23] 高宏. 武汉大学商用密码学基础[M]. 武汉：武汉大学出版社，2004.

[24] 佘堃，郑方伟. PKI 原理与技术[M]. 成都：电子科技大学出版社，2007.

[25] 关振胜. 公钥基础设施 PKI 与认证机构 CA[M]. 北京：电子工业出版社，2002.

[26] 周化祥，李智伟. 网络及电子商务安全[M]. 北京：中国电力出版社，2004.

[27] 关振胜. 公钥基础设施 PKI 及其应用[R]. 2002 年中国信息安全产业发展战略研讨会，2002.

[28] 王改性，师鸣若. 数据存储备份与灾难恢复[M]. 北京：电子工业出版社，2009.

[29] 王芬. 随需应变电子商务[M]. 武汉：华中科技大学出版社，2006.

[30] 张红旗，王鲁. 信息安全技术[M]. 北京：高等教育出版社，2008.

[31] 代春艳. 电子商务信息安全技术[M]. 武汉：武汉大学出版社，2007.

[32] 牛少彰. 信息安全概论[M]. 北京：北京邮电大学出版社，2004.

[33] 段云所. 信息安全概论[M]. 北京：高等教育出版社，2004.

[34] 宁葵. 访问控制安全技术及应用[M]. 北京：电子工业出版社，2005.

[35] 蔡永泉. 计算机网络安全理论与技术教程[M]. 北京：北京航空航天大学出版社，2003.

[36] 杨璐. 信息安全理论与技术[M]. 北京：人民邮电出版社，2003.

[37] 冯登国. 网络安全原理与技术[M]. 北京：科学出版社，2003.

[38] 秦成德. 移动电子商务[M]. 北京：人民邮电出版社，2009.

[39] 唐正军. 网络入侵检测系统的设计与实现[M]. 北京：电子工业出版社，2002.

[40] 薛英花，吕述望，等. 入侵检测系统研究[J]. 计算机工程与应用，2003(01)：150-152.